Wencel Scherffer von Scherffenstein
Hermanni Hugonis S.J.
Gottsäliger Verlangen Drey Bücher
(1662)

Herausgegeben
und mit einem Nachwort versehen
von
Michael Schilling

MAX NIEMEYER VERLAG TÜBINGEN
1995

Das Original befindet sich in der Biblioteka Uniwersytecka
in Wrocław
(Signatur 402425)

Die Deutsche Bibliothek – CIP-Einheitsaufnahme

Hugo, Hermann:
[Gottsäliges Verlangen]
Hermanni Hugonis S.J. Gottsäliger Verlangen drey Bücher : (1662) /
Wencel Scherffer von Scherffenstein. Hrsg. und mit einem Nachw.
vers. von Michael Schilling. – Tübingen : Niemeyer, 1995
(Rara ex bibliothecis Silesiis ; 4)
Einheitssacht.: Pia desideria <dt.>
NE: Scherffer, Wenzel [Übers.]; Michael Schilling [Hrsg.]; GT

ISBN 3-484-17704-7   ISSN 0941-9322

© Max Niemeyer Verlag GmbH & Co. KG, Tübingen 1995
Das Werk einschließlich aller seiner Teile ist urheberrechtlich
geschützt. Jede Verwertung außerhalb der engen Grenzen des
Urheberrechtsgesetzes ist ohne Zustimmung des Verlages unzulässig
und strafbar. Das gilt insbesondere für Vervielfältigungen,
Übersetzungen, Mikroverfilmungen und die Einspeicherung und
Verarbeitung in elektronischen Systemen. Printed in Germany.
Gedruckt auf alterungsbeständigem Papier.
Satz: Johanna Boy, Brennberg
Druck: Gulde-Druck GmbH, Tübingen
Einband: Heinr. Koch, Tübingen

Text

Herm. Hugonis
S. I.
Pia Deside-
ria.
Verſ. German
redaidit
W. S. A. S.

Surſum

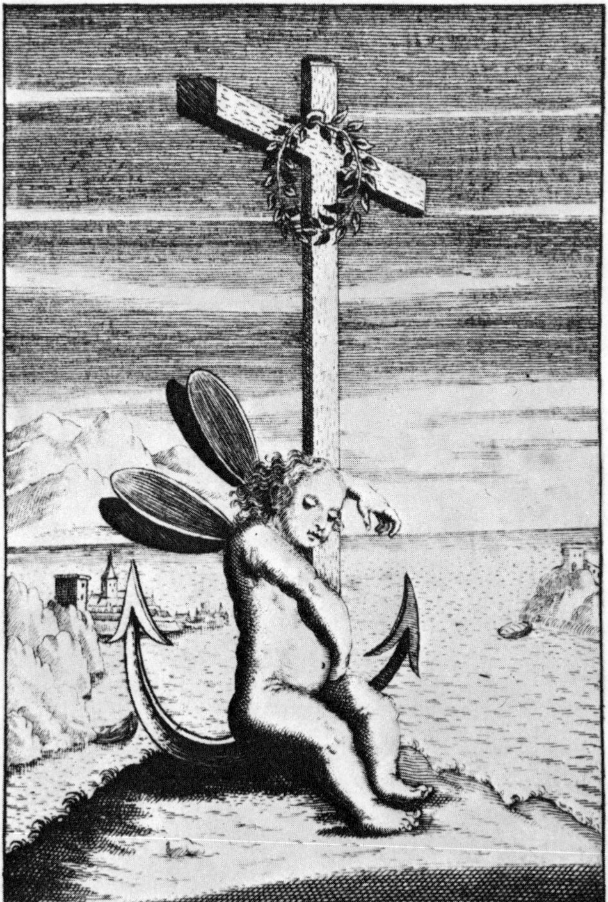

HERMANNI HUGONIS
S. J.
Gottsäliger Ver-
langen
Drey Bücher/
nehmlich:
1. Wehklagen der Büssenden Seelen.
2. Wünsche der Heiligen Seelen.
3. Seufftzen der Liebenden Seelen.

In Lateinischen Versen vielmal gedruckt/ itzt aber
auch in so viel Teutschen Reimen bey-
sammen heraus gegeben/
nebst einem Inhalts-Register/
von
Wencel Scherffern von Scherffen-
stein G. K. P.

In Verlegung des Ubersetzers
gedruckt im Jahr Christi
M. DC. LXII.

Dem Durchlauchten Hochgebornen Fürsten und Herren/

Herren Georgen

Hertzoge in Schlesien/ zur Lignitz/ und Brieg/ Röm. Keys. auch zu Hungarn und Böheim Königl. Majest. Geheimen Rath/ Cämerer und Oberhaubtmann in Ober- und NiederSchlesien;

wie auch

Dem Durchlauchten Hochgebornen Fürsten und Herren/

Herren Ludwigen

Hertzoge in Schlesien/ zur Lignitz/ Brieg und Goldberg;

so wohl

Dem Durchlauchten Hochgebornen Fürsten und Herren/

Herren Christian

Hertzoge in Schlesien/ zur Lignitz/ Brieg und Wohlan;

Fürstl. Gebrüdern/

Meinen allerseits gnädigen Fürsten und Herren.

402425

Zuschrifft.

Q. Horatius Flaccus, der fürtreffliche Lateinische Poët, setzt in seiner Poëterey-Kunst/ unter andern/ für Poëten diese folgende Lehr-Verse:

> Omne (inquit) carmen reprendite, quod non
> multa dies & multa litura coërcuit, atq;
> † perfectum decies non castigavit ad unguem.
> † præsectum.

Das ist:

Ein jegliches Gedicht/ist (spricht er) durchzuziehen/ das nicht viel Tag und Zeit in Besserungs bemühen rechtschaffen zehenmal ist durch die Hand gezogen.

Oder wie es H. Bucholtz getutschet:

Ich bitte/ haltet doch die Verse nicht für gut/ die nicht viel Tage sind durchstrichen und berühret
* mit glattem Nagel/ der sie zehnmal hat probiret und fertig ausgemacht.

(* ist ein Gleichnis genohmen von den Marmolschneidern/ wenn sie Marmel poliren/ pflegen sie mit dem Nagel offt und viel darüber herzufahren/ umb zu prüfen/ ob er allenthalben glat gnug sey oder nicht.)

a ij   Und

Zuschrifft.

Und weiter unten in gedachtem Buch schreibt der Poët, wie seine Worte im Lateinischen lauten:

— — — — nonumq; prematur in annum
Membranis intus positis delere licebit,
Quod non edideris, nescit vox missa reverti.

Das ist:

Hast deine Lieder du/neun Jahr' in deinen Händen
so steht die Besserung annoch in deiner Macht/
ein Wort das schon entwischt/ wirdt keinmal wiedertracht.

oder wie H. Bucholtz es gegeben:

— — — — Laß deine Lieder liegen
bis in das neunde Jahr/ eh sie ins offne fliegen/
hast du dein Buch daheim/ so thust du kühnlich aus
was dir zu wider ist/ und noch nicht ist heraus.
Ein ausgeflogen Wort nicht wieder zu uns kehret
es ist aus unser Macht. — — — —

In gnauer und offterer Betrachtung nun vorhergesetzter mehrgedachten Poëtens Horatii klugen Sätzen/ bin ich lange Zeit forchtsam gewesen/ mit diesem aus dem Lateinischen in Teutsche Verse übersetzten Buch (in welchem Hugo unterm Bilde eines Mägdleins die Seele/ und unterm Bilde eines Engels die Gnade GOttes/ oder Christum den Seelen-Bräutigam einführet)

führet) ans freye Licht zukommen; sintemal an vielen Orten/bald wegen bedünckend unvölliger Ausdruckung der Meinung: bald wegen unförmlicher Zerstreuung der Wörter: bald wegen unschleuniger Fliessung von der Zungen/unterschiedliche Verse mir unannehmlich gelautet/ dz Ich mir selbst alleweile nicht gnug zuthun vermochte / und daher es immer fernerer Ausarbeitung zu unterlassen / von einem Jahr zum andern verschoben : Zumal auch mir aus Franckenlande * zugeschrieben ward/ daß eben dieses
* 1644.
Buches übersetzung ins Teutsche/ ein Gelehrter ausser Landes unter handen hätte/ so in Niederland gedruckt werden würde; welche zusehen und gegen meiner zuhalten ich sehnlich gewünschet/ aber doch so viel Jahre/und bis dato, darauf vergebens gewartet. H. Zæsius hat in seines Helicons anderm Theile sich zwar der Ersten Eleg I p. 6. bedienet/ und etwas auß der dritten Eleg I p. 44. angezogen. Aber ein mehrers ist mir nicht vorkommen.

Ich kan nun wol sagen/ daß/ Horatii Meinung nach/ ich solch übersetztes Buch nicht nur zehnmahl/ sondern mehr als zehnmal zehn durchgangen/ und auch allemal etwas antroffen/

a iij

fen / das Enderung und Auspolirung bedurft
hat.   Dahero ist auch diese meine Verteutsch-
ung nicht nur Neun / sondern doppelt mehr
Jahre und drüber / zurück geblieben.   Denn
20. Jahr sind allreit verflossen / als ein fürneh-
mehr hochgelehrter / und in Fürstl. Diensten
verbundener Mann / mein weiland liebwehrter
Freund / * mir diese des Hermanni Hugonis
* B. VV. N.
Pia Desideria (welche ihm offt damals durch
die Hände giengen) zum besten empfahle /
mit freundlichem zumuten / Ich möchte solche in
unsere Teutsche Spraache / und zwar in so ge-
nannten Alexandrinischen Versen / übersetzen;
Er wollte solcher Mühe sich selbst schon unter-
fangen haben / wenn ihm nicht seiner oblie-
genden Ambtsgeschäffte halber / alle hierzu dien-
liche Stunden abgeschnitten und verweigert
würden.   Betrachtende nun Hugonis treff-
lich schön und kurz gefasste Poëtische Schreib-
ensart / hingegen unserer Teutschen Mutter-
spraache Weitschweiffung / hielt ich es für fast
unmöglich / oder doch sehr schwer / Vers umb
Vers also zugeben / und des Autoris Meinung
gleichwohl recht auszudrucken.   Ich schützte
zugleich mein weniges Wissen vor / solcher zuge-
mutet

Zuschrifft.

muttetes Mühe mich zuentohnigen / wurd aber durch anmahnung auch anderer wehrten Freunde aufgemuntert und veranlasset / daß ich mich / nechst vorher erseuftzetem Göttlichen Beystande / (wiewohl noch bey rasselnden Kriegeswaffen/) an dieß Buch der Verlangen / mit einträtung eines anmuttigen Frühlings / doch meistens ausserhalb dem Stadtgeräusche / unter dem lieblichen Getöne der WaldMusicanten / im laubichten SchattenZelt / auf begrünter Rasenbanck / und bey bequämer Witterung iedesmal gewaget / und innerhalb 6. Monat Zeit / (denn von der Hand Verse umb Verse zu schreiben / wollt es sich hier nicht thun lassen.) die erste übersetzung / nicht ohne vieles Verlangen / doch nur ausm gröbsten (wie man es nennen möchte/) mit etwas vergnügung durchgebracht.

Wann aber gleichwohl der alte Spruch wahr bleibet: Nemo solus satis sapit, hab ich / nach dem das Werck zum andern mal etwas gnauer durchgangen / und ins reine geschrieben worden / es einem fürnehmen sehr gelehrten Edelmanne / † (dessen Latein- und Teutsche Poëti-

† J. T. à T.

sche Wercke nicht unbekannt) zu günstiger lesund beurtheilung bittlich überreichet / der solche

meine

Zuschrifft.

meine angewandte Mühe nicht allein beliebet: Sondern auch selbst (sein ander studiren etliche Tage an die Seite stellend) die gantze übersetzung embsig durchgangen/ und mir manchen Vers umbzuschmieden und zuverbessern Anlaß gegeben. Gleichfalls hat sothane übersetzung/ als sie erstmals vollzogen/ dem weiland Edlen Spielenden zu Nürnberg † so behaget/ daß Er ein Emblema mit eigner Hand auf-
† G. P. H.

gerissen/ eine Poëtische Teutsche Erklärung beygefüget/ (wie nach umbwendung wenig Blätter zusehen) und mir beydes im Jahr 1645. den 12. Harnungs nacher Brieg eingeschickt/ weil Er in den gedancken gestanden/ es würde das gantze Buch schleunig der Presse untergeben werden/ welches aber umb gewisser Ursachen wegen damaln gäntzlich anstehen müssen/ ohne daß die ersten 4 Elegien im Jahr 1652 Ich gnauer durcharbeitet/ und meinem ersten Theile Teutscher Gedichte/ zur Probe allein mit einverleibet heraus gegeben. Was weiland P. Carolus Coturius S. J. als des Hugonis Coætaneus und Landsman/ an mich wegen dieser übersetzung/ da ich von selbeem etlicher dunckeln Oerter halber nachricht im Jahr 1646. einholete/ sehr
freund-

Zuschrifft.

freundlich geschrieben/ bezeuget sein nach dieser Zuschrifft gesetzter Brieff in Breßlau den 12. Augstmonats 1646. gegeben.

Wenn Ich nun itze die Wahrheit sagen und bekennen sol/ so bin ich recht froh und schätze mich dießfaus glückhafft/ daß meine erste in festeren Worten/ (so zu sagen) gerathene übersetzung/ als eine damals noch sehr unzeitige Geburt durch den offenen Druck ans Licht zukommen nicht fug erlanget: Sondern nach fleissigster Ausarbeitung an viel hundert Orten / von Zeit zu Zeit / biß gar in mein Alter und grosses Stuffen Jahr (doch ohn einsige Bereuung) deren publication sich verzogen.

Und ob wohl noch welche Verse verbessert werden möchten/ hab ich doch hiemit dem Wercke die letzte Hand einmal anlegen wollen / seyende dennoch darbey unbesorgter/ wenn sothane übersetzung schon in der edlen Poësi ergebener und deren vernünfftiger Liebhaber hände und beurtheilung wirde gedeyen / als die alleine verstehen / daß das übersetzen (und sonderlich Vers umb Vers/ wie in diesem Wercke) keine geringe und schlechte Arbeit/ Ich derentwegen von Selbten gleichwohl eines vernünfftigen und gleichen Urtels mich getrösten wil.

a v   Ubrig

Zuschrifft.

Ubrigist / daß diesem meinem Sinnenbruee / bey seiner Hervorträtung ans Licht / Ich auch welche Patronen erkiese und benime. Hermannus Hugo, als Er sein Lateinisches heraus gab / hatte ihm eine an Ehr und Wissenschafft zugleich hohe und mächtige Person / ja gar den Herrscher über das alte Latium, den Vater der Syrenen (wie ihn Clajus nennet) ersehen / und es Selbtem zugeschrieben. Zu meinem Teutschen werd ich verhoffentlich nicht unweißlich thun / wenn ich ihm Teutsche an Gewalt und Ansehen auch hohe und mächtige Patronos und Schutzhaltere zusuchen mich erwinde; Hierzu denn E. E. E. F. F. F Gn. Gn. Gn. als meine von 30. Jahren hero iederzeit Gnädige Fürsten und Herren / ich mir in tieffster Demuet zuerkiesen belieben lassen / der gutten Zuversicht lebend / E. E. E. F. F. F. Gn. Gn. Gn als fürnehme Glieder der Höchstgepriesenen Fruchtbringenden Gesellschafft / welcher Zweck fürnehmlich auch dieser ist / unsere Majestätische Teutsche Spraache in höhere Zier und Aufnehmen befördern zubelffen / (dahin auch diese meine geringfügige übersetzung zum theil ihr Absehen hat /) werden auch diese in Teutscher Poësi versuchte Geistliche übungen /

bey

Zuschrifft.

bey gelegener Zeit zu durchlesen Jhnen gefallen/ und deroselbten mächtigem Schutze empfohlen seyn lassen/ hierumb E. E. E. F. F. F. Gn. Gn. Gn. Jch unterthänigst und demüttigst zu flehen habe; Selbte zu allem Fürstlichen gesegneten Wohlstande Göttlicher Obhutt/ mich aber zu dero fernern beharrlichen Fürstl. Gnaden treu ist empfehlend/ als

E. E. E. F. F. F. Gn. Gn. Gn.

unterthänigst
gehorsamster
alter und treuer
Diener

Brieg im Heumonat
des 1662sten Jahres.

Wencel Scherffer.

Litte-

Litteræ
Reverend. Clariss. & Humaniss.
VIRI
Dn. JULII CÆSARIS COTU-
RII S. J. Patris. p. m.
ad
WENC. SCHERFFERUM.
Eruditissime Clarissimeq́ Domine,
PAX CHRISTI:

Qvas ad me dare dignata est Erud.ma. D. Vra libentissimè legi, eò quod in illis mihi suppeditaretur occasio eidem gratificandi & inserviendi. Semper mihi enim est in votis, obsequium aliquod posse præstare viris pietate & eruditione præclaris, quæ duo vel maximè elucere in Clar.ma. D. Va mihi persvadeo, cùm videam, illam opus tam pium ac eruditum fuisse aggressam in explicandis & vertendis Desideriis Piis, pro publico bono & exercitio veræ pietatis, neq; dubito quin id optimo successu sit factum, quod mihi facilè colligere licet

ex

ex accurato calamo Clar.^{mæ} D. V.^{æ} qui nihil omittere voluit, quod vel ad claritatem vel eruditionem pertinet, ut ex propositis dubiis patet; nequid igitur huic operi ex parte meâ patiar deesse, mitto Clar.^{mæ} D. V.^{æ} brevem elucidationem eorum quæ petiit, fusiorem sanè misissem, si libri, qui in oriendo nostro Collegio perpauci sunt, fuissent præ manibus. Accipe igitur, Vir doctissime, hoc symbolum mei affectus, eâ synceritate quâ mittitur. & si adhuc alia in re eidem inservire potuero, mandet, acceptabo mandatum pro gratia. Dum maneo

Eruditissima & Clarissima D. V.æ

Servus in Christo

Wratislaviæ 12.
Aug. 1646.

Julius Cæsar Coturius,
Soc.^{tis} Jesu.

Erklärung des Kupfer-Tituls.

Wie eine Perlenschneck' auf Amphitritens Auen
im Meyen zuempfahn des Himmels reinstes
Tauen
ihr Muschelhauß aufthut; wie eine Tulp' aufblühet
wenn Sie des Himmels Aug' erst ob ihr funckeln siehet;
und wie die Sonnenbluhm', als in geheim verliebet
in ihren Schatz die Sonn', auf sie gnau achtung giebet/
derselben Gange nach verwendet ihr Gesicht';
Also der Fromen Seel' auch stets sich aufgericht
empor zum Himmel zeucht/Hertzsehnende zu schauen
wenn Göttlich' Hülff in Noth wird über Sie abtauen;
Gedult und Hoffnungs-dca' inzwischen Sie bestillt/
bis daß die GnadenSonn' ihr Häubtlein gleich aufhüllt
und fröher aussehn macht; und wern es noch verziehet/
Sie dennoch früh und spat gantz unverwendet siehet
dem Heil' unendlich nach. Das Hertze zwar sich hebt
mit Flügeln aber doch nah' an der Erden schwebt
die nur ihm fest anhengt/ darumb sein ängstlich
bangen
presst über sich aus ihm/ Ach/ Seufftzen/ und Verlangen
und die vorn höchsten Thron durch alle Wolcken
schickt/
bis GOttes GnadenGlantz Sie Himmelab anblickt!

Sinn-

Sinnbild auf
H. Wencel Scherffers
von Scherffenstein
übersetzte Gottsälige Verlangen.

Die Himmels begierige Seele redet
in einer Entzückung.

Wohl mir! ich lasse nun das müde Meer der Welt
den wilden Wellenweeg/ das schwancke Segel-Zelt
des Nordens Stürmerstimm/ der Silberfluten brausen
das eckel Ungemach/ der Eitelkeiten grausen!
Wie lang? ach HErr! wie lang beklag' ich ohne maaß
die Flügelschnellen Wind' als schläfrig/ träg und laß?
Die Thränen leschten nicht mein brünstiges Verlangen/
mein Seufzen hielt das Schiff besesselt eingefangen:
So gar daß ich gesinnt aus frevelblindem Muth
nach langverlangtem Port zu schwimmen durch die Flut.
Wohl mir! ich bin am Strand/ sag/ Jammer/ Angst und Leyden
hat mit mir abgesteurt. Hier ist das Reich der Freuden.

Du

Du liebes Vaterland
  sey tausendmal gegrüsst!
Du sichrer Ufersand
  sey tausendmal geküsst!
Geküsset solt du seyn
  mit diesem Liebes-gruß:
gegrüßt dein Kies und Stein
  mit meiner Lippen Kuß!
Wohl mir und aber wohl! hier find' ich aufgestellt
das starcken Anckers Kreutz das mir den Rücken helt.
  Da mich der Hoffnungs Trost mit wahrer Ruh
    begattet
  da mich der Lorber Krantz der Ewigkeit beschattet
Der düsterwilden Welt sag' ich nun gute Nacht!
  mich hat der Todesschlaaf an Heiligland gebracht
  ach Schlaaf/ach sanfter Schlaaf! mein sehnlichstes
    Verlangen!
  Wo sind ich Hertzenswert nach Wunsch dich zu em-
    pfangen?
Von mir ist nun erkannt die schöne Totsgestalt;
ob gleich sein wohllustbett ist Eiß/ und eiskalt.
  Was nie kein Aug geschaut/ was niemand kan ver-
    jähen/
  hab ich in sanftem Schlaaf/ und Hoffnungs-
    Traum gesehen.
        Dieses sagte seinem wehrthen
        Freunde zu schuldiger Ehr-
        bezeigung
      Georg Philip Harsdörffer.

Nürnberg den 29.
Christmonats 1644.

Qui

Qui sprevisse valet mundum, desiderat autem
    Cœlica sollicitus pectore tecta pius;
Is desiderium, quo sanctâ mente tenetur,
    Sentiet in cœlo pondus habere suum.

>   *Sincero affectu erga Dom. Interpretem*
>   R. P. Hugonis deprop.
>   Christoph. Hain à Löwenthal.

Ad Affinem suavißimum

Dn. WENCESLAUM SCHERFFERUM à Scherffenstein Poët: Laur: Cæs:

Pia desideria R. P. Herm. Hugonis germanicâ interpretatione edentem.

Sic est; tulisti carminibus tuis
 Omne hactenus punctum, utile dulcibus
  Dum miscuisti, ut profuisse &
    Exhilarasse decet Poëtam:
Sic est; manebit semper honos tuus
Nomenq́; laudesq́; æquora dum bibent
  Undas, & orbis dum vigebit,
    Syderaq́; æthere dum micabunt:
Sic est; sed unum restat, id unicum
Desideras desiderio gravi,
  Ut unicè est desiderandum,
    Quo sine cuncta caduca, vana:
Cantare cœlo scilicet id genus
Metri, Angelorum quod resonant chori,
  Dum Trinum & Unum concelebrant
    De facie ad faciem intuentes:
Hinc more cygni jam memoris necis,
Melos priori suavius intonas,

Hugonis

Hugone præceutore, morti
Quò patet esse propinquiorem;
JESUS ita hoc desiderium expleat
Scherfferus, Hugo, Arnoldus &, ut queant
Post fata in æternum sonare
Gloria, Sanctus & Alleluja.

Ita desiderat, ita vovet
Illustriss: Comit: ab Hazfeld
& Gleichen Consiliar: & Lib:
Baron: Trachenb: Secretar:
Martinus Arnoldus.

All'Eruditissimo Autore
del presente libro Alemanno, Poeta Insigne &
molto Excellente.

SONETTO.

O Se spieghi talhor tua Penna immortale,
   All'Pio Divino, & sacro santo ardore,
   Somministri ogn' desideroso Core,
   All'Colmo Universo, alzar le ale
Gemiti Pietosi, Voti, & Sospiri lagrimosi,
   Properate, aiutate, alla Somma Eternitate,
   All'incessabil splendor vi bramate,
   Schifar gl'Averni Fulminosi.
Celatevi Tormenti, & Furie Infernali
   Scacciati pur, da i Divini strali,
   Qui è regola, rimedio de gl'immortali.
Così, ne tuoi fogli delle Alme Dive canti
   La tua opera, Confidar & Trionfare c'insegna
   Il tuo famoso nome Eterna i Vanti.

Dell'
E. P.

An den Leser.

DEr Hoch- und Wohlgeneigte Leser ist hiemit zu berichten/ daß in dieser übersetzung gegangen ist/ nach der edition in 12. so im Jahr 1629. zu Antwerpen gedruckt worden/ allwo vor ieder Elegi ein Spruch aus der Schrifft zum Grunde derselben/ und hernach bey seliger schluß auch ein schicklicher Spruch irgend aus einem Altvater/ und weiter nichts mehr zufinden gewesen. Keine Erklärung und Anmerckungen über etliche Oerter/ da etwan Poëtischer Fabeln oder Historien gedacht wirdt/ hat Hugo, weder seinen ersten noch andern Abbrücken/ nicht beygefüget/ derhalben Ich auch dieselbte (wiewohl sie bey mir außführlich aufgesetzet zubefinden) außen lassen wollen. Wissenschafftsbegierige Leser/ können leicht von iemanden Gelehrten in ein- und anderm Passe nachricht erlangen. Des Hugonis Verse sind mit einigem Worte nicht geendert/ minder ihnen ein fremder Verstand angedichtet/ sondern so viel möglich desselben meinung/ als einem Dolmetscher zustehet/ ausgedruckt worden. Im Reimen ist der Schlesischen Mundart (weil ich ein Schlesier/) nachgegangen: Ein ander bleibe bey der Seinen. Es wirdt doch niemand sagen können/ wo eben die rechte außrede unser Hochteutschen Spraache zufinden sey. Das signum Apostrophes oder/ wie es die Drucker nennen/ überhäng-comma (') ist in den Versen keinmal gesetzt/ wo nicht allewal ein vocalis (wie es die Reimkunst erfodert) drauff folget/ anderst hat es keine Krafft. Der Rechtschreibung halben hab ich mich befliessen/ daß ich der ienigen nachgesetzet/ die von der Fruchtbringenden Gesellschafft/ und von fürnehmen Fürstl. Cancelleyen am

rech-

* * *

rechtesten erkennet wirdt. Habe demnach fleissig beobachtet folgende Wörter / in welchen viele keinen Unterscheid halten / alß: daß quod, das hoc; sein suus, sein esse; den hunc, denn nam; leer vacuum, Lehr doctrina; war erat, wahr verum, waar merx; wieder rursus, wider contra; oftmal sæpe, Mahl epulæ, Maal stigma; sprach dicebat, Spraach lingva; wer quis, wär' esset, Gewehr arma; wenn quando, wen quem. Her huc, Heer exercitus; Namen nomen, nahmen sumebant; u. a. m.

An den Tadler.

Wer meinen übersaß annoch verbessern kan /
Den lob' Ich / der ist mir ein lieber Tadelmann.
Wer jenes aber nicht kan leisten als ein Dichter /
Der spare seine Müh' / und sey kein Verse-Richter.
Treff' ie nicht allemal mein Reim genau ins Ziel /
so wiß/ Homerus selbst bisweilen schlummern wil.
Viel eh' und leichter ist ein Fehler aufzufinden /
als in die Mutterspraach' ein gantzes Buch zu
binden!

An die Buchbinder.

Vom Kupfer-titul muß das Sinnbild / des am Ancker schlaafenden Kindes / abgeschnitten/und gegen dem achten Blate des Zuschrifftbogens eingesetzet werden.

DESI-

DESIDERIO
collium æternorum
CHRISTO JESU
IN QUEM
desiderant Angeli prospicere,
AMORI ET DESIDERIO SUO
Vir Desideriorum.

Dem Verlangen
Der Ewigen Hügel
CHRISTO JESU/
in welchen
Die Engel Verlangen zusehen/
SEJNER LJEBE UND SEJ-
NEM VERLANGEN/
Der Mann des Verlangens.

Domine ante Te omne desiderium meum, & gemitus meus à Te non est absconditus. Psal. 37.

HErr/ vor Dir ist all mein Verlangen/ und mein Seuffzen ist Dir nicht verborgen.   Psalm. XXXVII.

Quot mihi clam tacitis mens æstuet anxia votis,
　Indicio potuit discere nemo meo.
Nemo, nisi arcani qui pectoris intima lustrat,
　Quem fugit humani nulla latebra sinus.
Ille, meos gemitus, mea scit suspiria solus;
　Ille, oculis etiam persecat ima suis.
Ecquis in alterius sua sensa profuderit aurem,
　Sit nisi secreti proditor ipse sui?
Si tamen ulla foret speranda hac arte medela,
　Ars desideriis hæc foret una meis.
Sed neque depositas levat auris amica querelas,
　Nec desideriis hac sit ab arte modus.
Cœperat heu! natos Rachel ululare peremptos;
　Mox, ubi nil flendo profuit, abstinuit.
Scilicet ipse suas facit ignis, editq; favillas
　Quasque pluit, nubes, ipsa resorbet aquas:
Sic melius, proprios quos fudi, combibo fletus,
　Inque suum recidit tutius unda sinum.
Quæ mea sint igitur, dum triste gemo, lamenta;
　Non nisi nos soli novimus, ille & ego.
Quid voveam, tacitis dum compleo littora votis;
　Non nisi nos soli novimus, ille & ego.
Quid clamem, mea dum sese suspiria rumpunt;
　Non nisi, non nisi nos novimus, ille & ego.
O quoties fictas animus gerit histrio partes,
　Et pugnant animo fronsque, colorque suo!
Dum patitur tragicos mens personata cothurnos,
　Sæpius in mimo Roscius ore salit.

　　　　　　　　　　　　　　　　Nulla

* * *

Von was Verlangen ach! mein Hertz gantz heimlich brennet
das wirdt auf mein erzehln von keinem nicht erkennet;
Niemand/ als der durchsuche deß Hertzens iñern Schrein/
vor dem im Menschen nichts nicht mag verborgen seyn/
der weiß mein Klagen nur / und meiner Seuftzer schicken/
der/ dessen Augen gar bis in den Abgrund blicken.
Und wer wolt' andern Ohrn einraunen seine Pein/
und seiner Heimligkeit selbst ein Verräheer seyn?
Doch/ wenn ie eintzig Heil nur wär' hieraus zu hoffen/
so hett' also den Zweck noch mein Verlangen troffen.
Ach aber Freundes Ohr' erleichtert nicht die Klag'/
und dem Verlangen auch kein Ziel nicht stecken mag.
Alß Rahel zu bezähren der Kinder Mord anfienge/
und Sie nichts schaffte mit / Sie deß bald müßig gienge.
Wie Glut die Ohmern macht/ und selbig' auch verschlinget/
die Wolcke Wasser giebt/ und wieder an sich zwinget/
so schluck' Ich auch nur baaß die vorvergossnen Zähren
am sichersten sie Mir sich wieder dargewehren.
Drumb/ was mein Klagen sey/ in dem Ich achsen führ'
ist Niemand nicht bekannt/ als Ihm allein und Mir.
Mein Wünschen/ damit Ich die Ufer heimlich fülle/
das weiß nur Ich und Er / und zwar in aller Stille.
Mein Schreyen/ weil zugleich das Seuftzen bricht fürher/
das wissen nur ihr Zwey/ als nehmlich Ich und Er.
O wie muß mein Gemütt' oft einen Gauckler geben/
und Farb' und Stirne stracks dem Hertzen widerstreben/
in dem es sich verkappt in traurigkeit einsenckt/
als ost der Lust zum schein' ein Spielender nachdenckt.

A ij   Auff

Nulla fides lacrumis, lacrymæ simulare docentur,
    Nec, nisi vis falli, risibus ulla fides.
Solvor ut in fletus, putat omina tristia vulgus;
    Solvor ut in risus, omina læta putat:
Fallitur ah! nostri neque scit mendacia vultus
    Cum lætor, lacrymor; rideo, cum doleo.
Vix tibi tot, Protheu, quot sunt simulantibus ora,
    Vota quibus larvam dant, adimuntque suam.
Nemo meos Gemitus, Vota aut Suspiria novit;
    Nemo, duo nisi nos, & duo sufficimus.

Auff Thränen Du nicht bau/ Verstellung lehrt sie lügen/
glaub auch dem Lachen nicht/ wilt Du dich nicht betrügen.
Mein weinen nihmt das Volck für ernstlich trauren an/
mein Lachen wirdt für Lust geschetzt von jederman:
ach weit gefehlt! kein Mensch kent des Gesichts verkehrē/
mein Lachen zielt auf Schmertz/ und meine Lust auf zähren.
Ein Gleichsner kaum so viel des Protheûs art annihmt/
als wie mein Wunsch verdeckt/ bald unverdeckt ankömt.
Mein Klagen niemand weiß/ mein Wunsch und
        Seuftzer leiden/
alß eintzig nur Wir Zwey/ und ist gnug an Uns
        Beyden!

Liber

Liber Primus.
GEMITUS
ANIMÆ
POENITENTIS.

Das Erste Buch.
Wehklagen
Der Büssenden Seelen.

I.
Anima mea desideravit Te in nocte.
Isaiæ 26.

HEi mihi quàm densis mox incubat atra tenebris?
 Talis erat, Pharios quæ treme fecit agros.
Nubila, lurida, squallida, tetrica, terribilis nox;
 Nocturno in censu perdere digna locum.
Non ego tam tristes Scythico puto cardine lunas,
 Tardat ubi lentas Parrhasis Ursa rotas:
Nec tot Cimmerio glomerantur in æthere nubes,
 Unde suos Phœbus vertere jussus equos:
Nec reor invisi magis atra palatia Ditis,
 Fertur ubi nigrâ nox habitare casâ:
Nam licet hîs oculis nullam dent sidera lucem,
 Non tamen est omni mens viduata die:
Nocte, suam noctem populus videt ille silentûm,
 Et se, Cimmerij Sole carere vident.
Arctica cùm senos regnavit Cynthia menses,
 Dat fratri reduci septima luna vices:
Ast me perpetuis damnat sors dira tenebris,
 Nullaque vel minimo sidere flamma micat;
Et neque [quod cæcis unum solet esse levamen]
 Ipsa suam noctem mens miseranda videt.
Quin tenebras amat ipsa suas; lucemque perosa,
 Vertit in obscœnæ noctis opaca diem.
Nempe suas animo furata Superbia flammas,
 Nubilat obscuro lumina cæca peplo.

Nec

I.

Meine Seele hat Dein zu Nacht begehrt. Esai. XXVI.

Ach welch ein finstre Nacht liegt über mir gestrecket/
dergleichen hat zur Zeit Egyptenland geschrecket.
Ein heßlich-neblicht' arg' unsaubre schreckt-Nacht/
die aus der Nächte Zahl gar billich wirdt gebracht.
Kein solche trauer Nacht in Scythien entstehet/
allwo der Himmels-Bähr keinmal nicht untergehet.
Das finstre Zembla nicht so dichte Wolcken hat/
wenn ihm den Glantz entzeucht das güldne Sonnen-blat.
Ich glaube/ Ditis Schloß so kolschwartz nicht aussiehet/
wo/ wie man sagt/ die Nacht zur herberg stets einziehet.
Denn ob kein Stern allda beleuchtet das Gesicht/
ist das Gemütte doch nicht gäntzlich ohne Licht.
Bey Nacht' auch ihre Nacht die Finster-saassen wissen/
die Scythen sehn/ daß Sie der Sonnen nicht geniessen.
Wenn da sechs Monat hat regirt des Monden schein/
raumt er das Regiment der Sonnen wieder ein.
Doch mich zu steter Nacht verdamt das grimme Glücke/
daß ich kein füncklein auch des kleinsten Lichts erblicke.
Zu dem (das Blinden sonst ihr elend leichter macht/)
so sieht mein arm Gemütt' auch selbst nicht seine Nacht.
Die Nacht ihm mehr beliebt/ es hasst des Tages wachen/
ja pflegt ihm noch d' Tag zur schand-nacht selbst zu mach'n.
Von Hoffart wirde die Glut des Hertzens mir entzückt/
ein Nebtes Tuch sich hat den Augen vorgerückt.

Der

Nec sinit Ambitio nitidum clarescere solem,
    Fuscat & ingenuas Idalis igne faces.
Heu, quoties subit illius mihi noctis imago,
    Nox animo toties ingruit atra meo!
Sors oculis nostris melior, quibus ordine certo,
    Alternas reparant lunaq; solque vices!
Nam quid agat ratio, quid agat studiosa voluntas
    Quas habet, ut geminos mens peregrina duces?
Major, habere oculos, dolor est, ubi non datur uti,
    Quàm, quibus utaris, non habuisse oculos.
Qui dolet oppressus lapsis velocius umbris,
    Lætior aggreditur manè viator iter.
Sed nimis hæc longas tenebris nox prorogat horas,
    Quæ tibi manè negat cedere, Phœbe, diem.
Cum redit Arctoo Titan vicinior axi,
    Exultat reducis quisque videre jubar:
Scilicet Auroræ gens vertitur omnis in ortus,
    Quisque parat primus dicere, Phœbus adest!
Sic ego, sæpe oculos tenui sublimis Olympo,
    Aspiciens, gemino qui jacet orbe, Polum;
Et dixi tam sæpe; Nitesce, nitesce meus Sol!
    Sol mihi tam longos obtenebrate dies!
Exorere, exorere, & medios saltem exere vultus,
    Vel scintilla tui sola sat esse potest.
Quin etiam, tanti si luminis abnuis usum,
    Sufficiet radios expetiisse tuos.

BER-

Wehklagen. Das Erste Buch.

Der Ehrgeitz lässt mir nicht die klare Sonne funckeln
der Lieb' aufrechtes thun wil Venus mir verduncklen!
So oft das Nachtbild ach! Ich mir nur stelle für/
so balde schwätzet auch sich das Gemütt' in mir.
des Leibes Augen wil es besser fast gelücken/
die umbgewechselt noch itz Sonn' itz Mond anblicken.
Denn was sol mir Vernunft und Wille geben raht/
die mein Gemütt' als frembd' alzeit zu Führern hat?
Mehr schmirtzt es Augen führn/ und die nicht dörfen wey-
als derer zum Gebrauch' elenden Mangel leiden.   (den/
Ein Wandersmann/den plotz befälle die braune Nacht/
sich desto fröher früh' auf Weeg und Straassen macht.
Ach aber diese Nacht sich nur zu lange säumet/
und dir/ ô Sonne/ nicht den lieben Tag einräumet.

 Wenn sonst die Soñ' annaht der Achs in Mitternacht/
da freut sich männiglich zu sehen ihren pracht:
Ein ieder sein Gesicht in roten Morgen wendet
zu bringen erste Post/daß itzt ihr Gold anländer.
So hab ich mein Gesicht oft Himmelauf gewandt
zum Puncte der in Sud und Norden ist bekannt;
oft oft Ich sprach/ ô Sonn'/ ô meine Sonne funckel/
die so viel Tage schon verfinstert hat das dunckel.
Geh auf/und streck ie nur dein Antlitz halb herfür/
weil mir auch gnügen kan ein Füncklein deiner Zier.
Nun wirdt mir auch dein Licht von dir schon
   nicht gewähret/
so gnügt dein Schimmer doch/ den sehnlich ich
   begehret.

BERNARDUS.

In Cant. Sermone 75.

Habet mundus iste noctes suas, & non paucas. Quid dico, quia noctes habet mundus? cum pæne totus ipse sit nox, & totus semper versetur in tenebris.

2.

DEUS tu scis insipientiam meam, & delicta mea non sunt abscondita.
Psal. 68.

Si tibi stultitiæ nulla est patientia nostræ,
   Omnia consilio qui sapiente regis;
Nullus ab offenso veniam sibi numine speret,
   Nullus enim culpâ stultitiâq; vacat.
Hæc etiam excelsas afflat contagio mentes,
   Et sua stultitiæ quemlibet aura rotat.
Quid simulasse juvat? semel insanivimus omnes;
   Ingenua humani stemmatis illa nota est.
Et pater & mater generis primordia nostri,
   Maxima stultitiæ signa dedêre suæ.
Credite posteritas, fatali vendita pomo es;
   Stultius hac aliquid venditione fuit?
Nec minus insanus, magni patrimonia census
   Perdidit esuriens, munere pultis, Esau.

Et

Bernardus.

Es hat diese Welt ihre Nächte / und deren nicht wenig: Was sage Ich/ daß sie Nächte hat? weil sie selber fast gantz und gar Nacht ist / und allezeit in der Finsternis umbgehet.

II.

GOtt du weisseß meine Thorheit / und meine Sünden sind Dir nicht verborgen. Ps. LXVIII.

Wenn unsre Thorheit Du nicht mit gedult verträgst/
Der weislich Du dieß All regirest und bewegst/
so darf vom eifer-GOtt auch keiner Gnade hoffen/
weil alle mit viel Schuld und Thorheit sind getroffen;
auch solche Seuche selbst die grossen Leuthe rührt/
und einen ieden nur der Narrheit Wind umbführt.
Was ists? Wir haben All uns einmal sehr verrennet
drauß unser arm Gemäch' unfehlbar wirde erkennet.
Die Vorder-Eltern selbst/ aus denen unser Seyn
entsprange/legten schon den grösten Thorheits-Stein.
Dein Wehrt/o Nachwelt/glaubs/ist Apfelgleiche kommen/
wer hat ein närrischer Verkauffen ie vernohmmen?
Nicht minder Esau thum sein Erstlings-Recht verletzt'/
in dem Er hungrig nahm ein Linsenmus davor.

A vj　　　　　　　　　Den

Et Salomon tactam sensit vertigine mentem,
  Dum castam insano vertit amore domum.
Non igitur magni fallunt oracula regis;
  Stultorum innumerum qui docet esse gregem.
Legiferi neq; vana canunt præsagia vatis,
  Quêis defleta hominum tanta ruina fuit.
O saperent, ait, & cauti ventura viderent!
  Non adeò in vitium cerea turba foret.
Quis [nisi desiperent] quosdam dixisse putaret,
  Nullum qui terris imperet, esse DEUM?
Quilibet ut peccet [aliâs peccare timeret,]
  Esse sibi nullum fingit in orbe DEUM.
Ipsa igitur nostros avertunt crimina sensus,
  Nullus & in vitium, sit nisi stultus, abit.
Sed neq; jam gliscens stat in hoc dementia passu,
  Præcipiti in pejus truditur acta pede:
Extruimusq; domos cœloq; educimus arces
  Ceu data perpetuò terra colenda foret!
Crastina lux coget vitæ statione moveri;
  Quis neget insanas nos fabricasse domos?
Conserimus platanos, disponimus ordine lauros,
  Areolas hortis dividimusq; suas.
Quæ stolidi serimus, vix tertius aspicit hæres;
  Quo tibi, qui carpet tum tua poma, nepos?
Sic, puto, dat senibus puerilis natio risum
  Cùm fabricat luteas, parvula turba, casas:
Ludicra sollicitis fervet respublica curis,
  Hic fœnum, hìc paleas convehit, ille trabes.
Aggerit hic gravido plumas, & stramina plaustro,
  Hujus erat testâ quærere munus aquam.

                                        Et si-

Den Salomon auch starck der Schwindelgeist berührte/
als in sein keusches Hauß Er tolle Lieb' einführte.
Drumb Davids Lehre nach es nur sich so verhelt:
Der Thoren Hauffe sey der grössest' in der Welt.
Ja Moses hat im Geist' auch allreit wohl gesaget/
als unsern Elendsfall Er thränende beklaget:
Er spricht: ô wärn Sie klug auff künfftige zu schaun/
Sie würden nicht so gar in Lastern sich erbaun.
Es hetten sich ihr viel (als Thoren) nicht zu sagen
erkühnt: es ist kein GOtt/der Sorg' umb Uns wil tragē.
Daß ieder böses würck'/(er trüg es sonst ja scheu)
erdichtet Er ihm selbst/daß gar kein GOtt nicht sey.
Drumb unsre Sinnen sich durch Laster selbst verleiten/
und keiner fehlet/der nicht sich Thorheit lässt erschrecken.
Ja Thorheit bleibt nicht bloß in diesem Schrancken stehn/
nein/sie erwägt sich noch was thümmers einzugehn.
Wir führen Schlösser auf mit Wolcken-hohen Spitzen/
als solten ewig Wir auf Erden sie besitzen;
auf morgen uns der Todt verrückt das Lebens-Ziel;
wie thum ist's denn gebaut! wer ist/der's leugnen wil?
Wir impfen Bäum' und sie nach schöner ordnung fügen/
die Beete müssen uns in Gärten gleiche liegen.
Dem Dritten Erben kaum sich das Gewächse weist/
was hilfft dich's/daß der Frucht dein Enckel dann geneust?
So/mein' ich/reitzet offt die Alten in ein Lachen/
wenn Sie die Kinder sehn aus Leimen Häußlein machen;
wenn voller Sorgen sich dieß junge Völcklein spürt/
der Heu/und jener Spreu/ein ander Holtz zuführt;
der Federn/jener Stroh aufflädet seinem Wagen/
und dieser wil herzu mit Scherben Wasser tragen;

Glück-

Et sibi tum structæ gratantur mœnibus urbis,
  Magnaq́; se pueri regna locasse putant.
Hæc videt, ac ridet, quæ transit grandior ætas,
  Vixq́; graves sese virq́; senexq́; tenent.
Haud aliter Superis dant nostra negotia risum,
  Regnaq́; pro nidis, quæ fabricamus, habent.
Hæc quoq́; sub stolido sapientia nata cucullo
  Tam varijs nullum vestibus esse modum;
Pauca vel hoc studio, peregrinus ad oppida currat
  Inveniet vestes per loca quæq́; novas.
Sì sedeant uno simul omnes forte theatro,
  Quos sua dissimiles palla, chlamysq́; facit.
Ridiculis videat plenissima pulpita mimis,
  Rideat & socii pallia quisq́; sui.
Jam studium gemmarum & habendi quis furor auri?
  Sudat in hoc hominum nocte dieq́; labor.
Quid tamen est aurum, fulvæ nisi pulvis arenæ?
  Gemmaq́; quàm vitrei gutta gelata maris?
Ambit & has tantâ gens stulta cupidine gazas,
  Ceu foret hinc miseris una petenda salus.
Ecce tibi minimo cœlum venale labore,
  Et cœlum hoc pretio quantula turba petit?
Heu genus insanum! terras præponitis astris,
  Ignotis nimium dona caduca bonis!
Quis pueros [lusu si vel tam turpiter errent,]
  Orbilii meritos aspera sceptra neget?
Nempe sciunt levibus quid discent æra lupinis,
  Ut semel abjectas deseruêre nuces.
Nos mage desipimus, cum parva crepundia, cœlo,
  Proh pudor! & fluxas pluris habemus opes.

O Me-

Glücksälig schätzt es dann sich ob gebauter Stadt/
als hett' ein mächtig Reich gestifftet ihre that.
Wenn dieß im fürbeygehn erblicket wirdt von Alten/
kan weder Mann noch Greiß des Lachens sich enthalten.
In lachen unser thun das Himmelsvolck auch setzt/
das unsrer Reiche bau nur als für Nester schätzt.
In Kleider-trachten sich auch grosse Thorheit zeiget
so/daß auch alle maas das endern übersteiget/
wir fleisse nur zu schawn in wenig Städte lauff/
so wirst du Neuerung in Kleidern sehn vollauff:
Wenn All' in einen Platz zusammen sollten kommen/
die unterschiedne Röck' und Hosen angenommen/
voll Gauckler wimmern würd' alsdann das gantze Hauß
und dörfft' ie einer selbst den andern lachen aus.
Was abwitz thun doch die/so Gold und Stein' erwehlen/
umb sothaner besitz sich Tag und Nacht abquälen?
für nichts/als geelen Sand/ich Gold zu schätzen weiß/
den Edelstein der See ein tropf gefroren Ertz.
Die Schätz' ein thumes Volck so streng' ihm bringt zu we-
als wär' allein daran der ärmsten Heil gelegen.   (gen/
Sieh'/gringe mühe kan den Himmel uns gewähren/
und ô wie wenig sind/die den also begehrn?
ô thörichte Volck/die Erd' ihr vor dem Himmel setzet/
und was vergänglich ist/ihr mehr als himlisch schätzet!
Wer würde Knaben nicht mit Ruttenschlag ansehn/
wenn sie so grob verfehlt/(obs spielend auch geschehn/)
weil sie den Unterscheid des weiß- und schwartzen wissen/
in dem die Kinderschuch sie nun einmal zerriessen.
Wir sind viel thörichter/umb daß den Himmel wir
ô schande! Kinderwerck und Reichthum ziehen für.

Ihr

O Medici mediam stolidis pertundite venam!
   Stultitiæ queat hic proximus esse furor.
Sed videt hæc magnus qui temperat arbiter, orbem
   Nostraq; stultitiæ nomine multa tegit.
Et mea propitius deliria plurima transit,
   Multaq; scit cæcâ dissimulanda manu.
Et qui jus adimat, novit Prætoris egêre,
   Ne perdam, patrias qui mihi servet opes.
Ergo adeat sanum mea, fac, tutela patronum,
   Stultitiæ custos esto vel ipse meæ.

CHRYSOSTOMUS.
Hom. 4.
In Joannem.

Nihil ab insanientibus differunt, qui terrenas res & brevi duraturas tanquam in somnis suspicantur.

3.

Miserere mei Domine, quoniam infirmus sum: sana me Domine, quoniam conturbata sunt ossa mea.
Psal. 6.

Conquerar; an sileam? justas habet ira querelas,
   Heu sine Pæoniâ sola relinquor ope!
                                          Non

Wehklagen. Das Erste Buch. 17

Ihr Aertzte/ lasse den Thorn die wittel-Ader springen/
weil solche Narrheit Sie zur Tobsucht gar kan bringen.
Dieß aber sieht der Groß- und Mächtigst' in der Welt/
der unter Thorheits-schein Uns viel zu gnaden hält/
den meisten Abwiz noch zu Sinn' Er ihm nicht ziehet/
und durch die Finger viel/ samb seh' Ers nicht/ nur siehet.
Er weiß/ ein Pfleger sey hier not/ der Mir mein Recht
erhalt'/ und dann das Erb' einliefer' ungeschwächt.
So schaff ô GOtt/ daß Ich mich treuem Schu-
     tze traue/   (schaue!
selbst oder gnädig Hutt auf meine Thorheit

CHRYSOSTOMUS.

Die jenigen sind von den Unsinnigen nicht un-
terschieden/ die da irdische und eine kurze
Zeit wehrende Dinge/ Ihnen wie in einem
Schlaafe träumen lassen.

III.

HErr sey Mir gnädig/ denn Ich bin
schwach: Heile Mich HErr/ denn
alle meine Gebeine sind zerschlagen.
Psalm VI.

Klag' oder schweig ich still? mein Zorn doch billich kla-
ô weh/ all Artzney-hülf' ist mir durchaus versaget. (get/

B   Ich

Non ego, jussa licet juratis credere verbis,
  Sperassem, cordi non magis esse tibi.
Siccine tardus ades, neq; nostra pericula tangunt,
  Quæ potuit tantæ caussa fuisse moræ?
O mea spes! Numen quo non præsentius
  ægris,
  Sic potis es nostri non memor esse
  mali?
Nunc aderant pariter Podalyrius atq; Melampus
  Phillyrides Chiron; Pæonìusq; senex.
Multaq; prætereà comitata Machaone turba,
  Quiq; aliquod medicâ nomen ab arte gerunt;
Tu solus deeras, morborum publica cura,
  Postq; tot Hippocrates ultimus ecce venis.
O mea spes! Numen quo non præsentiùs
  ægris,
  Sic potis es nostri non memor esse
  mali?
Omnibus est oris visus color indice lingvâ
  Omnibus admotâ vena notata manu:
Nil, ajunt, vitale rubet, neq; langvida certas
  Vena notat, pulsu præmoriente, moras;
Idq; ego plus ipsis deprendo medentibus ægra,
  Destituit Medicos ars sua, meq; salus.
Quidnam igitur sperem fugientibus orba Magistris
  Morbus ubi vincit sævior artis opem?
Cæca per infectos serpunt contagia venas,
  Imaq; subsidit lapsus in ossa dolor,

      Et ca.

Ich hette nicht gedacht/als man auf deinen Eid
mich wies'/und solt' te nicht dich küssern mehr mein Leid.
Kömst du so langsam doch/samb dich gar nichts angienge/
mein' Angst/was hielten dich zurücke denn für dinge?
Der Krancken nechstes Heil und Hoffnung/
                ô mein GOtt/
kanst Du denn nun so gar vergessen unser
                Noth?
Der Artzt Melampus hat bey mir sich aufgehalten/
auch Chiron, Podalyr, sambt Pæone dem Alten/
und noch viel andre mehr aus des Macháons Zunft/
in Artzney sehr berühmt und trefflicher Vernunft/
Du sehlest nur/mein Artzt der Siechen groß Verlangen/
nach allen kömst Du nun zuletzt' erst hergegangen.
Der Krancken nechstes Heil und Hoffnung/
                ô mein GOtt/
kanst Du denn nun so gar vergessen unser
                Noth?
Sie sahen mich all' an/und auf umbständlich sagen
erkündigten Sie sich der Aderuhre schlagen!
nichts lebhaftes/sagten Sie/erscheint; der Puls gemach
ungleiche schlägt und lässt bisweilen auch schon nach.
Viel besser als die Aertzt' ich selbst an mir es mercke/
den Aertzten fehle die Kunst/und mir der Glieder stärcke.
Was sol Ich hoffen nun/in dem Sie von mir gehn/
weil ihre Kunst nicht mag für meiner Sucht bestehn?
Ein heimlich Gifft hat mir die Adern gantz durchkrochen/
der schmertz sich senckt hinab in meiner Schenckel Knoch/

B ij

Et caput & cubiti se sustentare recusant,
  Tinctaq; vix Baccho vena medente redit.
Et jam vix animæ superest pars ultima nostræ,
  Heu paror inferiis proxima pompa meis!
Denique qui morbos cupit omnes discere nostros,
  Copia quod fieri non sinit, ille cupit.
Hic status, hæc rerum facies miseranda mearum est
  Nec juvor illius, qui medeatur ope.
Aspice, vix nostram poteris dignoscere formam,
  Vultus abest vultu, seq; nec ipse refert.
Lumina suffossis retrò fugêre cavernis,
  Magnaq; purpureis facta ruina genis;
Nec quisquam hanc ferro potuit compescere noxam,
  Quin caput & faciem carperet atra lues.
Tetrica quid memorem vigilis fastidia lecti?
  Quæq; manu tangi vulnera cruda timent?
Vulnera proh nullis medicanda Machaonis herbis!
  Qualia, quæ secuit barbarus ensis, hiant:
Vulnera, secretas animi populantia fibras,
  Quæ nullus medicâ claudat hi ulca manu.
Nempe graves, mea sunt, quas feci, vulnera noxæ,
  Vulnera trux animæ carnificina meæ.
Adde, quod intus opum dirus mihi turgeat hydrops,
  Lentaq; quod meditor nausea tardet opus;
Tensaq; ventosi propè rumpant ilia fastus,
  Et Veneris tacitus pectora cancer edat.
Hæc ego sæpè dedi variis tractanda Magistris,
  Semper at oblatæ cura fefellit opus.
Scilicet ipse suas hic tentet inaniter artes,
  Qui raptum Androgeo reddidit arte diem.

Quiq;

Wehklagen. Das Erste Buch.

In Haubt und Armen ist verschwunden alle Krafft/
in Ohnmacht mich gar kaum erquickt Lyæus safft;
mein' Athems neige wirdt bald ausgezäpfet werden/
es schickt sich ach! mit mir schon allgemach zur Erden:
wer meine Kranckheit gantz zu forschen ihm erkiest/
der wil ein solches/ das nicht mensch und möglich ist.
Es ist mit mir dahin (ach GOtt erbarm es!) kommen/
durch keines Artzney wirdt das übel mir benohmmen.
Sieh/ du wirst mich gar kaum erkennen von Gesicht'/
ich ähnle mir nunmehr im allergringsten nicht.
Die Augen sind zu rück' ins Haubt hinein gewiechen/
der Wangen Purpur ist von bleichheit ausgestrichen:
dem übel hat auch nicht kein eisen können wehrn/
daß jenes ins Gesicht und Haubt nicht soll' einkehrn.
Was sol den Bettverdrieß und Wachen ich anführen?
und meine Wunden/ die sich fürchten fürm berühren?
ô Wunden/ die kein Artzt/ ach jammer! heilen kan/
die gehnen auf/ samb sie ein wilder Mensch gethan:
ô Wunden/ die das Hertz mir in geheim durchnagen/
die keines Artztes Hand sich kan zu hefften wagen:
Die Wunden aber sind: mein Sünde-thun allein/
ach das ist meiner Seeln ihr' Henckerin und Pein:
Hierzu die Wassersucht des Geitzes auch zuschläget/
und eckel und verdrieß zum guttes-thun erreget.
Die blähend' Hoffart mir den Bauch zerbersten will/
der Venus Krebsbiß ich auch im Hertzen fühl'.
Ich bin viel Aertzten schon gewesen untern Händen/
doch hat ihr fleiß niemals an mir nichtes können enden.
Es würd' auch dessen Kunst umbsonst hier angebracht/
der den Androgeon hat lebendig gemacht/

B iij   der

Quiq́; potestates succorum norat & usum,
    Una salus ægris spesq́; Epidaure, tuis.
Nec juvet hîc Chiron, operosæ viribus herbæ,
    Nec summum medici numen Apollo chori.
Officium tanto cedit minus omne dolori,
    Non habet hîc ullum succus, odorve locum.
Quas igitur spectem, vestri nisi Numinis, aras,
    Funeribus nullis quas Libitina notat?

O mea spes! Numen quo non præsentius
    ullum!

Ecce tuam veneror, mortua pænè, manum.
Sanus Apollineâ non indiget arte vel herbâ,
    Lege Machaoniæ, qui dolet, artis eget.
Mens mihi læsa dolet, plus simplice vulneris ictu,
    Ne deleat, vires experiare tuas.
Illa ego sum Solymis quam prædo cruentus arenis
    Stravit, & immiti diffidit ense latus:
Tu Samarita, mero; Tu vulnera mitis olivo
    Obline, barbaricâ vulnera facta manu;
Quosq́; Levita negat, medicos inverge liquores;
    Crescet ab infuso rore meroq́; salus.

AUGUSTINUS.
Serm. 55.
De verbis Domini. c. II.

Jacet toto orbe ab oriente usq́; ad occidentem gran-
    dis ægrotus, sed ad sanandum grandem ægro-
        tum

der aller Säffte krafft/ und deren brauch wohl wusste/
auf den viel Krancke trost in Epidaurus suszte;
auch Chirons Kräuter-krafft hilft hier nicht aus der noth
noch der Apollo selbst/ der Aertzte grosser GOtt; (Noth
All' Arbeit ist verlohrn/ es wil der Schmertz nicht weichen/
hier mag Geruch noch Safft kein eintzig' hülffe reichen.
Ach wen solt' ich denn nun umb Raht und Trost angehn
als Dich/ der du dem Tod' allein kanst widerstehn?
ô Hoffnung/ ô mein GOtt! kein' Hülff' ich
näher finde!
ach sieh/ wie die zustehn ich mich halbtodt erwinde.
Ein gantz gesunder Mensch des Artztes noth nicht hat/
wer aber kranck und siecht/ ô der darf Hülf' und Raht.
So manchen harten streich empfind' Ich in dem Hertzen/
versuch dein Heil an Mir/ und lindre meine Schmertzen.
Ich bins/ die Seele/ die vor Solyma der Stadt
des Mörders Schwert verwundt in meine Seiten hat/
Du aber Samarit/ der offnen Wunden höle
die Mir der Mörder schlug/ in Wein benetz und Oele/
was der Levite nicht behülflich wolte seyn/
thu Du/ so werd' Ich Heil durch deinen Safft
und Wein!

AUGUSTJNUS.

Es lieget in der gantzen Welt/ vom Aufgang bis
zum Niedergang ein grosser Krancker; aber
den grossen Krancken zu heilen/ ist hinab ge-
stiegen

tum descendit omnipotens Medicus; humi-
liavit se usq; ad mortalem carnem; tanquam
usq; ad lectum ægrotantis.

4.

Vide humilitatem meam, & laborem meum: & dimitte universa delicta mea. Psal. 24.

Aspicis heu sævus! nostris neq; tangere curis,
    Aspicis, & credi vis tibi, me quod ames?
Futilis ignaro cantetur fabula vulgo;
    Sentit amicorum vulnera, quisquis amat.
Aspicis & pateris: neq; cura est ulla juvandi;
    Verus amor promptam non ita tardat opem.
Aspice quàm turpi subigar damnata labore;
    Aspice cui tendam colla premenda jugo.
Si foret ingenuâ saltem labor indole dignus,
    Nec nimis abjectæ vilius artis opus.
Multa meos casus magnorum exempla levarent,
    Et faceret propriam, sors aliena, levem.
Sæpè Ducum proavos, Regesq́; noverca coëgit
    Augustas operi sors adhibere manus:
Protea frænantem septemplicis ostia Nili,
    Sic oras miseram, Rex Menelae, stipem.
Dextra Syracosii sceptris assueta Tyranni
    Sic ferulas, pueris sceptra verenda tulit.

Flen-

stiegen der Allmächtige Artzt; Er hat sich
gedemüttiget bis zu dem sterblichen Fleische/
alß zu dem Bette des Krancken.

IV.

**Siehe an meine Demutt und Mühe/
und verzeyhe Mir alle meine Sün‑
de. Psal. XXIV.**

Ach du siehst leider scheel! Dich schmürtzt nicht meine
 Pein/
du siehst es/ und ich sol gleichwohl dein Liebchen seyn?
Den Albern mag man nur hievon ein Mährlein singen/
ein Freund lässt ihm ins Hertz des Freundes Notstand drin‑
Du siehst und duldest es/ auf hülf' auch nicht bedacht; (gen
ô wahre Liebe nicht zuhelfen aufzug macht!
Sieh/ was ehrlose müh' Ich über mich muß nehmen/
sieh/ unter welch ein Joch mein Halß sich muß bequämen.
Wenn meiner Redligkeit dieß Werck doch ohn gefehr
einstimmet/ und nicht so verachtet schimpflich wär';
es würde grosser Leuth' unfall gestalten sachen
mein eigen Unglück mir umb viel auch leichter machen:
Das Stiefglück hat so weit oft Fürst‑ und Herren bracht/
daß sich ihr' hohe Hand an Arbeit hat gemacht.
Vom Proteûs, dem der Nil sich schmoge zu den füssen/
hat Menelaus selbst ein Almos bitten müssen.
Der Wütterich Dionys an güldnen Zeptersstat
das Kinder strafend Holtz hernach geführet hat.

Flenda exempla quidem, tamen haud ducenda pudori
  [Non etenim miseris sunt sua fata probro.]
Ast mea non lacrymis, sed digna pudore ruina est,
  Quæ roto serviles spontè subacta molas.
Qualis ad infidâ Sampson detonsus amicâ,
  Circuit indignas, hoste jocante, rotas.
Atq; utinam famulas tantùm damnarer ad artes!
  Explerem ingenuâ sordida pensa manu.
Turpibus at servum vitiis addicere pectus,
  Exulis asperius mancipiiq; jugo est.
Ah pudet! & [duplicis nova quæ mihi causa ruboris]
  Ipsa meum damnans execror author opus.
Vix bene pertæsum est, rursumq; revolvitur error
  Crescit & attextis, nexa catena malis.
Scilicet illa manet plectendas ultio noxas,
  Admissum sequitur culpa secunda scelus.
O quàm sæpè meo sensi hæc discrimina damno!
  Nec tamen est damni mens revocata metu.
Nempe trahor vario studia in diversa duello
  Ut ratis ambiguis jam pila facta Notis.
Et trahit hinc [vitii quæ lena comesq;] voluptas,
  Quiq; subit vitium, retrahit inde dolet.
Sæpiùs illa tamèn redit è certamine victrix,
  Assiduus vitio sit licet ille comes.
Sic habet alternos virtus, vitiumq; triumphos,
  Et meus æterno vertitur orbe, labor.
Tu super hæc etiam loris servilibus instas,
  Addis & in pœnas verbera dura meas;
Pœnaq; cum culpæ sit culpa secunda peractæ,
  Suppliciis pœnas adjicis usq; novas.

Nem-

Wehklagen. Das Erste Buch.

Exempel sol man zwar beweinen/ doch nicht schänden/
(denn Unglück ist kein mal ein schandfleck der Elenden.)
Mein zustand ist mehr schand' alß etwan Zähren wehrt/
als die freywilliglich in Knechtischer Mühlen fährt.
Wie Samson, dem abnahm sein falsches Lieb die Locken/
die Mühle mußte ziehn/ den Feind sich lassen stocken.
ô daß zur Schlaverey Ich nur verdamt seyn sollt'
ein garstig Tagwerck Ich schon gern abstatten wollt'.
Ach aber Lastern gar das Hertze dienstbar geben/
ist schwerer als verjagt/ und als leibeigen leben.
Ach/ ach! ich schäme mich/ und Ich erröte zwier/
daß Ich mein Werck selbselbst verfluchen muß in mir.
Kaum/ wenn michs recht verdreust/ kömt denn mein fehler
am übel übel henckt/ als einer Ketten glieder.   (wieder!
Denn solche Rache stets dem Sünde-thun nachgehet/
der Missethat die Schuld hart an der Fersen stehet.
Ach die Gefahr hab' Ich mit schaden oft erlernet/
noch hat des Schadens forcht mich jener nicht entfernet.
Manch Streit in mir sich regt/ manch anverlaß zum fall/
als wie der Wind ein Schiff umbtreibet/ seinen Ball.
Itzt mich die Wollust reitzt/ die Kupplerin der Sünde/
von das der Schmertz abzeucht/ den Ich wie weh' empfinde
doch jene siegend oft auß diesem Streite kömmt/   (de/
ob gleich die Sünde schmertz ihr zum Geferten nihmt.
Itzt Sünd'/ itzt Tugend denn/ eins umb das ander sieget/
und mein bemühen sich in stetem Kreiß' umbwieget/
mit Geisseln du noch selbst mir überm Halse stehst/
und mit viel streichen mich zustraafen übergehst!
Weil ich den Schuld mit Schuld vergrösser' unterm schla-
so legst du auch hierauß zur Straafe/ neue Plagen. (gen/

Ixions

Nempe Ixionius non est modò fabula gyrus,
  Vincta sed æternæ vertor in orbe molæ.
Aspicis hæc durus, neq; nostro tangere fato,
  Aspice, & in pœnas mitior esto meas!

AUGUSTINUS.
in Psal. 36.

Molendinum puto dictum mundum istum; quia rotâ quadam temporum volvitur, & amatores suos conterit.

5.

Memento quæso, quod sicut lutum feceris me, & in pulverem reduces me. Job. 10.

Ergone cœlitibus jam nata oblivio regnis?
  Quis Ganymedæo miscuit ista scypho?
Quid facit immemores ad nostra negotia Divos?
  Lethæas superi fortè bibistis aquas?
Oblita es, mea Lux, aut vis oblita videri;
  Cum dubitas proprium quale creâris opus.
Si nescis, referam; si scis, cur fingere pergis?
  Me tua de luteâ dextera fecit humo.
Quæris ubi? toto locus est notissimus orbe,
  Primus ubi Pater est conditus, hortus erat.

Fõns

Ixions Rad nunmehr mir kein Gedichte sagt/
Ich werd' an ewger Mühln verfessele umbgejagt;
das siehest Du/doch dir ins Herz es gar nicht steiget
Ach steh! und sey zur Gnad' im straafen mehr
geneiget!

AUGUSTINUS.

Ich halte dafür / daß diese Welt darumb eine
Mühle genennet werde / weil sie von der
Zeit / wie von einem Rade herumb getrieben wirdt/ und ihre Liebhaber zerreibet.

V.

Gedenck doch / daß Du mich wie Leimen
gemacht hast/ und wirst mich wieder
zu Staub machen. Hiob. X.

Er sicht in der Himmelsburg nun auch vergessen seyn/
wer hat den Einschlag nur gewischt in Götter-wein?
Was machts daß unsers thuns die Himlischen vergessen?
Vielleicht' hat ihr Gehirn' ein Lethe-trunck besessen?
Bin Ich dir nun so frembd' und kommen aus der acht;
in dem du zweifelst/ Schatz zu was Du mich gemacht?
Weist Dus/ was thust du frembd? wo nicht/ so wil Ichs
Du hast aus Erd' aus Lett zusamen mich getragen. (sagen
Fragst Du denn wo? der Ort ist aller Welt bekennt/
in einem Garten schuff den Menschen deine Handt.

Da/

Fons ubi de riguis argenteus exilit herbis,
    Quadrupliciq́; suas flumine findit aquas.
Scire lubet tempus? minimo post tempore, salsus
    Cum maris aggeribus terra coëgit aquas.
Addo [quod historiæ facit, hac quoq́; parte probandæ]
    Puniceo rubuit Dædala gleba solo.
Hinc tribus es modicam digitis admensus arenam,
    Primaq́; massa mei corporis illa fuit.
Nec primis erit his natalibus exitus impar,
    Nil nisi pulvis eram, nil nisi pulvis ero.
Sic faber argillam Samiis dum repperit agris,
    Ædificat facili pocula ficta luto.
Principio terræ segmenta ligonibus urget,
    Inde levi madidam flumine mollit humum,
Deniq́; materiem pernix rota versat in orbem,
    Amphoraq́; admotæ nascitur arte manus.
Nascitur, at mediâ vix amphora vixerit horâ,
    Frangitur, inq́; suam fracta recurrit humum,
Haud mage firma meæ fundamina condita vitæ
    Et levis extremos finiet umbra dies.
Cur igitur, veluti fuga non satis incitet annos,
    Præcipitès glomerat mobile tempus equos,
Sponte, meus pulvis, nimis heu citò, sponte fatiscit,
    Et mea non ullo, vita premente fugit!
Si mihi, ceu vitreâ Cœlum concrevit ab undâ
    Cœlite crystallo membra gelata forent;
Aut quales memorant, cœlestia lumina, stellas,
    Quas suus è liquidis condidit author aquis,
Aut foret Angelicæ munus sine corpore, vitæ
    Elysiis qualem mentibus esse ferunt?

                            Spera-

Wehklagen. Das Erste Buch.

Da/wo im grüne Graas' aus klar entsprungnem Bronnen
desselbten Silberflut vierströhmig fortgeronnen;
erforschest Du die Zeit? bald/da das grosse Meer
mit troner Täme zwang versetzt war rund umbher.
Und (was noch mehr beweiß ertheilt dem/was geschahe)
derselbte Schöpfungs-kloß wie rötlichbraun aussahe.
Mit dreyen Fingern da den Leim du hast gefasset/
das war der erste Zeug zu meines Leibes last. (den/
Dem Anfang nach wirdt sich das End' auch ziehn zur Er-
nichts war ich als ein Staub/Staub werd' ich wieder wer-
Also ein Töpfer/wenn Er gutten Thon ausspeht/ (den.
gar leicht' ein Trinckgeschirr auß solchem Zeuge drehet;
mit hauen er ihm erst bereitet Erden-spalten/
und feuchtet die was an/daß sie beysammen halten;
hierauf das schnelle Rad den Zeug herumbher führt/
so wirdt ein Topf hieraus durch Kunst der Handt formirt.
Er wirdt/ob er denn kaum ein halbes Ständlein währet
so bricht er/und sein bruch aufs erste Seyn zukehret.
Von festerem Zeug' hat nicht mein Leben sein bestehn/
der letzte Tag so leicht' als Schatten/wirdt vergehn.
Was jagt die Zeit so fort hals über kopf die Gäule/
samb nicht ohn das das Jahr gnug flüchtig lauff' und eile?
Ach von sich selbst mein Staub nur allzuploz zerfällt/
mein Leben ungejage selbst eilet aus der Welt.
Ja wär' Ich aus Kristall/als Himmels Zeug gefroren/
wie aus der Gläsern Flut der Himmel ist geboren;
und wie man weint/es sey des Himmels Zier und pracht
Die Stern'/aus welcher Flut von Gott dem Herrn ge-
Hett' oder ohne Leib in mir ein Englisch Leben/ (macht.
wie das Elysjer Feld den Seelen solle geben/

so

Sperarem Angelicis æqualia sæcula lustris,
  Æqualesq; poli, sideribusq; dies.
Sed data squammigeræ mage fortia corpora turmæ,
  Quàm peperit viridi Doris aquosa patri.
Quin etiam volucres cunis melioribus ortæ,
  Plumea quêis nitidæ membra dedistis aquæ.
O utinam rigidis mihi stent adamantibus artus,
  Aut durent nervos fulva metalla meos!
Felices Scythicæ fato meliore sorores,
  Fama quibus rigido finxit ab ære manus,
Cuiq; fuit solo corpus penetrabile tale
  Ærea nam reliquum lamina corpus erat!
Sed quid ago, damnoq; mei cunabula limi?
  Aut queror è fragili corpora ficta luto?
Non bene vasa suo faciunt convicia fabro
  Nec faber ipse suum jure refutat opus.

RUPERTUS.

L. 4. in Jeremiam c. II.

Ausum est infelix lutum blasphemare figuli sui digitos; quid igitur? nimirum figulo justissimè digitos suos foris contrahente, & cum totâ manu feriente, dissipatum est vas dissipatione valida.

6. Pec-

Wehklagen. Das Erste Buch.

so schätz' Ich meine Zeit den Engelszeiten gleich/
die Tage dauerhaffe/als wie der Sterne Reich.
Ist doch den Schupfenheern ein stärcker Leib gegeben;
als selbst die grüne Flut anträgt/in der sie weben.
Von fester ankunft auch das Lüffte-volck herrühret/
das aus der Flut so bunt mit Federn ist staffirt.
ô daß Ich Gliederhett' aus harten Adamanten/
ô daß mein' Adern wärn des Goldes Anverwandten!
*Die Schwestern aus Casan viel bessern zust/und führn/
an denen Händ' aus Ertz man etwa können spürn/
die bey dem Knöchel nur ein Waffen möcht' erbrechen
weil sonst der Körper war formirt aus ähren Blechen.
Was thu Ich aber/ daß Ich mein Geburt ver-
acht'/
und klage daß mein Leib aus Leimē ist gemacht?
nicht wohl den Töpfen ziemt dem Töpfer hohn
zusprechen/
mit recht' auch sein Gefäß' ein Töpfer nicht kan
brechen.   * Gorgones ex Scythia.

RUPERTUS.

Der unsälige Leimen hat sich unterstanden/ die
Finger seines Töpfers zu lästern. Was ists
aber ? nehmlich in dem der Töpfer seine
gantz gerechte Finger von aussen eingezogen/
und mit der gantzen Hand zugeschlagen/ ist
das Gefässe in Stücke zerbrochen/ mit ei-
nem hefftigen Bruch.

6.

Peccavi: quid faciam tibi ô custos hominum, quare posuisti me contrarium tibi? Job. 7.

ET juvat & merui: pleno seclus ore fatendum est,
　Culpa mea est nullo digna patrocinio.
Peccavi; fateor; nec quæ malè crimina feci,
　Ullo fucari posse colore, puto.
Nec mihi dedecoris metus est, aut cura pudoris,
　Publica flagitiis debita pœna meis.
Ecce manus ultrò supplex tibi porrigo victas,
　Quæ mihi sit, tantùm, pœna luenda, rogo.
Quid tibi vis faciam? vis trudam pectus in enses?
　Aut cladi statuam mœsta trophæa meæ?
Vis tua centenis cumulari altaria libis?
　Aut pia fumosis tura micare focis?
Aut meus ipse tuas mavis cruor imbuat aras,
　Hostia criminibus substituenda meis?
Ah foret illa meæ vix par quoq; victima noxæ!
　Namq; meo est omnis crimine pœna minor.
Non tamen est sævas tantus tibi fervor in iras,
　Quas lenire cruor solus & ara queant.
Sæpè tuus parti superatæ mucro pepercit,
　Et conservato nomen ab hoste tulit.

Non

VI.

Ich habe gesündiget: was sol Ich thun ô Du Menschen-Hütter / warumb machst Du Mich daß Ich auf Dich stosse? Hiob. VII.

DA recht/verdienter Lohn: die Sünd' Ich frey bekenne/
zum Vorsprech niemand sich in meiner Sach' ernenne.
Gesündigt hab' Ich ja/und glaub' auch daß kein Mann
all meinem übelthun ein färblein geben kan.
Ich wil umb Schand' und Spott noch Forcht noch
Sorge tragen/
mein Sündigen verdient mich offentlich zuschlagen.
Schau/wie fußfällig Ich darreiche meine Hände/
und frage nur/was mir für Straaf' ist zuerkannt.
Was wilt Du denn an mich? sol ich mit eignem Degen
mich tödten/und mir selbst ein traurig Denckmal legen?
Wilt hundert Opfer Du von meiner Hand begehrn?
sol lieblichen Geruch mein Weyrachbrand gewährn?
Wilt oder lieber Du mein eigen Blut sehn fliessen
zum Opfer, daß es mög' all' übertrötung büssen?
Ach das würd' auch nicht gnug für mein Verbrechen seyn:
die Straafe wär' annoch für meine Schuld zu klein.
Doch lässe Du nicht so gar dem Grimme seinen Willen/
daß nicht ein Opferblut Ihn lindern könnt' und stillen.
Dein Schwert hat oft geschont auch auf der Siegesstat/
daß umb erhaltnen Feind man dich gepriesen hat.

E ij   Die

Non sinit ingenium tantos tibi surgere motus,
 Quantis pro merito culpa pianda foret.
O bone terrigenum custos, tutelaq́; mundi
 Publica, suspendit tot cui vota salus;
En tua se mediâ clementia monstrat in irâ
 Quâq́; manu gladios, hâc quoq́; tendis opem.
Si pateris [quamvis summo mea causa patroni
 Eloquio, melior nullius esse queat]
Pauca tamen pro me, vel pro te [quod magis optem]
 Ne tua fors etiam sit mala causa, loquar.
Non nego, peccavi, communis at hic fuit error:
 Damnanè communis criminis una luam?
Cum ruerent alii, malè quo suus impetus illos
 Impulit, in flammas Bacche, Venusq́; tuas.
Dextra suum fulmen, quamvis vibrata, remisit,
 Tensáq́; pro gladio lenis oliva fuit.
Cur mihi perpetuo contra adversare duello,
 Ceu gladiator ego, tuq́; lanista fores?
Non satis est, culpam fassas tibi tendere palmas,
 Criminibusq́; iram promeruisse tuam?
Quid quod & egregii dederim tibi muneris ansam,
 Materies laudis, dum mea culpa, tuæ est.
Nam nisi peccassem, quid tu concedere posses!
 Clementis nomen, non habiturus eras.

GRE.

Die Gütte lässt in Dir nie solche Rach' auffkommen/
daß sie recht nach verdienst/der Schuld würd' abgenohmen.
ô frome Menschen-hutt! ô Schutz der gantzen Welt!
dem unter Heyl so viel Gelübd' hat auffgestellt.
Sieh/mitten in dem Zorn' erbarmung sich erzeiget/
die Hand/so Schwerdter zuckt/zur Hülf' auch ist geneiget.
Vergönnst Du mir (wiewohl kein Hochberedter Mann/
umb etwas besser mit die Sache machen kan/)
so wil ich kurtz für Mich/ ja mehr für Dich/ was sagen
damit man deine Sach'/ als schlim nicht mög' austragen.
Die Fehler steh' Ich zu/doch diese sind gemein/
gemeiner Fehler halb sol ich nun dulden Pein?
Als andr' ergeben warn dem Soff und geilem lieben/
wohin Sie für und für ihr' eigne Lüste trieben/
da warf den Donner weg/ dein' auffgehobne Handt/
und hat fürs Schwert den Zweig des Friedens zugewandt.
Wie daß Du denn nur mich in Zweykampf stets begehrest/
samb Ich ein Fechterbursch/ du Part und Gegner wärest?
Ists nicht genung/ daß dir Ich schuldge Hände reich'/
und daß mit Sünden Ich verdient den Zornestreich?
Ja wohl/ Dir geb' Ich fug zu einer schönen
Gaabe/
damit dein Lob ursprung aus meinen Schul-
den habe.
Denn hett' ich nichts verwürckt/ was könntest
Du verzeyhn/
für gnädig würd' auch Dich kein sterblicher
ausschreyn.

C iij   GRE.

GREGORIUS.

In cap. 7. Job. lib. 8. c. 22.

Tum sibi contrarium DEUS hominem posuit, cum homo Deum peccando dereliquit; Justus verò conditor hunc sibi contrarium posuit, quia inimicum ex elatione deputavit.

7.

Cur faciem tuam abscondis, & arbitraris me inimicum tuum.
Job. 13.

Ergò meus tantæ causam tibi præbuit iræ
    Qui condonandus leniter error erat?
Credideram torvos tantùm te fingere vultus,
    Nec nisi compositis os simulare minis.
Scilicet ut flenti genitrix negat ubera nato,
    Sed negat, ut lacrymis sæpiùs illa petat.
Aut qualis puero fugiens negat oscula nutrix,
    Oscula, quæ toties, dum fugit ille, dedit.
Sic ego te fictos rebar mihi ducere vultus,
    Utq́; magis sequerer fingere velle fugam.
At geritur video, dicto res seria bello,
    Falsa, nec ut rebar, larva, sed ira fuit.

GREGORIUS.

Alßdann hat GOtt den Menschen ihm entgegen gesetzet/ wenn der Mensch GOtt mit sündigen hat verlassen. Es hat ihm aber der gerechte Schöpffer diesen darumb entgegen gesetzet / weil Er Jhn / wegen seiner überhebung/ für einen Feind geschätzet.

VII.

Warumb verbirgest Du dein Angesicht/ und heltest Mich für deinen Feind. Hiob XIII.

Hat denn mein irrthum Dich zum Zorn' erregen wollē/
den Du doch gnädig nur verzeyhen hettest sollen?
Dein sauersehn kam erst nur als erdichtet für/
und das mit dreuen sich verstellte gegen Mir;
alß eine Mutter oft die Brust dem Säugekinde
versagt/daß Sie nur mehr begier in ihm entzünde.
Wie auch die Mutter sich des Knäbleins Kuß entzeucht
und oft es denn beküsset/wenn selbtes von Jhr fleucht.
So dacht' Jch dein Gesicht auch sich nur so verstellet'
und liessest/daß Jch mich dir näher zugesellet'.
Ach aber! Jch erfahr'/ es ist recht ernst mit Dir/
und nicht ein Zorn zum Schein'/ als er mir erst kam für.

Avertisq́; oculos, dedignarisq́; videri,
    Pax veluti nunquam concilianda foret.
Et fugis, ut viso fugit eminus hostis ab
        hoste
    Aut quem fulmineo dente lacessit Aper.
Seu timeasq́; oculis visus saxescere nostris
    Occulis oppositâ lumina cauta manu.
Quo precor hanc tanto merui pro crimine pœnam,
    Ut velut indignans ora videnda neges?
An quia peccavi, vultu frustraris amantem?
    Ah vultu! nunquam qui mihi durus erat.
Aut mea ne magicas jaculentur lumina flammas,
    Sibilet aut nostro Regulus ore, times?
Anteveni tutis Circæos visibus orbes,
    Vibratamq́; oculo pelle nocente necem.
Donec enim verso me dedignabere vultu,
    Te, dolor, irato vivere, major erit.
Nullius alterius faciunt mihi lumina bellum,
    Luminibus possum, Phœbe, carere tuis.
Pulcra tuos oculos contemnere Cynthia possum,
    Qui pascunt reliquas igne nitente faces;
Attamen absq́; tuis oculis, mea vita, meum cor
    Vivere, non aliter quàm sine corde,
        queo.
Cense igitur reliquas, quibus obruor anxia curas,
    Si tam dura oculis pœna, carere tuis.
O quanto! ô quanto mihi grandius hoc tormen-
        tum est!
    Te quod amem mea lux, me tamen haud
        redames.

AM-

Die Augē wendst Du ab/ samb Jch dein nicht wehrt wäre/
samb nimmermehr dein Sinn den Friedenstand begehre.
Du fleuchst mich / wie von fern' ein Feind den andern
   fleucht/
wie einen das Gewehr des wilden Schweines scheucht.
Besorgst Du/ daß Dich wirdt mein Aug'in stein verkehrē/
weil du dein Antlitz deckst/ daß sehn mir zuverwehren.
Ach welche Sünd' hat mich aus deiner Gunst gesetzt/
daß deiner Augen ich unwürdig bin geschätzt?
Wilt du der Sünden halb dem Lebenden entrücken
dein Antlitz ach! das nie mich satter konnt' anblicken?
Meinst du es schieß' auf sich mein Auge Zauberey/
daß Basilisken-Gifft in meinem Munde sey?
Für Circes Augen du dein lieblich-sehen sende/
und den gedreuten Todt in Liebesblicke wende.
Denn weil nicht wiederkehrt zu Mir dein Antlitz scheĩt/
so ist mein Leben nichts bey deinem Zorn'/ als Pein.
Kein' ander' Augen mich in ihre gunst verketten/
dein' Augen/ Phœbus, kan ich setzen gar zur seiten:
Ich kan auch/ Cynthia, verachten dein Gesicht'/
ob du schon führest auf so manches Himmels-Licht.
Ach aber/ohne Dich/mein Hertz/mein einig Leben/
kan Jch nicht/ gleich ohn Hertz'/ in dieser Wallfahrt
   schweben.
Nun schätz hieraus/wie sehr mich drückt der Sorge-schutt/
weil dein Gesicht entpern so schmertzlich wehe thut.
Ach wie viel schwerer mich doch diese Pein be-
   trübet! (geliebet.
Dich lieben/und mein Schatz/nicht wieder seyn

AMBROSIUS.
Apolog. pro David.

Si quis offenderit servulorum, avertere ab eo vultus solemus: Si apud homines hoc grave dicitur, quanto magis apud DEVM? Vides enim quod faciem suam DEVS à Cain muneribus avertit.

8.

Quis dabit capiti meo aquam, & oculis meis fontem lacrymarum, & plorabo die ac noĉte. Jerem. 9.

Quis mihi det liquidas caput hoc vertatur in undas
  Totq́; fluat guttis, quot stetit ante comis!
Fronte patet campus quem flebilis imber inundet
  Ripa nec, ut fluctus exspacientur, obest.
O mea, si subitò, duo flumina, lumina fiant!
  Sat capiet geminas alveus aptus aquas.
Ille meis totus lacrymis non sufficit imber,
  Perpetuò flentis, qui rigat ora senis.

Capta

AMBROSIUS.

Wann uns jemand von den Knechten beleidiget hat/ pflegen wir das Gesichte von ihm weg zu wenden. So nu das bey den Menschen gesaget wird/ daß es schwer sey/ wieviel mehr bey GOtt. Denn du stehest/ daß GOtt sein Angesichte von der Gaaben des Cain abgewendet hat.

VIII.

Wer wil meinem Haubte Wassers genung geben/ und meinen Augen einen Brunnen der Thränen/ daß Ich Tag und Nacht weine. Jerem. IX.

Er schafft es/ daß mein Haubt in Wasser sich verkehre/
und so viel Tropfen ab/ als Haar' es trägt/ gewähre!
Der Thränen Regenfall hat hier ein weites Feld/
den außfluß hindre nicht/ was sonst beramt ihn hält.
ô daß mein Augen doch bald würden zu Zwey Flüssen!
so möchten etwa sie deß Wassers gnug vergießen.
Der Thräne-Regen würd' ungnugsam seyn geschätzt/
damit der Heraclit die Wangen stets benetzt.

Capta nec Andromache, quâ lumina proluit undâ
 Illa meis lacrymis unda sat esse potest.
Nec tua, Jesside, lacrymati balnea lecti,
 Balnea nocturnis humida semper aquis.
Nec quibus es solitus jejunia pascere guttæ,
 Nocte, dieq́; tuus quæ tibi panis erant;
Illa nec illuvies plorabilium lacrymarum,
 Quam pluit in Domini Magdala mœsta pedes.
Nec [tibi qui geminis inaraverat humida sulcis
 Lumina] fons mœstæ, Petre perennis aquæ.
Sed tua, Nile velim septemplice flumina rivo,
 Cum vagus Isiacos obruis amnis agros.
Aut qualis madidum cum mergit Aquarius annum,
 Totaq́; in hybernas astra liquantur aquas.
Aut potius trepidas qualis ruit imber in urbes,
 Omnia cùm pluvio claustra reclusa Jovi.
Culminaq́; & turres & acuta cacumina, cautes
 Et nemora & montes, nil nisi pontus erant.
Hos oculis vox eam gravidis mihi currere nimbos,
 Et caput hoc, totus fiat ut Oceanus.
Aut saltem in geminos tabescere lumina rivos,
 Perpetuove meas amne natare genas.
Nec siccari oculos, nisi cum stupor obstitit illis,
 Finiat ut lacrymas ultima gutta meas.
Felices nimium, vitreæ, gens cærula, Nymphæ,
 Membra quibus fluido sunt liquefacta vitro!
Vosq́; paludosis mutatæ fontibus artus,
 Quas vetus est quondam fama professa nurus;
Cur mihi non liquidis stillant quoq́; brachia rivis?
 Glaucaq́; muscosis fluctuat unda comis?

           Illa ego

Noch der Andromaché vergessne Kercker Zähren
vermöchten mir hierinn ein gnügen zugewähren;
noch dein/ ô David, Bad/ damit dein Läger Du
genetzt und überschwemt/ bey dunckler Nachtes ruh;
auch nicht/ damit Du dich gespeist/ der Tropfen schaaretz/
die Dir an Brodtes stat bey Tag und Nachte waren;
noch Magdalenen Strohm/ der von den Wangen floß/
und den Sie hochbetrübt auffs HERREN Füsse goß;
noch Petre, selbst dein Bronn/ der durch gedoppelt fliessen
und stetes Weinen/ Dir die Wangen aufgerissen.
Dich wolt' ich Nilus, der in sieben Ströhmen fleust/
wenn er Egyptenland benetzt und übergeust.
Ja dich/ ô Wassermann/ wolt' ich/ wenn du die Erden
erseuffest/ wenn zu Schnee gleich alle Sterne werden;
wie auf die Vorder-Welt der Wolcken tröpfeln schoß
und aller Brünne grufft der Regens-Gott auffschloß;
als Wasser überstieg Fels/ Klippen/ Türn' und Höhen/
und musten Büsch' und Berg' all' unter Wasser stehen.
Zu solchen Flüssen Ich mein' Augen wünschen wolt'/
und daß mein Haubt nur gantz zum Meere werden sollt's
auffs wenigst' oder nur in ein par klare Flüsse/
daß meine Wangen stets ein Fluß abrinnen müsse;
kein Auge trocken sey/ eh denn es stünd' erstarrt/
ja bis der letzte Tropf' im Thränen würd' erharrt.
Ihr blaues Wasservolck/ Ihr steht in besserm Orden/
daß eure Glieder sind aus Wasser-glaase worden;
die Ihr zu Quälen seyd verwandelt und gemacht/
davon man weiland hat viel Mährlein hirgebracht.
Warumb verkehrt sich nicht auch mein Gesicht' in Bäche/
daß blaue Flut durchs Moos der dicken Haare breche?

Jch

Illa ego sum, fontem quæ non admittor in ullum,
    Illa ego sum frustrà quæ liquor esse velim.
O utinam! celerem vertar, novus Acis in amnem,
    Qui Galatæa, tuo flumen amore fuit.
Aut aliquod fieri jubeat me Biblida, Numen
    Quod fieri jussit Biblida fontis aquam!
Aut, Acheloe, tuâ liceat mihi ludere formâ,
    Hercule decepto, cum leve flumen eras!
Non ego tunc, Acheloé, precaria corpora ponam,
    Taurus, ut exuto fluminis ore, puter.
Et licet obscuri fuerim nisi nominis amnis,
    Non ego me nomen vile fuisse querar.
Jugis aquæ largus tantùm mihi suppetat imber,
    Cætera, securum nomen honoris erit.
Tum mea inexhaustos deducant lumina rivos,
    Pindus ut æstivâ de nive volvit aquas.
Perque fluent lacrymæ, veluti vaga flumina, vultum
    Flumina luce fluent, flumina nocte fluent.
Nec nisi flere, meis oculis erit ulla voluptas
    Donec erunt lacrymis crimina mersa meis.

HIERONYMUS.

in cap. 9. Jerem.

Si totus vertar in fletum, & nequaquam guttæ sint lacrymarum, sed abundantia fluminum, non satis dignè flevero.

Ich bens/die (leider!) nicht kan werden zur Fonteyn/
Ich/die vergebens wünsch' ein Wasserfluß zu seyn.
ô daß zur Bach' ich würd'/als Acis längst gemachet/
den Galathèen Lieb' hierzu hat verursachet.
ô daß mich oder Gott zu einer Biblis schüff'/
auf deß befehlen Sie wie Wasser rann' und lieff'/
Ach möcht' ich Acheloe, wie Du/mich auch verstellen/
da Dich (vergebens doch/) Alcides wolte fällen!
den mir erbärmen Leib behielt ich ohn gefehr/
zum Ochsen würd' ich nicht / der ich ein Fluß nun wär;
es solte mir des Bachs verachtung doch behagen/
des Namens gringheit wolt' ich nimmer nicht anklagen;
wann nur mit Wasser stets ich reichlich fliessen solt'/
umb grosse titel ich mich nichts bemühen wolt';
als unerschöpflich möcht' ein Thränenfluß herfliessen/
wie Pindus Sommerszeit Schneewasser kan abgiessen/
durchs Antlitz schweiffen solt' umbher der Thränen macht/
sie solten gehn bey Tag' und fliessen bey der Nacht/
ja nichts/ als Weinen würd' ich mir zu Lust auf-
bürden/
bis meine Sünden gar in Zähren erseuffet würdē.

HIERONYMUS.

Wenn Ich gantz ins Weinen verendert würde/
und weren keines weges tropfen der Thrä-
nen / sondern ein überfluß der Flüsse / so
würde Ich nicht würdiglich genung weinen.

9.

Dolores inferni circum dederunt me, præoccupaverunt me laquei mortis. Psal. 17.

Ergò iterum Actæon aliquis nova fabula fiet,
  Infelix canibus præda voranda suis.
En, mihi mens nemorum studiis juvenilibus arsit,
  Et periit studiis mens propè capta suis.
Mens fuit, ancipites venatu pellere curas;
  Non tamen in sylvis, pulcra Diana, tuis.
Sylva mihi rapidis non est latrata molossis,
  Lustra nec infestâ sollicitata cane.
Nec juga Taygeti, neq; Mænala territa cornu,
  Nec fulvus volucri cuspide stratus aper.
Nec mea Partheniis circumdata retia sylvis,
  Nec meditata feris callida lina dolos.
Nunquam ego vel pedicas, venabula tela vel arcus
  Ullave Spartanæ virginis arma tuli.
O utinam mens ista mihi, Dictynna fuisset!
  Non ego nunc prædæ cingerer arte meæ.
Heu quibus imprudens studiis mihi torpuit ætàs!
  Quin potius nemorum crura notata rubis?
Cur quæsita tuis mihi præmia, Bacche, trapetis?
  Aut agitata tuis præda, Cupido, jugis?
Non tantùm pharetram, neq; tantùm tela Cupido,
  Cauta sed ut fallas fila, plagasq; geris.

Pam-

IX.

Der Hellen Schmertzen haben Mich umbgeben / und des Todes Stricke haben Mich umbgrieffen. Ps. XVII.

So muß denn leider Ich auch ein Actæon werden/
von eignen Hunden selbst zerrissen an der Erden.
Sieh / wie die Jugend mir zun Wäldern hat gebrennt/
die mich Gefangnen fast zu boden hat gerennt.
Ich dacht' / im jagen würd' ich schwerer Sorg' entwischē/
ô nicht / Diana, doch / du Schön' / in deinen Büschen.
Ich habe nicht den Wald erfüllt mit Hunde-heuln/
mein Sinn war nie der spur' in Hölen nach zu eiln.
Den Mænal und Taygét hat nie mein Horn erschället/
mein scharffer Spieß hat nicht das wilde Schwein gefället;
auch den Parthener Wald hab' ich niemals umbnetzt/
es hat mein listig Garn das Wildpret nicht umbsetzt;
zu Schlägen / Spieß und Pfeiln hett' ich gar kein behagen/
noch Palladis Gewehr und Lang' an mir getragen.
ô hett' ich solchen Sinn / Diana, doch gehabt/
so wär' ich als ein Raub nicht werden angetrabt.
Mit was, ô weh! hab Ich / der Jugend zeit genützet/
daß nicht vielmehr den fuß ein Walddorn hat geritzet?
Was hab' ich meine Lust bey Bacchus süsser frucht/
und deiner Berge raub / Cupido, nur gesucht?
Du führst Cupido nicht nur Köcher bloß und Pfeile/
ô nein / du stelst auch Garn zur Plag' und übereile.

Du

Pampineos tantùm neq; concutis Eviethyrsos,
    Sunt quoq, quêis capias ebria crura, doli.
Cum surgit Dalilæ Sampson malè tonsus ab ulnis,
    Vincta Philistæo brachia fune tulit.
Cùm jacet ignoto Noë superatus Iaccho,
    Compede succiduos stringis Iacche pedes.
Idalis, ecce, suis jam me quoq; cassibus ambit,
    Quæ toties votis præda petita meis.
Heu mihi, quot circum pedicarum indagine cingor,
    Ceu fera venantum præpete septa globo.
Scilicet illa fuit spectri sexalis imago,
    Antonio, celsi vertice visa jugi.
Cùm patuêre oculi collecta sub unius ictum
    Omnia, quæ mundo didita regna jacent.
Omnia, ceu parvâ, tellusq; polusq; tabellâ,
    Pictaq; stant minimo corpora tota vitro:
Omniaq; hæc ingens obsepserat undiq; rete,
    Multaq; furtivis stamina sparsa viis.
Quisq; suas fraudes, sensit sua vincula quisq;
    Hic caput, ille pedes vinctus & ille manus.
Sic sua deceptum laqueârat quemq; voluptas,
    Ut visco stolidæ decipiuntur aves.
Ah! sua nexilibus tendit mors undiq; tramis
    Retia, arachnæo callidiora, dolo.
Utq; sedet nigro venator araneus antro,
    Insidians pennis, stridula musca, tuis:
Sensit ubi motâ trepidare cubilia tela,
    Emicat, & trepidam raptat in antra feram.
Aut qualis viridi latet arbore callidus auceps,
    Pennipedi meditans vincla dolosa gregi.

                                    Linige-

Du Bacche schwingst nicht nur den Weinbelaubtē Stab/
beym truncke fällst du auch die Füß' und ihren Drab.
Wie Samson sonder haar von Dalila auffstande/
so war Er flugs gefasst in der Philister bande.
Wie Noah sich zuviel dem Weinetrunck'hat bequämt/
so bald hat seine Füß'Iacchus ihm gelähmt.
Sieh! Venus hat mich jetzt mit ihrem Garn'umbstellet/
Ich bin nach össterm Wunsch' in ihren Raub verfället.
Ach ach! wie bin ich doch mit Garn und Netz umbringe/
gleich wie der Jäger schaar rund um das Wild sich dringe.
Und dieß hat im Gesicht' erschrecklich sehen stehen
Antoni, der da wohnt' auf eines Berges Höhen;
als seinen Augen ward in einem blicke kund
das alles was in sich beschliesst dieß grosse Rund.
Da gleich des Pinsels strich in einem Spiegel zeigte/
was sich am Sterngewölb' und Erdenklos' ereigte.
Solch' alle Sachen hatt' ein mächtig Netz' umbfället/
viel Schlingen waren auch mit list an weeg gestellt.
Sein Netz' iedweden hatt' und sein Betrug umbwunden/
dem waren Händ' und Füß', und dem das Haubt gebunde.
So hatt' iedweden selbst sein' eigne Lust bestrickt/
wie thumme Vögel man mit Vogelleim berückt.
Also der Todt sein Garn ach! überal aufziehet/
und schlauer sich hierinn' als eine Spinne mühet/
die binn dem Hinderhalt/ als wie ein Jäger lauscht
auf eine Fliege/ die mit Flügeln zischt und rauscht;
wenn jene fühlt das Garn erzittern vom anschlagen/
da rennt sie umb ihr Wild zur Hölen einzutragen.
Ja wie ein Vogler sich in grüner Hütt' enthelt/
und auf das Federvolck mit Netzen hat gestellt;

D ij   die

Linigeros abdit vicino gramine vallos,
    Spargit & in nitido plurima grana solo.
Et circum inclusas secretâ crate volucres:
    Quæq; canant vinctæ compede, ponit aves.
Hæ saltu, & cantu; levis ille foramine buxi,
    Hæ socias; prædam decipit ille suam.
Venantum haud aliter sclerum comitata coronâ
    Implicat insidiis mors sua quemq; suis.
Quiq; super laqueos nisus dare corpora saltu,
    Heu miser, in stygias præcipitatur aquas!

AMBROSIUS.

de bono mortis. c. 5.

Laqueus in auro, viscus in argento, nexus in prædio, clavus est in amore: dum aurum petimus, strangulamur; dum argentum quærimus, in visco ejus hæremus; dum prædium invadimus, alligamur.

IO.

Non intres in judicium cum servo tuo. Psal. 142.

Quod

die pfähle wohl bedeckt mit grünberaaster Erde/
viel Körner aufgestreut dem platten Vogelheerde/
umb den in Kesich er viel Locke-Vögel steckt/
auch etlich auf die Erd an hänfne Fässel pflöckt:
mit singen/hüpfen sie/der Steller mit der Pfeiffen
anlocken/ jen' hiemit betrüglich zuergreiffen.
Nicht anders jagt der Tod/ begleitet mit der Schaar
der Laster/ leben auch ins Netz und in Gefahr;
Und wer sich denn erkühnt sein Garn zu über-
springen/
der gibt dem Hellenschluß'/ ô weh! sich zu ver-
schlingen!

AMBROSIUS.

Der Strick ist im Golde/ der Leim im Silber/
der Knoten im Gutte/ der Nagel in der
Liebe. In dem Wir nach dem Golde greif-
fen/ werden Wir erwürget; in dem Wir
das Silber suchen/ bleiben Wir am Leime
kleben; in dem Wir das Gutt einnehmen/
werden Wir angebunden.

X.

Gehe nicht ins Gericht mit deinem
Knechte. Psal. CXLII.

Quod decus est Dominis, in jus arcessere servum,
　　Palmaq; quæ servi, jura vadantis Herum?
Et servilis hero vertit victoria probro,
　　Et reus offensæ servus herilis abit.
Crede mihi, pudor est, mecum tibi texere rixas,
　　Jurgia nec tecum convenit esse mihi.
Non ego sum tantæ cui sit fiducia pugnæ,
　　Non ego materies litibus apta tuis.
Nempe tuis scribi vis bella forensia fastis,
　　Aut mea fortè tuam vincere caussa potest.
Cujus erit felix adeò facundia lingvæ,
　　Quæ sperare sibi tanta tropæa queat?
Juridici nulla est ita vox exercita rixis,
　　Quo tua debilior caussa, loquente, cadat.
Heu nimis austeram dispensas cognitor urnam,
　　Nec tuus inflecti se rigor ille sinit!
Sat tua nota quidem gemino clemeutia mundo;
　　Blandaq; & in poenas est tibi lenta manus.
Mœstaq; cum statuis, tristi tibi mœror in ore est,
　　Tamq; rei damno, quàm reus ipse doles.
Parq; tibi dolor est de crimine sumere pænam,
　　Ac sua de plexo crimine pœna reo est.
Nec sibi decretam velit ullus demere mulctam,
　　Arbiter ut proprii criminis ipse foret.
At licet ingenuas habeant hæc carmina laudes,
　　Judicii cupiam puncta subire tui.
Nam quamvis miseris bonus es, veniæq; paratus,
　　Attamen in sontes jure, serverus agis.

　　　　　　　　　　　　　　　　Et

WAs ruhmes hat ein HErr/ wenn er den Knecht ver-
klaget/
was ehr' am Herren auch des Knechtes Klag' erjaget?
des Knechtes siegen langt dem Herren zwar zur schmach/
doch des ergrämens schuld hängt nur dem Knechte nach.
Schand' ist es glaube mir/ daß ich mit Dir sol zweyen/
auch mir mit dir nicht ziemt in Rechtskampf zu gedeyen.
Ich bin ja nicht der Mann zu wagen solchen Zwist/
noch minder nach erheisch in Rechtszanck außgerüst.
Du wilst/ daß unser Krieg ins Buch werd' eingetragen/
samb meine Sache könnt' an Dir den Sieg erjagen.
Wem ist beredsamkeit der Zungen so vergönnt/
daß er gewissen Sieg ihm hier versprechen könnt'?
Ach kein Jurist ist wohl so tief gelährt auf Erden/
durch den Du falsch/ Er recht gesprochen möchte werden.
Den Rechtenden zu scharff Du beym verurtheln bist/
und deine Strengheit beugt sich auch zu keiner frist.
Kund ist zwar deine Gütt' in allen beyden Welten/
gelind und langsam auch bist Du beym straafe-gelten;
ein traurig Urthel sprichst Du aus mit trauer-sehn/
der Sünder reut Dich so/ samb Dir selbst leid geschehn.
Wenn Du die Sünde straafst/ so thut es Dir nicht minder
in deinem Hertzen weh'/ als dem gestraaften Sünder.
Die zuerkanntte Straaf' ihm keiner mindern sollt'/
ob er ihm selber schon ein Urthel fällen wollt';
Und ob gleich deine Gnad' hierinn im Lobe schwebet/
dennoch mein Hertze nicht nach deinem Rechte strebet.
Denn bist den Frommen Du mit gnaden schon geneigt/
doch gegen Schuldig' auch sich deine Schärfe zeigt;

O jv   und

Et tibi tam justâ pendet lanx utraq; librâ,
    Par sit ut ex æquo gratia, parq; rigor.
Nec sinis affectus, captivaq; pectora duci,
    Nec subigunt animum lenia verba tuum.
Nec, si caussidici vox incantaverit aures,
    Facundâ minimum diluat arte nefas.
Perdidit hîc cassas facundia, Suadaq; vires,
    Et silet hoc omnis gratia muta loco.
Nec prece, nec pretio; nec fraude, nec arte, nec
                    astu
    Prostitit hoc unquam vendita caussa foro.
Quis secet intrepidus tam duro Judice lites,
    Aut tantùm impavidus pareat ante DEUM?
Non ego si sævi vocer inter ovilia Martis,
    Dura tui metuam septa, Gradive, fori.
Nec trepidem (licet ipsa decem citet hasta virorum)
    Ne mea centeno judice caussa labet.
Nec tua (caussarum scopulos) infamia Cassi,
    Pulpita, si jubeat Prætor iniqua querar.
Nec Rhadamantææ verear subsellia rixæ,
    Scamnaq; Dictæi litigiosa senis.
Nec, quibus inclusas tenet arbiter Æacus umbras,
    Infernis dubitem jura subire plagis.
Quilibet in caput hoc dictet suffragia judex,
    Et feret immites quælibet urna notas:
Caussarum mihi tot lingva est inflata tropæis,
    Se putet ut nullo cedere posse foro.
Unius at timuit solummodo Judicis urnam,
    Judicis & testis qui vice solus agit.

                                    Qui,

und helt dein Recht genau das mittel in der Waagen/
daß Gnad' und Strengheit nicht noch hier noch dort auß-
schlagen.

Parteyligkeit kan nicht dein Hertz g'fangen führn/
bey Dir gilt nimmer auch mit glatten worten schmiern;
wen gleich des Redners wort dich teuschē wolt' in Rechtē/
doch würd' er nimmer nicht den schlechtsten Fehl versechtē.
Hier hat Beredsamkeit gar keine macht und truffe/
hier Menschen-gnade nichts ausrichtet oder schafft;
man hat durch bitt' allhier/ noch geld/ noch kunst/ noch trieā
nie keine Sache sehn zu feilem Kauffe liegen.   (gen/
Wer trägt ohn zittern für dem Vogte den Rechtszanck/
und stehr ohn alle forcht vor dessen Schöppenbanck?
würd' ich gleich jetzt betagt vor deinen Richterschrancken
Gradiv', ich gieng hinzu mit frölichen Gedancken.
Ich bebte nicht/ sollt' ich noch zehnmal vor Gericht'
und hundert Richtern stehn/ verzagt' am Steg' auch nichts/
Dein Urthel Casti, wollt' ich nicht/ als hart/ besagen/
würd' ich vor dir vertheilt/ noch samb es falsch/ anklagen.
Ich wolte gar nicht scheun vorn Rhadamant zugehn/
noch vor der Richterbanck Minois zugestehn.
Ich wollt' auch Æacus, dem Richter in der Hellen/
der der Verstorbnen geist verwahret/ mich gestellen.
Jedweder Richter sprech das urthel über mich/
und aller inhalt führ Ungnad' und schärff' in sich.
Die Zung' in mir ist stolz von vorerhaltnen Sachen
vermeint/ daß ihr das Recht nichts widrigs könne machē
doch kömt der schauer sie vor diesem Richter an/
der richtet/ und zugleich allein auch Zeugen kan.

Qui, semel ut sævâ sententia lata tabellâ est,
   Nec prece, nec lacrymis, triste retractat opus.
O durum, ô fatale reis, miserisq; tribunal,
   Quo judex rigido tam gravis ore sedet!
Dicitur attonitis & terna luce supinis
   Hunc oculis Agathon extimuisse diem.
Utq; sibi noxæ Paulus non conscius esset,
   Hoc tamen est veritus judice stare nocens.
Quiq; sui Salomon doctissimus audiit ævi,
   Mens pura est quemquam dicere posse, negat.
Quin sacer hâc etiam trepidus formidine Psaltes;
   Judice te tutus quis reus, inquit, erit?
Quiq; tot adversos tulit æquo pectore casus,
   Vix fore clara satis sydera; Jobus ait.
Si trepidant igitur, tanto censore, columnæ,
   Quo stabunt tabulæ, ligna caduca, pede?
Sique tremunt pavidæ nutante cacumine cedri,
   Quâ spe parva suam sylva tenebit humum?
Frigidus, heu! refugit mihi toto corpore sanguis,
   Aspectus quoties hæc subit urna meos.
Noc secus ac visâ cum victima fortè securi,
   Decepto refugit verbere tunsa caput.
Parce precor, neq; jus mihi dic hâc cognitor urnâ
   Sancta Themis causâ qua cadat ipsa suâ.

BERNHARDUS.

Sermone 8. super Beati qui, &c.

Quid tam pavendum, quid tam plenum anxieta-
                                     tis,

Der/wenn Er nur einmal das Urthel scharff gefellet/
durch keine bitte nicht/noch zähren rückwerts presset.
ô harter Richterstul/ den du besitzst/ ô GOTT/
und der den Sündern bringt den gantz gewissen Todt!
Man sagt/daß Agathon so sehr für diesem Tage
gebebt/daß Er drey Tag' auf seinem Rücken lage.
Und ob ihm Paulus selbst nichts übels war bewußt/
so hat Er vor dieß Recht zustehn doch keine Lust.
Ja Salomon, dem nie kein Weiser vorzusetzen/
der spricht/daß niemand nicht sein Hertze rein mag schetzen.
Dem fromen David macht auch dieses förchten Pein/
drumb singt Er: Herr/wer wirdt vor Dir rechtfertig seyn?
Job/der viel ungemach gedultig überwunden/
sagt/daß in Sternen auch unklarheit werde funden.
Erzittern nun vor Ihm die Seulen dieser Welt/
wie wirdts umb Stützen/die von Holtze/seyn bestellt?
Und so die Zedern selbst mit ihren Spitzen beben/
was wollen Bäumlein doch im Sande sich erheben?
ô weh! das Blutt in mir durchaus ein Frost beklimt/
so offt dein' Urthelbanck ihm zu Gemütte kömmt;
nicht anders als ein Ochs/wenn er das Beil erblicket
damit man ihn erschlägt/den Kopf beyseite rücket.
Ich bitte/schon und sprich nicht nach der Stren-
        ge Mir/   (vor Dir.
Weil auch das Recht selbselbst nicht kan bestehn

BERNARDUS.

Was kan so schröckliches / so voll Angst und

tis, & vehementissima sollicitudinū excogitari
potest! quàm judicandum adstare illi tam ter-
rifico tribunali, & incertam adhuc exspectare,
sub tam districto judice sententiam!

II.

Non me demergat tempestas aquæ, neq;
absorbeat me profundum. Psal. 68.

O Nimis instabilis dubii inconstantia Ponti,
  Qui tot pellicibus carbasa fallis aquis?
Nempe fluis vitreis refluisq; argenteus undis,
  Menturq; tuus dura metalla liquor.
Non numquam placitus, tacitæ stas more paludis,
  Nec magis ulla lacu stagna modesta jacent.
Sæpè tibi horrificat vix summum fluctibus æquor,
  Cùm levis exiguo stringitur unda Noto.
Mobilibusq; salit circum cava ligna choreis,
  Subsiliuntq; levi vela petulca rate.
Quin sinis æratis findi freta mollia rostris,
  Utq; tibi canas tonsa flagellet aquas:
Nunc, velut è duro rigeant tibi terga metallo,
  Tot tereri mis terra quot ipsa rotis.
Et tua, ne quâ parte, fides suspecta laboret,
  Marmora perspicuo pandis aperta sinu.

            Ceu

hefftigster Sorgfeltigkeit gedacht werden/
als da stehen / gerichtet zu werden/ vor dem
so schrecklichen Richterstul / und noch darzu
ein ungewisses Urtheil unter einem so stren-
gen Richter gewärtig seyn!

XI.

Daß Mich die Ungestüme des Wassers
nicht ersäuffe/und die Tieffe mich nicht
verschlinge! Psalm. LXVIII.

O sehr dein Unbestand/du zweiffel - See/sich zeiget/
dein lockend fliessen doch so manches Schiff betreuget/
Als gläsern läuffst du hin/als silbern wieder her/
es scheinet/samb dein Fluß ein hart Metalle wär';
itzt siehet man leiser dich als keine Pfützen gehen/
daß auch ein stehend See kaum stiller könnte stehen;
Bald deiner Wellen schwall zur Höhe sich auffstreubt/
wenn nur die leichte Flut ein kleines Lüfftlein treibt;
wenn umb den holen Baum du/als unsinnig springest/
zum flattern hin und her die stolzen Segel dringest/
doch giebest du dem Schiff' erlaubnis und gewalt/
daß seine Schneid' in dir die grauen Wellen spalt'.
Itzt deines Rückens platz/samb wär' er gantz Metallen/
viel Ruder/wie das Land viel Räder überfallen;
und daß dein glaub' auch nicht käm' irgend in verdacht/
wirdt weit genug von dir dein Busen auffgemacht/

samb

Ceu Crystallineo nequeat fraus esse profundo,
    Aut fieri vitreo nullus in amne dolus.
Ecce ubi discinctam jam non tenet anchora puppem,
    Auraq́; remigio prona secundat iter.
Quàm citò deserto discessit littore pinus,
    Et jam nulla domus, nulla videtur humus;
Improvisa ratem medio circum æquore cingunt
    Hippotadæ laxis agmina missa cavis.
Non secus ac sævâ servus damnatus arenâ
    Opprimitur Libycis præda voranda feris.
Aut nemorum latebris deprensus fortè viator,
    Prædonum subitò cingitur orbe latus.
Tum surgit tumidis præsagum fluctibus æquor,
    Venturoq́; tremit discolor unda metu:
Mox ubi decertant simul Africus & simul Eurus,
    Et Notus & Boreas incubuêre salo.
Finditur abruptus varia in divortia pontus,
    Distrahit ut fluctus quæq́; procella suos.
Et patet horrendo præceps Neptunus hiatu
    Mersurus pelago circumeunte ratem.
Heu! gemit hic tumido pendens trabs anxia
        fluctu
    Et perit, undecimâ si prior unda venit.
Aut hæc aut similis salis est fallacis imago
    Tam citò de placido sæva fit unda mari.
Sed mihi, mentito simulata est fabula ponto,
    Non ego de vestris, Tethy, querebar aquis.
Nec mihi de rapidis, qui torquent æthera, ventis
    Nec mihi de regnis, Æole, verba tuis.

                                                    Nec

Wehklagen. Das Erste Buch. 63

samb die Kristallne Tieff' in dir kein trügen häge/
samb bey der gläsern Flut kein falsch-seyn innen läge.
Sih/ wenn an itzt das Schiff vom Ancker ledig schwebt/
und zu der Reise sich bequämer Wind erhebt/
wie gar geschwinde denn ein Schiff vom Strande rücket/
daß man kein Hauß nicht mehr/ kein Land nicht mehr er-
blicket
da findet sich bald Sturm umb solches Wetterhauß/
den aus der weiten Klufft der Æolus lässt aus.
Wie/ wenn in Schauplatz ist ein Knecht verdamet worden/
und ihn/ als ihren Raub/ die Leuen sollen worden.
Wie/ wenn ein Reisemann im Busche wirdt umbringt/
daß plotz der Räuber Schaar gewaltsam auf ihn dringt.
So hebt mit Wellen an die Unglücks-See zuwittern/
und von zukünfftger forcht vielfärbicht zuerzittern;
bald aber gleich in kampf sich rüstet Ost und West/
und wieder gegen die sich Sud und Norden lässt/
da trennet sich die Flut in mancherley Parteyen/
nach dem iedweder Wind die Wellen kan zerstreuen;
da sperrt erschrecklich auf Neptunus seinen Schlund/
samb er das arme Schiff itzt reissen wollt' in grund;
bald wirdt ein Balckenknall mit weh und ach vernohmen/
und bricht/ wenn zehenfach die Wellen wieder kommen.
Dergleichen oder sonst die falsche See verfährt/
die sich bald aus der sänft' in grausamkeit verkehrt.
Diß aber hab' ich nur vom Meer' erwehnt zum scheine/
ô Thetis, deiner Flut beklag' ich hier gar keine.
Die Winde/ die das Meer bestürmen/ mein' Ich nicht/
nichts ich von deinem Reich'/ ô Æolus, bericht';

Ich

Nec mihi de levibus, temerarie Tiphi, carinis
    Ire quibus liquidum primus es ausus iter.
A patrio nunquam solvit mea littore puppis;
    Nec vidi virides, Numina salsa, Deos;
Nec ventos didici, neq; ventis vela tetendi,
    Qui facit hanc artem, quam facit; arte luat.
Quem cecini pontus, mea vita, simillima ponto est,
    Quæq; tulit puppis, illa ego, puppis eram.
Æolidæ magno flantes circum agmine fratres,
    Sunt animi motus, gens violenta, mei.
His ventis, hac nave, per hæc ego cærula currens,
    Tot sensi humanis rebus inesse vices.
O fallax nimium mendaci vita sereno,
    Quæ nigra de lætis tam citò regna facis!
Nulla deest Venerum tibi copia, nulla leporum,
    Omnia blanditiis lætitiisq; fluunt.
Dum ferit intus amor, venisq; agitata libido
    Triste nihil, fraudem fraude tegente, patet.
Ast modò cum Stygio vitiorum erumpere fluctu,
    Hisq; animum ventis asseruisse lubet.
Tunc videt, heu! quanto fuerit mens hausta profundo,
    Quoq; gemit, scelerum quàm grave sentit onus.
Atq; utinam! ut liquidis Pelagi qui mergitur undis,
    Exerit Oceani terq;, quaterq; caput;
Sic imò scelerum mersus semel æquore mentem,
    Submersas Superis tendat ab amne manus!
Sed velut in retrum terræ delapsus hiatum.
    Quem simul & putei tracta ruina tegit;
Aut gelidas fracto subiit qui marmore crustas,
    Ne quicquam obstructo flumine tentat iter.

Ich weiß vom Wagehals/ dem Tiphi, nichts zusprechen/
der sonst das erste Schiff die Wellen lehrte brechen.
Mein Schiff ist niemals nie gestossen ab von Land/
die Götter auf dem Meer' hab' ich noch nie erkannt/
noch irgend einen Wind; kein Segel ließ ich gehen;
wer die Kunst übt/ der mag auch die Gefahr ausstehen.
Mein Leben ist das Meer/ das ihm gantz gleiche schaut/
das Schiff ich selber bin/ dem hab' ich mich vertraut;
die Brüder Æolus, die dick umb mich sich regen/
ist ein gewaltig Volck/ das öfter' Hertz bewegen;
mit diesem Schiff und Wind' hab' ich die fahrt geführt/
und viel Abwechselung in allem thun verspürt.
O Leben voll betrugs mit deiner falschen Sonne/
wie führst du doch so bald in traurigkeit/ aus wonne!
an Wort: und Heuchelzier sich dir kein mangel weist/
zur Freud' und Ebigkeit dein sämbtlich wesen fleust;
weil Lieb' inwendig brennt/ und Lust die Adern jücket/
so wirdt/ was traurig/ nicht/ noch dein Betrug/ erblicket.
Wann dann der Höllenfluß mit Lastern bricht heraus/
und das Gewülle sich vertraut der Windesbraus/
ach da siehts erst/ wie tieff im Lastersumpf' es lieget/
und unter was für Last es zeug zu seufftzen krieget.
O wollte GOtt! wie der/ der in das Meer verfällt/
den Kopf doch etlich mal hoch übers Wasser stellt/
daß der/ der einmal auch versanck im Laster-kote/
die eingesunckne händ' aufhübe stracks zu Gotte.
Wie aber einer/ der gestürzt in einen Schlund
der Erden/ daß der Schlam ihm decket Händ' und Mund;
ja wie/ wenn einen hat des Eises bruch verschlungen/
auß dem verschlossnen Fluß' hat gar umbsonst gerus.gen.

E   So/

Non aliter prono scelerum qui vortice raptus
　Vix tulit à Superis, unus & alter, opem.
Aspicis ut certum pugnantibus una, duobus;
　Bella movente Noto, bella movente salo?
Aspicis, ut caput hoc propè mergat & Auster & unda,
　Jamq; necaturas ducere cogar aquas?
Aspicis hanc animam gemino succumbere fato?
　Nec tua sunt velis astra secunda meis?
Aspice nec rabido luctantem desere ponto,
　Naufraga nec medio lina relinquo freto.
Tende manum potiùs miseræ, Palinure, natanti
　Et mento digitos subde vocate tuos.

AMBROSIUS.

Apol. posteriori pro David. cap. 3.

Magnam faciunt tempestatem multitudines cupiditatum, quæ velut in quodam freto corporis navigantem hinc atq; inde perturbant, ut gubernator sui esse animus non possit.

12.

Quis mihi hoc tribuat, ut in inferno protegas me, & abscondas me, donec pertranseat furor tuus? Job. 14.

So/wen die Lasterdrey' in ihren Abgrund nihmt/
kaum einer oder zwey aus solcher Teuff' entkömt.
Schau/ wie zwey Kämpffer Ich muß gar allein bestehen/
wie beydes Wind und Meer mir gantz zu wider gehen?
Schau/ wie mir übers Haubt so Wind als Wasser läufft/
und eines fast erstickt/ das andre fast ersäufft
Schau/ wie die Seele drückt ein Doppel-unglück nieder?
wie meinen Segeln ist der Himmel gantz zu wider;
Ach den/ der mit der See umbringt ist/ lasse nicht/
auf mein Schiffbrüchig Seil du deine Rettung
richt;
reich lieber Mir die Faust/ du Schiffman vieler
Treue/   (schreye!
und greiff mir untern Arm/ in dem Ich zu dir

AMBROSJUS.

Es machen eine grosse Ungestühm die menge
der Begierden/ welche wie in einem engen
Meer des Leibes den Schiffenden hin und
her bestürtzt machen/ daß das Gemütte ein
Regirer seiner selbst nicht seyn kan.

XII.

Wer giebt mir das/ daß Du Mich in der
Gruben verdeckest und verbergest/ bis
dein Zorn sich lege? Hiob. XIV.

Quis mihi securis dabit hospita tecta latebris,
  Tecta, quibus dextræ server ab igne tuæ?
Heu! tuus ante oculos quoties Furor ille recursat,
  Nulla mihi toties fida sat antra reor.
Tunc ego secretas, umbracula frondea, sylvas,
  Lustraq; solivagis opto relicta feris.
Tunc ego vel mediis timidum caput abdere terris
  Aut maris exesâ condere rupe velim.
Tunc voveam abstrusâ montis latuisse cavernâ
  Viva sepulchráles aut subiisse domos.
Aut numquam aspectos Phœbo, Phœboq; penates,
  Aut habitasse tuos, nox tenebrosa, specus.
Dum quatit astriferos flammatos Juppiter orbes,
  Et jacit accensâ tela trisulca manu;
Tristia ne noceant, metuendâ fulmina flammâ,
  Daphnide, qui metuit, tempora cincta tegit.
Tu rubra cum torques furibundâ spicula dextrâ,
  Nulla juvant foliis laurea serta suis.
Nulla juvant tacitis frondosa cubilia sylvis;
  Sylva tuis oculis omnis, & umbra patet.
Clauserat obscuræ densis se frondibus umbræ,
  Carpserat arboreas qui malè primus opes;
Ast ubi vicino vestigia Numine sensit,
  Erubuit, luco proditus ipse suo.
Nulla juvat refugo spelunca immanis hiatu,
  Hospita montivagis lustra nec ulla feris.
Mitia quæ sensit Medus puer antra leonum,
  Effera Chaldæos antra dedêre neci.

Nulla

Wer wirdt mir Unterschleif und Herberge vergönnen/
in der ich deinem Zorn' entgehen werde können?
Ach! wenn dein Feuergrim mir vorm Gesichte blinckt/
alsdann kein' Höle mich genugsam sicher dünckt.
Da wünsch' ich finstre Wäld'/ und Plätze die bebäumet
und Löcher/ die die Thier' in Wildnißen enträumet;
da wünsch' ich/ daß ich läg' im tiefsten Erden-grund/
und in der See mich deck' ein holer Felsen-schlund.
Da wünsch ich/ daß ein Berg mich heimlich möcht' umb-
fassen/
und lebend mich ein Grab in sich frey wohnen lassen.
Daß ich nicht sehe mehr den Sonn- und Mondenschein/
ja bey dir mög'/ ô Nacht/ ein Haußgenoße seyn;
in dem der Feuer-Gott die Sterne-scheiben reget/
mit drey-gespitzten Pfeiln und Flamen umb sich schläget.
Wir Blitz und Donner scheun/ und woll-seyn unverletzt/
derselbig' auf sein Haubt ein Lorberkränzlein setzt.
Wenn aber deine Recht' auswirfft des Donners Feuer/
so kem̃t ein Lorberkrantz niemanden nicht zu steuer.
Da birgt in stiller Heyd' ein dunckel Ort auch nicht/
durch Wäld und Schatten strahlt dein helles Angesicht.
Als Adam von der Frucht im Paradyse gessen.
im Schatten dicker Sträuch' hernach verdeckt gesessen/
erröthet er auffs HErrn gespürten nahen Pfad/
das Büschicht selbst verrieth die Schande seiner That.
Da heiffen in der Flucht/ kein' öde tieffe Schachten/
dorinn die wilden Thier ihr Leben sonst zubrachten.
Mit Daniel es hatt' im Graben keine Noth/
so die Chaldæer doch bracht' angesichts in Todt.

E iij

Nulla juvant clausis spelæa obscura latebris,
  Fida nec umbrarum, lenta sepulcra, domus,
Avius occultâ deprendere Lothe, cavernâ
  Et Cain in tumulo frater humate vocas.
Quid memorem ut tumidâ Jonas se merserit undâ,
  Nec mersum stabili texerit unda fide.
Hauserat immani Jonam quæ bellua ventre,
  Innocuo Jonam bellua ventre vomit.
Nulla fides vitreo pelagi, nisi vitrea, fundo;
  Pervia perspicuo quid tegat unda freto?
Nulla fides clausis Libitinæ longa sepulcris;
  Produntur tumulis ossa sepulta suis:
Nulla fides tacitis, quas vallant saxa latebris,
  Tecta caverna suo sæpè retecta sono est.
Nulla fides nemori, vel opacæ frondibus umbræ,
  Ambo caduca pari fronsq; nemusq; fide.
Nec mare, nec tellus, neq; lustra, nec antra, nec astra,
  Tuta nec illa mihi, quæ super astra, via,
Tu potes hoc tutis solus caput abdere claustris,
  Dum tua deposito fulmine dextra vacet!

AMBROSIUS.

I. lib. de Paradyso cap. 14.

Quo te (Adam) duxerunt peccata tua, ut fugias Deum tuum, quem antè quærebas? Timor iste culpam fatetur, latebra prævaricationem.

13. Num-

Da hilfft kein finster Loch/ darein man sich verbirget/
auch das nicht / wo da ruhn / die / so der Tod gewürget.
Du Loth warst in der Höhl' im Abweeg' auch nicht frey;
dein Blutt/ ô Abel, macht im Graab' ein Rachgeschrey.
Was sag'ich? als ins Meer sich Jonas ließ eingraben/
daß Er im Wasser auch nicht Sicherheit konnt' haben/
indem ihn eingeschluckt des Meeres Wunder-Thier/
doch unverletzt ihn spyh' hinwiederumb herfür.
Nicht anders ist auffs Meer/ als wie auff Glaas zu bauen/
wer wolte heller Flut zubergen ichtwas trauen?
Auf Grufften in die Läng' auch man vergeblich hofft/
die Gräber das Gebein verrathen selbst gar offt.
Kein Sicher-seyn auch nicht in Klüfft- und Wincklen
stecket/
offt hat durch eignen Schall ein² Höfe sich entdecket.
Kein sicher-seyn ist auch beym Schatten in dem Wald'/
und Bäum' und Büsch' ertheiln unsichern Auffenthalt.
Meer/ Erde/ Stern' und Höhln/ auch sicherheit nicht gebe/
noch Oerter/ die da selbst gar übern Sternen schweben.
Du/ kanst alleine nur Mich ins Geleite ziehn/
weil auß den Händen Du den Donner legst hin!

AMBROSIUS.

Wo haben dich hingeführet / ô Adam / deine
Sünden/ daß du fleuchst deinen GOtt/ den
du zuvor suchtest? Diese Forcht bekennet
die Schuld/ und die Verbergung die über-
trätung.

E jv   XIII, Will

13.

Num quid non paucitas dierum meorum finietur brevi? dimitte ergò me, ut plangam paululùm dolorem meum. Job. 10.

SCilicet, in magno cupis hoc me ponere
  lucro,
 Addita quod vitæ pars quotacunq; meæ.
Si numerata forent aliquot mihi lustra vel anni,
 Muneris hic poterat nomen habere favor:
Stamina sed brevibus junxisse fugacia filis;
 Obsecro, dic, pauci, quantula summa, dies?
Nempe ita, qui vitam modò ducere cœperit infans,
 Dicetur moriens, occubuisse senex.
Sic sua nonnullis descripta est vermibus ætas,
 Una quibus brevis est, integra vita, dies.
Sic aliquis numerat celeres sibi flosculus horas,
 Natali tumulant, quem sua fata, die.
Floscule manè puer, mediâ vir floscule, luce;
 Floscule, sub nocte, Sole cadente, Senex.
Sic orerisq; uno morerisq; ô Floscule, Phœbo;
 Uno fisq; puer, virq, senexq; die.
Staret adhuc volucrum saltem rota lenta dierum,
 Hora nec admissis quælibet iret equis;

         Vermi-

XIII.

Wil denn nicht bald ein End haben mein kurtzes Leben? Erlaß Mich doch / daß Ich ein wenig meinen Jammer beweine. Hiob. X.

Ich glaub'/ ich sol mir dieß/ wie du wilt/ hoch aufdeüten/
daß mir umb etwas sind erlängert meine Zeiten;
ja/ wenn viel Jahre mir nach zugezehlet wärn/
so möcht' ich es für Gunst/ und ein Geschenck' erklärn/
weil du mir aber kurtz den Lebens-Drat gezogen/
so werde meine Zahl der Tag'/ ich bitt' erwogen:
ists nicht/ wie wenn ein Kind/ das itzt zur Welt ankam/
hinwieder als ein Greiß (zu sagen) Abschied nahm.
Ein solches Leben ist den ✱ Thieren theils gegeben/
   ✱ *Hemerobias.*
da sich auf einen Tag erstreckt ihr gantzes Leben.
Solch Leben † einer Bluhm' auch etwan hier gelingt/
   † *Hemerocallis.*
die zur Geburt ein Tag und auch zum Tode bringt.
ô Blühmlein früh ein Kind/ ein Mann/ wenn oben stehet
die Sonn'/ ein Greiß wenn sie zur Abendruhe gehet.
So wirst du/ liebe Bluhm'/ und stirbst auch gleicher weiß/
und bist in einem Tag' ein Kind/ ein Mann/ ein Greiß.
Wenn doch das Tagerad sich wollt' in was verweilen/
und lieffe nicht so fort/ als zöge mans mit Gäulen/

Vermiculi canerent, tot plenis viximus horis;
　　Flosculus & totidem, diceret, herba fui:
Sed tempus rapidis volat irreparabile pennis,
　　Fluminis inq; modum lubricus annus abit.
Menstreus impulsis rapitur quoq; solibus orbis,
　　Et fugiunt, nullo frena tenente, dies.
Deniq; praecipitis rota concita vertitur horae,
　　Nec remeare potest, quae semel hora fuit.
Invida res tempus; sua se per puncta trucidat,
　　Se pariter fugiens, se pariterq; sequens.
Qualis teda suo se flammea funerat igne,
　　Quae sibi fatalem congerit ipsa rogum.
Sic redit in proprium saeclorum circulus orbem,
　　Flectitur inq; suas annua meta rotas.
Non fuit antiquis malè fabula prodita chartis,
　　Qua genitor sobolem commolit ore suam.
Nempe vorax annos mensesq; interficit aevum,
　　Seq; fluendo parit; seq; fluendo necat.
Hora diem, mensemq; dies depascit eundo
　　Bis-senisq; senex mensibus annus obit.
Annus obit, mensesq;, diesq;, horaeq; recedunt,
　　Et suus in se iterum tempora gyrus agit.
Ergô meo exiguum spatium concede dolori;
　　Non nisi concesso tempore fata querar.
Non ego supremis tempus mihi risibus oro;
　　Non facit ad risus, resve, locusve meos.
Pro lacrymis spatium, spatium pro planctibus opto,
　　Haec mihi tantillae, quam peto, caussa morae est.
Ite igitur magnis, lacrymae, mea flumina, rivis;
　　Ite, ferite truces ora sinumq; manus.

　　　　　　　　　　　　　　　　　　　Ite

so sagt' ein Wurm: so viel der Stunden war ich was/
und eine Bluhme spräch': ich war so lang' ein Graas.
Die Zeiten aber gleich geflügelt schnell fort schiessen/
das schlipfer-Jahr vergeht/wie Ströhme sich verfliessen.
Gar lang' ein Monat nicht mit seinen Tagen reicht/
der Tage Flucht/ohn Zaum/der niemand helt/entweicht.
Zuletzt das Stundenrad treibt solch ein schnelles fliehen
daß man kein Stündlein kan/das weg ist/rückwerts ziehen.
Ein neidisch Ding ist doch die Zeit/ die sich selbst frißt/
Sie läufft selbselbst für ihr/ und ihr auch selbst nach schiesst.
Wie eine Fackel sich durch eigne Glut verzehret/
und ihr das Brennholtz selbst zum untergehn gewehret.
Also die Zeit herumb in ihren Zirckel krümt/
womit des Jahres Rad die Rund' ihm selber nihmt;
Von Alten nicht umbsonst die Fabel ward geschrieben/
daß seinen eignen Sohn der Vater aufgerieben:
Das ist/ die Zehrer-Zeit frisst Monat/ Tag und Jahr/
im fliessen sie sich würgt, und junge auch immerdar.
Die Stunde frisst den Tag/ den Tag die Monat zehren/
das Jahr zwölf Monat alt sich muß in Todt gewähren;
es stirbt/ und Stund' und Tag und Monat schleichen hin/
so treibt die Zeit in Kreiß hinwieder ihr bemühn.
Drumb meinem Schmertzen gönn noch eine kleine weile/
daß ich in der allein mein Elend nur beheule;
zu meiner letzten Lach'ich gar nicht Zeit begehr'/
es dienen Zeit und Ort zum Lachen nicht hieher.
Ich wünsche mir nur Zeit zum weinen/ Zeit zum Klagen/
die bitt' ich/ ihr Verzug wil mir hierzu behagen.
Drumb meiner Zähren Bäch' in grossen Ströhmen rinnt/
ihr Hände/ Mund und Brust zuschlagen starck beginnt;

Ihr

Ite per os lacrymæ, sævite in pectora palmæ;
  Pars bona, dum statis, temporis, ecce fugit.
Sentio eunt lacrymæ; repetuntur, sentio, planctus;
  Jam flevi & planxi, sistite; jam satis est.

HIERONYMUS.

Epist. 21. ad Paullam.

Cum primum homo peccavit æternitas mortalitate mutata est, in nongentos & amplius annos; exinde paullatim recrudescente peccato, in breve tempus hominum vita contracta est.

14.

Utinam saperent & intelligerent, ac novissima providerent! Deut. 32.

PRoh pudor! usq; adeò est homini mens cæca
  futuri
Ut nisi quæ videat nulla pericla putet?
Scilicet hoc sapere est tantùm præsentibus angi,
  Nec procul aspectis consuluisse malis?
Ante tubas, Miles, dicto parat arma duello;
  Cum sonuêre tubæ, seriùs arma parat.

Navita,

Ihr Zähren netzt den Mund/ihr Hånd' in Körper wütet/
weil ihr euch säumt/in deß viel Zeit sich gleich verschüttet/
Ich fühl'/ es gehn die Zähren/ das Klagen sich erinnert;
Genug geweint/geklagt/hört auf/itzt ist es Zeit.

HJERONYMUS.

So bald der Mensch gesündiget hatte/ ward die Ewigkeit mit der Sterbligkeit verändert/ in Neunhundert und mehr Jahre. Nach diesem als die Sünde bey mehrlich immer ruchloser/ ist das Leben der Menschen in eine kurtze Zeit eingezogen worden.

XIV.

O daß Sie weise wären und vernehmen solches und fürsehen/was Ihnen hernach letzlich begegnen wirdt. Im fünfften Buch Mose. XXXII.

Pfuy! ist der Blindheit denn der Mensch so gar ergeben/
daß er für Noth nur schätzt/was er sieht vor ihm schwebẽ?
Ist Klugheit/nur ersehn was gegenwertig steht/
und rathen nicht der Noth/die schon von fern' hergeht?
Ein Krieger fertig macht vorm Lermen seine Waafen/
wenn man geblasen hat/ so ist es fast verschlaffen.

Der

Navita, quas captat, præsagus prospicit auras,
    Anchora velivolum nec remoratur iter:
Quas veniente metet segetes æstate colonus,
    Credidit excultis, antè colonus agris.
Provida quin etiam metuens formica senectæ
    Vectat in annonam paucula farta suam.
O quid agis, gens eventus ignara futuri?
    Tempora, quæ venient postuma, nulla
        times?
Stamina perpetuo fors nent adamantina filo,
    Aut cessant triplices volvere pensa colus?
Falleris, ah! nulli datur has placasse sorores;
    Una licet parcat, de tribus, una secat.
Fœdera fors pacto sanxêre perennia clavo,
    Concordes stabili vitaq; morsq; fide?
Falleris; ah! nimiùm tibi pacta faventia fingis;
    Non servant ullam vitaq; morsq; fidem.
Antè, nivem fidis lambent incendia flammis
    Juraq; fœdifragis sanciet Auster aquis.
Antè, dies nocti; pacem nox antè diei
    Servet, & infestis accubet agna lupis.
Omnis letifero latè Mors subjugat arcu,
    Quidquid & hoc Phœbi vescitur igne, necat.
Nemo venenatæ vitavit arundinis ictum,
    Omnis ab hac cervix, cuspide, vulnus habet.
Hîc teneros Matrum rapit inter brachia, natos;
    Aut cunas, tumulum, cæde recente facit.
Hîc pueros, alibi configit arundo puellas;
    Hîc juvenes, illic funerat illa senes.

                        Stra-

Der Schiffmann lauscht zuvor auf Wind/ den er begehrt/
als dann er anckerloß mit vollen Segeln fehrt;
Der Landmann Sommerszeit sein reiff Getreid' abhauet/
das dem gepflügten Feld' er hatt' anvor vertrauet.
Also die klug Ameis' fürs Alter Sorge trägt/
daß sie zur Nahrung ihr viel Körnlein hinderlegt.
Was machst du denn ô Volck/ das nicht den Ausgang achtet/
wird denn die Nachzeit nicht in Forcht von dir betrachtet?
Vielleicht' ein ewig Garn dir spinnen aus Demant
Die Parcen/ wo sie nicht es werffen aus der Hand?
Ach du verfehlst! kein Mensch die Schwestern kan begütte/
wenn eine schont/ so hat die ander' abgeschnitten.
Vielleicht' hat einen Bund/ der ewig sol bestehn
das Leben und der Todt beschlossen einzugehn?
Ach du verfehlst/ daß dir der Bund so günstig seye/
das Leben und der Tod/ die halten keine Treue.
Das Feuer ehe wirdt unschädlich seyn dem Schnee/
der Sudwind machen Bund mit der treulosen See.
Viel ehe Tag und Nacht wird einen Frieden schliessen/
und ehe sich das Lam beym Wolfe sicher wissen.
Der Tod durch sein Geschoß all' unters Joch hinreisst/
und tödtet alles was der Sonnen hier geneusst.
Dem argvergifften Pfeil' ist niemand nicht entgangen/
iedweder hat an Hals ein wunden-maal empfangen.
Hier er ein zartes Kind den Mutter-armen nihmt/
und für die Wieg' ein Grab frühzeittig ihm bestimt.
Hier er ein Knäblein/ dort ein Mägdlein er durchpfeilet/
hier einen Jüngling/ dort er einen Greiß ereilet;

gar

Strataq́; jam nullo discrimine funera miscet,
    Militis atq; Ducis corpora mixta jacent,
Nec micat auratâ tibi Crœse cadaver arenâ,
    Pulcrior aut tuus est, pulcra Rebecca, cinis.
Aspice, quid cineres sit Cæsaris inter & Iri?
    Omnibus en color est unus, & unus odor.
Quid juvat his igitur tantùm confidere rebus,
    Seu lethi imperio vita soluta foret.
Stat sua cuiq́; dies, depleto ferrea fuso,
    Seriùs aut citiùs quemlibet urna vocat.
Cogimur huc omnes, huc summus & infimus ordo
    Ibimus, emenso tempore quisq; suo.
Ac tum si vacuas animus simul iret in auras
    Ut vapor in nebulas extenuandus abit!
Morsq́; foret nostræ quoq; meta novissima vitæ,
    Mors simul amborum corporis atq; animi.
Quàm bona mors esset posituris morte dolores
    Quas nova post vitam, vitave morsve dabit.
Quilibet extremam lætus properaret ad horam,
    Et puto vivendi vix superesset amor.
Sed dolor heu! non est mors ultima linea rerum:
    Non necat hic animum, qui cremat ossa, rogus.
At postquam è terris anima exhalata recessit,
    Judicis extemplò sistitur ante pedes.
Ille sedet justumq́; & inexorabile Numen
    Flammaq́; sunt oculi flammaq́; fulva caput.
Illa [tremens, metuensq́; oculos attollere cœlo]
    Dura catenatâ vincula mente gerit.
Ille sinus animi, fibrasq́; introspicit omnes,
    Quodq́; latet tacitum nocte favente nefas.

Illa

gar keinen Unterscheid er mit den Leichen helt/
beym Musquetirer liegt ein Obrister gesellt.
Dein' Asch'/ô Crœse, Gold zu seyn niewanden dünckt/
noch dein'/ ô schöneste Rebecca schönner blincket.
Sieh/ ob des Cæsars Asch' und Irus sich nicht gleicht?
an Farb' und an Geruch einander keine weicht.
Was hilft es denn so viel auf Weltgeschäffte bauen/
samb nimmermehr den Tod das Leben würde schauen?
Nach abgelauffner Spill' ist iedes End' allhier/
muß der schon zeitlicher und jener später für.
Wir müssen all' hieher so Knecht' als Herren kommen/
und ieder zwar/ alsbald sein Seiger abgenohmen.
Ja/ wenn die Seele dann verflöge wie der Wind/
wie oben in der Lufft ein Nebels-dampf verschwindt;
und daß der Todt auss' neu' ein Leben nicht erwürbe/
daß Seel und Leib zugleich und auff einmal verstürbe.
Der todt wär' herrlich gutt/ der endet' alle Not/
und gäbe nicht nach Jhm neu Leben oder Todt.
Ein ieder frölich würd' auffs End'/ eracht' ich/ zielen/
und wenig Lust und Lieb' in sich zu leben fühlen.
Ach aber weh! der Todt nicht alle Sachen endt/
im Feuer nicht die Seel'/ als sonst der Leib/ verbrennt/
nein/ sondern wenn die Seel' ist Erden ab gerissen/
so wirdt sie stracks gestellt vors letzten Richters Füssen;
Der hege ein rechtes Recht/ kein wandelbar Gericht'
als dessen Auge stammt/ und glänzet sein Gesicht.
Jn Band' und Ketten ist sie hart und fest geleget/
daß über sich zu sehn Sie sich auch nicht erwäget.
Er kan im Herzens-schrein all' Aederlein ersehn/
auch alle Sünden/ die bey dunckler Nacht geschehn.

F Sie

Illa scelus, convicta, suum pudibunda fatetur,
    Nec videt, effugio, quem petat, esse locum.
Ille simul Judex, testis simul, & simul actor,
    Comperti statuit criminis esse ream;
Illa memor nullis hanc flecti questibus aulam,
    Heu! frustrà effusis se sepelit lacrymis.
O quis tunc animæ sensus, quæ cura relictæ,
    Nullus ubi pro se, jure patronus agit!
Nempe vocat montes & inhospita culmina,
                cautes
    Antraq; queis trepidum condat operta caput.
O anima! O Judex! O non placabilis urna!
    Quis secum hæc meminit, nec citò diriguit?
Sed nondum hoc tanti clauduntur fine dolores;
    Altera adhuc restent, vitaq; morsq; super.
Vita perennanti quæ secula protrahet ævo,
    Mors longa extremum non habitura diem,
Ah quibus, ah quantis laniabitur hæc tormentis!
    O quibus, O quantis affluet illa bonis!
Illa, suas pascit Divino nectare mentes;
    Hæc, miscet liquidâ pocula plena pice.
Illa, chely angelicâ vel gutture carmina fundit;
    Hæc gemit horrendis exululata sonis.
Illa, agit æternas cœlo plaudente, choreas;
    Hæc salit ad colubros, sæva Megæra, tuos.
Illa, nec æstivis, gelidis nec aduritur astris;
    Hæc furit immitis igne geluq; vadi.
Illa, per ætherios agit otia mollia campos;
    Hæc, agit æterni triste laboris opus.

                                            Illa

Sie schämt der Laster sich/ und muß sie nur gestehen/
und sieht kein Schlupfloch nicht/ wodurch sie könn'
entgehen.

Er richtet/ er verklagt/ er zeugt/ er macht den Schluß/
daß Sie des Lasters sich nur schuldig geben muß;
Sie weiß/ daß dieses Recht kein winseln kan verkehren/
ô weh! umb sonst Sie sich erläufft in ihren Zähren.
ô welche Sorg' und Angst alsdann die Seel' erschnellt/
in dem Sie keinen Mann/ der für sie redt/ erhält;
da rufft Sie Berg' und Felß/ und unbewohnte Höhen/
und wollt' in tieffen Höhln der Forcht ja gern entgehen.
ô Seel'! ô Richter! ô Gestrenge Rechts-gewalt/
ach wer betrachtets und erstarrt nicht drob alßbald?
Doch solcher Schmertzen Pein damit kein Ende nihmet/
ein ander Leben nach ein ander Tod auch kömmet;
ein Leben/ das da wird von Zeit zu Zeiten währn;
ein Todt/ der nimmer wirdt zum Ziel' und Ende kehrn.
Ach welche grosse Qual wirdt dieses müssen leiden;
ô welch ein Himmelsgutt wirdt jener seyn bescheiden!
dort wirdt mit Himmelstranck die Seele wohl getränckt/
hier aber wirdt ihr Pech und Schwefel eingeschenckt;
Dort in der Engel Chor die Seele spielt und singet/
hier schröckliches getön' in winseln ihr auszwinget;
dort in viel Freud' und Lust die Zeiten Sie zubringt/
und hier der Plagegeist umb Sie stets hüpfft und springt;
Dort weder Frost noch Hitz' ihr' Angesichter brennet/
hier Sie der Hellen Fluß mit Flut und Glut anrennet;
In Himmelsfeldern jen' in Freud' und Ruhe sitzt/
hier dies' in ewigkeit in schwerer Arbeit schwitzt;

Von

Illa dolorum expers, mala nulla, nec aspera sentit;
  Haec, patitur dirum quidquid Avernus habet.
O felix opibus, felix tot vita triumphis!
  O gravis, O tantis mors metuenda malis!
Vel tua, vel tua nos dubio manet alia jactu,
  Alia non aliâ projicienda vice.
Ah subeat vestri geminae sic pectora curae,
  Ut semel alterius sors obeunda cadet!

AUGUSTINUS.

Solil. cap. 3.

Quid potest lamentabilius & terribilius cogitari quàm Ite! & quid delectabilius exprimi quàm Venite! duae sunt voces quarum nihil horribilius unâ, & nihil jucundius altera poterit audiri.

15.

Defecit in dolore vita mea, & anni mei in gemitibus. Psal. 30.

Hoc erat ergò meis dominans Natalibus astrum,
  Ut mihi lux faustâ nulla rediret ave!
                                           Quàm

Von Schmertz und ungemach wird jene dort nicht sagen/
hingegen die von Pein und tausend Helle-plagen.
ô Leben voll Triumpf und reich von Seeligkeit!
ô Todt! darumen ist zu förchten solch ein Feld!
dieß oder jenes hast ohn zweifel du zuhoffen/
der spielt nicht mehr/ der hier nicht hat zuvor getroffen.
Ach die zweyfache Sorg'/ ô Mensch/ erwege
  wohl/
wie Dich der beyden Eine zur Zeit betreffen soll!

AUGUSTINUS.

Was kan kläglichers und schröcklichers gedacht
  werden/ als das Gehet hin! und liebrei-
  chers ausgesprochen als das Kommet her.
Es seynd zwey Wörter/ deren nichts
  schröcklichers/ als das Eine: und nichts er-
  freulichers als das andere/ wirdt können ge-
  höret werden.

XV.

Mein Leben hat abgenohmen für Be-
  trübniß und meine Jahre für Seuf-
  tzen. Psal. XXX.

Hat solch ein Stern regirt/ gleich als ich kam ans Licht/
daß mir kein Freuden-Tag sol kommen zu Gesicht?

F iij   Ach.

Quàm levis optati me temporis aura fefellit;
   Dum toties repeto; crastinus albus erit.
Nec tamen albus adhuc, mihi crastinus ille reluxit,
   Quin, qui præteriit proximus, ater erat.
Credideram alternos vitæ succedere casus,
   Inq́; vices lætis cedere mœsta locum.
Utq; serenato detergis nubila cœlo,
   Cum revehis clarum Cynthie pure diem;
Utq; maris reparas fugitivos, Cynthia, fluctus,
   Cùm tingis refluo littora sicca salo;
Sic ego venturi non felix temporis augur,
   Omnia pro votis rebar itura meis.
At mea, quàm dispar, quantoq́; severior illis,
   Quas dat nupta viro tristitia est lacrymis!
Conjuge defuncto, bis-quinis mensibus, uxor
   Sola domi queritur, conjugis orba, necem.
Post decimum sinitur lugubria ponere mensem,
   Et peplum niveâ vertere triste togâ.
Quis mihi transactus semel est sine luctibus annus,
   Quis vacuus mensis? quis sine nube dies?
Nulla meis lex dat finemve, modumve, querelis;
   Sed parit assiduus se, velut Hydra, dolor.
Et planctu & lacrymis gemitusq́; absumitur o-
     mnis
   Ipsaq́; pars minima est vita caduca sui.
Sæpè quidem rabidis sunt æquora turbida ventis,
   Sed brevis est, quoties magna procella furit.
Quasq́; rapit sylvis brumæ inclementia frondes
   Compensant viridi tempora verna comâ.

Et-

Ach wie hat in Betrug das Hoffen mich genohmmen/
in dem ich offte dacht'/ O Morgen wirdt er kommen!
auf morgen eben doch der Tag unglücklich kam/
und unglückhafft/ wie der vor ihm/ sein Ende nahm.
Ich meint' es würd' ein Tag mich wechselsweis' erfreuen
an stat der Traurigkeit/ mir Frölıgkeit zustreuen;
wie von der Sonnen Glantz der Wolcken Dunst zerfehrt/
und einen schönen Tag für trübe Zeit gewährt.
Wie Cynthia die Flut des Meeres wieder bringet/
wenn an den trocknen Sand das Wasser häuffig dringet;
so dacht' ich/ der ich mir gantz fälschlich weiß gesagt/
nun würd' es alles gehn/ was wünschend mir behagt/
Ach aber wie ungleich und schwerer ist mein Büssen
als Zähren/ die ein Weib umb ihren Mann lässt fliessen!
wenn durch den grimmen Tod Sie deßen wirdt beraubt/
ist zehen Monat Ihr zu trauren ja erlaubt;
nach solchen Zeiten mag Sie legen ab ihr Klagen/
und stat des Trauerkleids ein Freudenkleid antragen.
Ach welches Jahr hab' ich gelebet sonder Leid?
welch Monat war te leer/ welch Tag ohn trübe Zeit?
es kan ja meiner Pein nichts Ziel noch maasse geben/
wie Hydra Schlangen/ so giebt Schmertz dem Schmer-
tzen leben.

Die Lebens Zeit verschleicht in seuffzen/ weinen/ heuln/
die minste muß sich sonst in Nichtigkeit verweiln.
Die See zwar ofte braust von toller Winde blasen/
doch aber währt nicht lang' ihr ungestämes rasen.
Die Wälder/ welch' entlaubt der rauhe Winter greißt/
hinwieder zierlich grün der Lentz zu kleiden weiß.

F ij   So

Et Notus obscuris quoties tegit æthera nimbis
    Lætior innubi mox redit ore dies.
Ast mihi perpetuos contexunt funera luctus,
    Dempta nec est ullo synthesis atra die.
Mœstaq; nec festo cessavit tibia cornu;
    Pectus, ebur; pugni, plectra; querela,
    fides.
Hac cythara, soles; hoc transigo pectine, noctes;
    His fidibus, vitæ tempora fallo meæ.
O quoties victo suspiria pectore rupi,
    Cum cuperem tacito mergere verba sinu!
O quoties, lux quanta meis, fuit acta querelis,
    Lunaq; quanta meis planctibus acta fuit!
Ne gemerem, memini, toties monuistis amici,
    Multaq; ne gemerem, credite, facta mihi.
Libera lætitiæ suasistis frena remitti,
    Illicù lætitiæ libera frena dedi.
Ast ubi singultum compescere risibus opto,
    Risibus, heu, gemitus obstrepuêre, meis!
Sæpè volens placidas somno traducere noctes,
    Perpetuo vigiles obruor imbre genas.
Dumq; diu nimium violentos comprimo fletus,
    Heu, mare perruptis effluit aggeribus!
Flumina, vos testes! vos, nota cubilia, sylvæ;
    Vosq; cavæ valles; conscia vosq; juga;
Vos testes, quoties suspiria vincere tentans
    Victa, reluctanti murmura corde dedi.
Quin etiam auditis permota ululatibus Echo!
    Questibus audita est aggemuisse meis.

                        Tunc

So offt den Himmel auch der Wind mit Wolcken
trübet/
sich doch hinwieder drauf ein schöner Tag anhebet;
Mich aber Todesnot in stetes Trauren zwingt/
mein Leib das Trauer-Kleid niemals vom Halse bringt.
Die Klagens-Harffe mich am Fest auch muß begleiten/
die Brust ist Harff'/und Hand der Kiel/und Klage selbige.
Bey dieser Harff und Kiel ermüd'ich Tag und Nacht/
mit diesen Seiten wirde mein Leben hingebracht.
Ach wie sind mir doch offt die Seufzer außgerissen/
da lieber ich die Wort im Hertzen wolte wissen.
Wie offt hab'ich mit heulen verführt den gantzen Tag/
und manche Nacht hindurch gehägt/ ach welche Klag'!
Ich dencke/ daß Ihr mich/ ihr Freund'/ enthalten hiesset
der Zähren/ und thätet viel dafür/ als ihr noch wisset.
Ihr riethet mir/ ich solt in Freuden bleiben stehn/
ich ließ alsbald auch loß den Freuden-Zügel gehn;
als aber ich durch Lust das achzen stecken wollte/
mein Seufzen leider ach! sich selber bald vorrollte;
Offt wenn ich dachte sanfft zu schlafen bey der Nacht/
hab'ich mit steten Zähren sie wachend zugebracht;
und so Ich denn zu viel das strenge Weinen hämme/
so reisst das Thränen-meer zu letzt durch alle Dämme.
Ihr Flüsse/ zeüget mir/ ihr Wälder/ meine Rast/
ihr Berg und Thäler wisse auch meiner Zähren last.
So offt das Seufzen ich versuchte zu verdrücken/
so ließ im Hertzen sich ein heimlich murmeln blicken.
Der Wiederschall auch selbst mein Klagen rückwerts
schlug/
und durch zustimmen gleich mit mir mitleiden trug.

E v

Tunc ego, tunc illa, alterius dedimus lamenta,
   Flevimus inque vices, planximus inq; vices.
Ut Pandioniæ sibi dant responsa sorores,
   Cum cæsum thalami labe queruntur Itym.
Et sedet hinc Progne ramo miserabile plorans,
   Et sedet inde suum flens Philomela nefas.
Alteraq; alterius sequitur suspiria quæstu,
   Admissum lacrymans, utraq; crimen avis.
Talis & Alcyone cum naufraga vela mariti
   Ne quicquam scopulis littoribusq; canit.
Aut viduus, viridi nemoris sedet arbore turtur,
   Comparis æterno murmure fata gemens.
Sic mihi fatidicæ nerunt quoq; stamina Divæ
   Iret ut optato sidere nulla dies.
Utq; adimunt nullos, lamenta perennia luctus,
   Aut cesset, causâ deficiente dolor.
Sed fuit, ut primæ gemitus, vox prima loquelæ;
   Sic gemitus vitæ vox quoq; summa meæ!

CHRYSOSTOMUS.

Hom. in Psal. 115.

An non est meritò ingemiscendum, quod sumus in regione alienâ, & in Coloniam procul à patria positum amandati.

Es haben in die Wett'/ ist er / bald ich geweinet/
und in dem greinen sich zusammen gantz vereinet;
gleich wie Pandions Volck einander Antwort sagt/
in dem es bitterlich der Itys todt beklagt;
Da weinet Progne sehr auffs dürren Astes sitzt /
und Phylomela nachts im dunckeln ihr auch nützt.
Wenn jen' anstimt/ so lässt hingegen diese nach/
und klagen also beyd' ihr grösses ungemach.
Also vergebens auch Alcyone sich klaget/
wenn ihres Liebsten todt Ste Fels und Strand ansaget.
Gleich wie die Turtiltaub' auff grünen zweigen irrt/
und ihres Gatten todt ohn unterlaß begirrt.
Solch trauer-garn ist mir von Parcen auch gesponnen/
Daß mir niemals kein Tag ohn trauren ist zerronnen;
und mir ein ewig Leid durchächtet Seel und Hertz/
ob gleich die Ursach weg/ schwindt dennoch nicht der
                    Schwertz/
nein/ sondern wie da war mein' erste Stimme grei-
              nen/   (weinen!
so wirdt die letzte seyn nichtes anders auch/ als

CHRYSOSTOMUS.

Ists nicht billich zu beseuffzen / daß wir in einem
frembden Lande sind / und in eine Bewoh-
nung/ so ferne vom Vaterlande abgelegen/
verschicket.

LIBER SECUNDUS.

VOTA
ANIMÆ SANCTÆ.

Das Ander Buch.

Wünsche
Der Heiligen Seelen.

I.

**Concupivit anima mea desiderare justi-
ficationes tuas. Psal. 118.**

Cœlestem, dubitans, terrenumq; inter amorem,
    Nescio, quo statuam, sub duce signa sequi.
Ille sub imperium, vocat hic ad pilea ; pugnant
    Dissimili nimium conditione duces.
Hinc vocor, hinc revocor, rursusq; invitor utrimq;
    Non secus ac refluo quassa carina salo.
Ambiguum faciunt Amor hic, Amor ille duellum,
    Impediuntq; suo sistere vota loco.
Sit satis, ah! tandem mala tot fastidia passæ,
    Et sinar ad portus spem revocare suos!
ô *DEUS! aut nullo caleat mihi pectus ab
    igne,
    Aut solo caleat legis amore tuæ!*
Non nego ; quod lubeat, magna est optare vo-
    luptas,
    Et modò posse volo dicere; nolo, modò.
Frena nihil patitur minus, atq; libido vovendi,
    Nec se lege sinunt libera vota premi.
Ut vagus exultim lorisq; lupisq; solutus
    Quoslibet in pastus currere gaudet equus;
Aut stabulo ruit, & viridi mox volvitur herbâ,
    Deposito nimium bucula læta, jugo.

I.

Meine Seele hat Lust gehabt zubegehren deine Rechte. Psal. CXVIII.

JN dem mir Himmelslieb' und ird'sche zweifel regt/
weiß ich nicht welche Part zum beyfall mich beweget;
Dort jene zum Gebot'/ und die zur Freyheit leiter/
und dieses Par mit führen inzwischen sich selbst streitet;
Die rufft mich her/die hin; bald beyde mich begehrn/
wie sich der Ebb und Flut ein Schiff muß hingewehrn.
Der Zweyen Liebe streit viel zweifels in mir regen/
und stellen sich durchaus den Wünschen stracks entgegen.
Ach gnug! nach dem ich hab' erduldet so viel pein/
daß Hoffnung mir zum Port' annoch mög' übrig seyn.
Ô GOTT! entweder laß mich keine Lieb' ent-
zünden/
laß oder mich nur Brunst zu deinem Wort'
empfinden!
Noch willen/ich gestehs/ihm Wünsche thun/ist viel/
zu sagen/ich wil nicht/und sagen auch/ich wil.
Am meisten die Begier des wünschens sich läßt zäumen
die freyen Wünsche nichts den Satzungen einräumen.
Wie wenn ein Pferd/das Zaum und Zügel abgestreiffet/
in vollem bügen hin durch alle Felder läufft.
Wie/wenn ein Ochse sich des Joches ledig fühlet
bald aus dem Stalle reist/und sich im grünen sühlet;

wenn

Ast ubi mox revocat consueta ad aratra colonus,
    Excutit ille lupos, illa recusat onus,
Scilicet expetitur libertas una vovendi,
    Quæ satis est quamvis utilitate vacet.
Sic Phaëton, patriæ ruiturus ab axe quadrigæ
    Appetis ignotos flectere rector equos.
Sic quoq; non solitis dum niteris altiùs alis
    Icare, subjectis labere mersus aquis.
Quàm variâ superum lassas prece tundimus aures
    Cœlitibus, puto nos sæpè movere jocum.
Ille vovet nuptam, nuptæ vovet ille sepulchrum;
    Hic sobolem nasci postulat, ille mori.
Ille patri mortem, Patri rogat ille salutem;
    Hic fieri juvenis supplicat, ille senex.
Vix, puto, consentit centum de millibus unus;
    Quin aliquis voto dissidet ipse suo.
Deniq; quid superos oret, pars maxima nescit,
    Tam nova quisq; sibi vota, precesq; facit.
Sic ubi jam gravidas stimulant fastidia Matres
    Obscenam satiant fercla pudenda famem.
Scilicet expetitur modò calx, modò creta palato;
    Et modò quæ stomacho displicuêre, placent.
Quid desideriis ultra tot inanibus uror?
    Quid jaculor nullo votaq; spesq; scopo?
Este procul gemitus, procul anxia turba, timores,
    Sollicitæq; preces, votaq;, spesq; procul.

O Deus; aut nullo caleat mihi pectus ab
    igne,
Aut solo caleat legis amore tua!

AU.

wenn aber ihn an Pflug der Bauer wieder nihmt/
er ungern an das Joch/wie jens an Zügel könnt.
So wil in Freyheit sich das wünschen immer wissen/
und sich vergnügt/ob schon dabey nichts zugenüssen.
So wilst du Phaëton der Sonnen Wagen führn/
ob du dein Leben gleich darüber solst verliehrn.
Also du Icarus, da sich zu hoch auf schwinget
dein wächsen Flügelwerck/dich Wassersnoth verschlinget.
Wie manch Gebäte wirdt von uns vor Gott gebracht/
damit man/glaub' ich/oft sich lachens würdig macht?
Da wünscht ihm der ein Weib/und jener ihr versterben,
der/seiner Kinder todt/und jener Leibes-Erben.
Der wünscht den Vater dort/und der ihn länger hier/
der wünscht sich jung/und der nach Alter trägt begier.
Von Hundert tausenden kaum einer (acht' ich) stimmet/
ja mancher nicht in ein mit eignen wünschen kömmet;
und weiß der meiste theil nicht was er bitten sol/
so viel ist neuer Wünsch' und bitt' iedweder voll.
Wie wann ein schwanger Weib die lüsterkeit besessen
zu schnöden dingen Lust empfindet/die zu essen;
da bald nach Kalck Sie/bald Kreide trägt begier/
was sonst dem Magen schade/dasselbe liebet ihr.
Ach daß ich mich doch auch mit eiteln Gierden plage?
daß ich im wünschen nicht den rechten Zweck erjage?
Weg Klagen/Seuftzen weicht/weg weg mit euch von hier
ihr kümrige Gebät'/ihr Wünsch' und mein Begier.
ô GOTT/ entweder laß mich keine Lieb' ent-
   zünden/ (empfinden!
laß oder mich nur Brunst zu deinem Wort'

AUGUSTINUS.

Solil. cap. 12.

Abde Domine concupiscentiam meam dulcedine tuâ, quam abscondisti timentibus te, ut concupiscam te concupiscentiis sempiternis; ne vanis illectus & deceptus interior gustus ponat amarum dulce, & dulce amarum.

2.

Utinam dirigantur viæ meæ ad custodiendas justificationes tuas! Psal. 118.

Quo ferar? in tanto deprensa errore Viarum,
   Sectum ubi tam vario tramite fallit iter!
Hæc abit in dextram, subit altera semita lævam,
   Illa tumet clivis, vallibus ista jacet.
Hæc faciles aditus, aditus habet illa malignos,
   Et quos illa tegit, detegit illa dolos:
Quoq; vel hæc tendat, vel quo se porrigit illa,
   Exitus implexo fine videre vetat.
Non ita quæ partes via se findebat in ambas,
   Herculis ambiguum fecit euntis iter.
Nec totidem refluis Mæander flectitur undis,
   Ipse suis quamvis obvius erret aquis.

Nec

AUGUSTINUS.

HErr/ zuknirsche meine Begierde mit deiner Süssigkeit welche du verborgen hast denen die dich fürchten/ daß Ich dich begehre mit ewigen Begierden; damit nicht der innere Geschmack von dem Eitelen gereitzet und betrogen/ das bittere süsse/ und süsse bitter setze.

II.

O daß meine Weege gerichtet würden zu halten deine Rechte! Ps. CXVIII.

Wo kom' ich hin? der ich auf so viel irrungs-steege/
  gerathen/ wo da sind unzehlich Scheide-weege!
zur lincken jener sich/ und der zur rechten zeucht/
der geht Bergauf/ der ab ins tieffe Thal entweicht;
hier der was leichte scheint/ und jener schwer zusteigen/
den trug/ den einer birgt/ den wil der andre zeigen;
und wo sie beyderseits die Reiseleuth' hinführen/
das läst die krume Straaß' im außgang' auch nicht spüren.
Die Straassen Herculis, so zweyfach vor ihm lagen/
die haben nicht so viel ihm zweifels eingeschlagen.
So Schlangenweise nicht der Fluß Mæander fleusst/
ob er im rinnen gleich durch sehr viel krummen reisst.

Der

Nec labyrinthæi tanta est fallacia tecti,
    Curva licet varijs flexibus antra tegat.
Heu graviora meas cohibent discrimina gressus
    En, geminâ dubiam parte pericla premunt.
Non ego quæ metuam divortia, mille viarum;
    [Solus Dædaleâ, qui fuit æde labor,]
Sed præter varios curvis ambagibus orbes,
    Nox etiam cæcas celat opaca vias;
Nullaq; se presso monstrant vestigia signo,
    Quâ populus trito calle notârit iter.
Et licet explorem prætensis obvia palmis
    Et vitem obstantes, tubera dura, petras.
Vix satis incœptos ausim producere cursus,
    Sed retinent timidum noxq; dolusq; gradum.
Lassus ut ignotâ cum fors regione viator
    Opprimitur nebulâ præcipitante diem;
Nullaq; jam toto collucent sydera cœlo
    Nec propè sunt ullæ, rustica tecta, casæ.
Nullaq; signato callem notat orbite sulco,
    Ulla nec humano semita trita pede;
Nec scit an in sylvas, an eat ruiturus in undas,
    Longius inceptam si paret ire viam;
Tum validis mutos compellat vocibus agros,
    Si quis aberranti præstet arator opem.
Utq; vel è stabulis, tacitisq; quis audiat antris,
    Ingeminat longos, terq; quaterq; sonos.
Omnis at in surdas clamor volat irritus auras
    Nullaq; pastoris verba remissa sonant.
O quis in his tendat mihi stamina fida periclis!
    Quis Deus in tantâ sit mihi nocte Pharos!

                              Isaci-

Wünsche. Das Ander Buch.

Der Creter Garten fuhrt' in nicht so grosser menge/
(wie krum er immer war/) der irrsamen umbgänge.
Ach meine Gänge zeucht vielmehr Gefahr zurück
auf beyden seiten ich derselbten mehr erblick';
umb tausend Scheide-weeg' ich mich gar nicht befahre/
(wie solcher weiland voll der irregarten ware;)
nein/sondern über die vielfache krumme Bahn
verdeckt die Nacht den Pfad/ daß ich nichts mercken kan;
darzu so lässt sich nicht die minste Spur erlangen/
wo etwan kurz zuvor die Menschen seyn gegangen;
und ob ich tapp' umb mich/ werff' auch die hände für/
die Felsen beyzugehn/ der Erden hart-Geschwier;
jedoch darf förder ich kaum einen Schrit recht wagen/
weil Nacht und hinderlist den Triten forcht einjagen.
Wie etwan in der frembd' ein müder Mann verweilt/
wenn ihn die dunckle Nacht uhrplötzlich übereilt;
wenn nicht ein Sternlein sich am gantzen Himel rüget/
und in der näh' auch nicht kein Bauerhüttlein lieget;
wo keine Gleise nicht der Wagenräder Pfad/
und keines Menschen fuß den Sand geträten hat;
und weiß nicht/ ob in Wald ihn/ oder in die Flüsse
die Weege führn/ dafern er förder setzt die füsse.
Da schreyt er etwan starck die stummen Felder an/
ob ie ein Landmann wöll' ihm zeigen bestre bahn/
und lässt auch etlich mal die Stimme laut erklingen/
ob iemand aus den Höln und Löchern sey zu bringen.
Dennoch zur tauben Lufft der schall umbsonst hinfähret/
daß kiner Antwort ihn auch nicht ein Mensch gewähret.
Ach! wer wil in der Noth ein Leitegarn mir recken?
welch Gott wil mir ein Licht hin auf die Warte stecken?

G iij Da

Isacidas quondam per inhospira regna vagantes,
　　Insolitas docuit clara columna vias.
Stella comes monuit Nabathæos lumine reges,
　　Parvaq; Bethlemiæ duxit in antra domus.
Quin recreant trepidos fratrum duo sidera, nautas
　　Tu quoq; mî gemini Castoris ede facem!
Gnosis aberrantem revocavit Thesea filo,
　　Sectaq; Leandro fixit amica facem.
Ecce ego sum Theseus, vice tu mihi sis Ariadnes,
　　Cùmq; ero Leander sis vice Sestiados.
Aspicis ut multi, vaga turba, per avia currant,
　　Et suus huc, illuc, quemlibet error agat?
Hic cadit ignotâ præceps regione viarum,
　　Ille vago cæcum tramite versat iter:
Hic celerat cursus; hic passu deside lentat,
　　Sæpiùs ille suos fertq; refertq; gradus.
Hic diversus abit; lateri comes ille propinquat,
　　Hic comitis ductu fallitur, ille suo.
Perpetuos aliquis, vestigia flectit in orbes;
　　Alter in obliquas volvitur usq; vias:
Hic ratus ad certam cursu se tendere metam,
　　Decepto repetit limina prima pede:
Deniq; in errorem facto ruit agmine vulgus,
　　Quodq; tenere decet, vix tenet ullus, iter.
O utinam, recto tendat mea semita ductu,
　　Nec fraus decipiat tramitis ulla gradum!
Qualis ab excusso fugit irrevocabilis arcu,
　　Dum volat ad certum missa sagitta locum;
Talis inoffenso festinet limite cursus,
　　Quâ tua nempe monent tendere jussa, viâ.

　　　　　　　　　　　　　　　　Esto

Da weiland Israël aus Memphis Landen reist/
hat eine Wolck enthm der Wüsten weeg geweist.
Den Königen ein Stern sich zum Geferten machte/
bis er aus Saba Sie zu Bethlehem einbrachte.
Der Zwillings-sterne sich der blasse Schiffer freut/
der zweyen Bruder licht zur Leucht' auch mir bereit.
Den Theseüs im irrn ein Garn zu rechte brachte/
Leandern wies' in weeg der Herus Licht bey Nachte.
Sih ich bin Theseüs, sey Ariadne du/
werd' ich Leander, Mir wie Herus rahte zu.
Du sihst viel irrend Volck durch viel abweege jagen/
und leben hin und her sein' eigne fehler tragen;
auf unbekanntem Weeg/ hier einer hefftig fellt/
ein ander tappend blind sich auf der Straaß' enthelt.
Hier einer eilt/ und dort ein ander langsam schreitet/
bald für/ bald hinder sich der Weeg den andern leitet;
der krümt/ und jener dort sich zum Geferten bringt/
den sein Gefert'/ und er sich selbst ins irren bringt.
Ein ander immer macht rund eingeschrenckte Schritte/
der Dritte wieder denn thut quer: und schlimme Tritte.
Hier meinet der/ sein Lauff sey auf ein Ziel bestimt/
nach dem verfehlten Weeg' er wieder rückwerts kömt.
Der Pöfel letzlich weist in grosser irr' umbschweiffet/
und ist ein einzler kaum/ der rechte Weege läuffet.
Ô daß der gräde nach ich meinen Lauff erfüllt'/
und einiger Betrug nicht meine Trit' aufhielt'/
und eben wie ein Pfeil/ den man abläßt/ so flöge/
daß seine Spitze sich grad' in das Ziel einzöge;
So werd' ohn anstoß auch mein schneller Lauff verbracht/
Dahin wo dein Gebot ihn führen heisst in acht.

G iij   Drumb

Esto igitur, mea lux, quoties jaculabere, nervus;
    Quemq; petes jaculis, lex tua sancta scopus.
Quâq; scopum cupies certus tetigisse sagittâ,
    Illa ego sim digitis lecta sagitta tuis.

AUGUSTINUS.
In Solil. cap. 4.

O Domine, qui es lux, qui es via, veritas & vita, in quo non sunt tenebræ, error, vanitas neq́; mors. Dic verbum Domine; fiat lux, ut videam lucem, & vitem tenebras; videam viam, & vitem invium; videam veritatem; vitem vanitatem; videam vitam, & vitem mortem.

3.

Perfice gressus meos in semitis tuis: ut non moveantur vestigia mea!
Psal. 16.

Ergò caduca gradum toties mihi tibia fallet,
    Sternet & in planâ pes vitiosus humo?

Aspi-

Wünsche. Das Ander Buch.

Drumb sey/ mein Schatz wenn du wilt schiessen/
selbst der Bogen/
und dein Gesetz' ein Zweck/ worauf der Schutz
geflogen/
ja welches Ziel dein Pfeil zu treffen außerlikt/
derselbte Pfeil sey Jch von deiner Hand erkiest!

AUGUSTJNUS.

O HERR/ der du bist das Licht/ der du bist der Weeg die Wahrheit und das Leben in welchem keine Finsternis/ Irrthum Eitelkeit noch Todt ist. HERR/ sprich das Wort: es werde Lichte; daß Jch das Licht sehe/ und meide die Finsternis; sehe den Weeg und meide den Unweg; sehe die Wahrheit und meide die Eitelkeit; sehe das Leben und meide den Todt.

III.

Erhalte meinen Gang auf deinen Fußsteigen/ daß meine Tritte nicht schlipfern! Psal. XVI.

Sol denn mein schwacher fuß so vielmal stossen on/
und übern hauffe gehn auf gleich: und ebner Bahn?

Ach

Aspice, qui cœlis hominum vestigia spectas,
  Firmaq; fac presso stet mea planta solo.
Instruit implumes pennata Ciconia pullos,
  Et docet aërias præpes inire vias.
Exemplo volucrem sequitur modò filia Matrem,
  Tutaq; jam peragit, quod metuebat iter.
Provocat expansis sobolem Jovis armiger alis,
  Et jubet insvetas sollicitare plagas.
Mox præit, & pleno se jactat in aëre lapsu,
  Remigio soboles subsequiturq; patrem.
Dum primùm ignotas tentat puer inscius undas,
  Corporis indoctum subere fulcit onus.
Mox opis oblitus, flumen sine cortice tranat,
  Flumen inexperto sæpè sed ore bibit;
Sæpiùs at doctis ubi plauserit æquora palmis,
  Ducit in immenso brachia tuta salo.
Aspice, qui cœlis hominum vestigia spectas,
  Aspice, quâ nobis arte levetur iter.
Sustineor fragili puerilia membra curuli,
  Quæq; vehunt socias ipsa propello rotas.
Nempe tripes baculi sic stipite nititur ætas,
  Quiq; senem vectat, à sene fertur equus.
Nec tamen ambiguis malè decipiare querelis;
  De pedibus tecum, nulla querela meis.
Nec vitio plantæ; vitio neq; crura laborant;
  Saxa per & salebras tibia nostra salit.
Non ego pennipedi dubitem certare Camillæ
  Isse per intactas quæ pede, fertur, aquas.
Quod queror, est animi vitium lacrymabile nostri,
  Qui, quibus incedat, langvidus est pedibus.

Heu

Ach der du Himmelab beschaust der Menschen gehen/
verleyh/daß doch mein Fuß standhafftig möge stehen.
Der Storch giebt unterricht den Jungen in dem flug/
und lehret sie zuvor der hohen Lüffte Zug;
dem Alten sich denn nach die Jungen Störche schwingen/
daß den gefürchten Weeg gar glücklich sie verbringen.
Der Adler lockt/wenn Er die flügel breitet aus/
die Jungen fort zu führn/in ein entlegen Hauß/
fleugt vor/und in die Lufft sich volles Zuges schwinget/
und seinem Fluge nach die jungen Adler bringet.
Wenn erst ein Knabe sich in frembde Flut erwegt/
alsdann Pantolholtz dem Leib' er unter legt;
bald er ohn den behuff sich übers Wasser bringet/
doch deß noch unerfahrn/zum öftern viel einschlinget;
wenn aber er sich lang' auf Wässern hat geübt/
alsdann mit schwimmen er sich gar aufs Meer begiebt.
Sieh! der du Himmelab beschaust der Menschen schritte
gieb/daß wir mögen thun was leichter unsre Tritte;
im Gängelwagen ich die Glieder kindlich führ'/
und was mich führt/das wirdt selbselbst geführt von Mir:
Also sich mit dem Stab' ein Alter Mann anstähnet;
und trägt doch selbst/was ihn zu leiten ist gewehnet.
Doch laß dich nicht bethörn die zweifelsvolle Sag'/
es ist von Füssen her nicht eben meine Klag';
an meinen Schenckeln ist kein mangel nicht zuspüren/
sie mögen über stock und steine wohl spatziren;
Ich gieng in Wettelauff auch mit Camilla dran/
die unberührt hinlieff des weichen Wassers bahn.
Den Irrthum des Gemütts muß ich nur hier beklagen/
in dessen schwaches gehn die lähme zugeschlagen;

Ach

Heu jacet afflictis, affectibus omnibus æger!
  [Heu quibus incessit, nempe fuêre pedes!]
Si quod iter, quamvis breve sit virtutis eundum est,
  Mens mihi sit minimè lassa labore viæ;
Crura forent fragilis veluti tua, Nile, papyrus,
  Quæq; ruit motâ canna palustris aquâ.
Rarus, at immodicus quandoq; resuscitat ardor,
  Et pede fulmineo stringere cogit iter:
Sed bene vix cœptum, currendi extingvitur ardor,
  Lampadis ut magno flammula parva Noto.
Ne tamen ignavis videar segnescere plantis,
  Promoveo tardos pigra subinde gradus.
Ast mea tunc caveam quisquam vestigia servet,
  Ne putet immodicis ebria facta scyphis.
Scilicet in partes ita tibia claudicat ambas,
  Semipedes claudi pes ut hiulcat iter:
Nunc volo, nunc nolo, nunc æstuo, nunc langvesco,
  Nunc stupet ut rigido mens religata gelu:
Impatiens igitur, cœpti sine fruge laboris,
  Sæpè viæ medio, lassa retento gradum.
Sed neq;, qua langvens statione resistere tento,
  Instabilem valeo figere firma pedem.
Auferor adverso velut incita puppis ab æstu,
  Quam neq; vis remi nec sua vela juvant:
Damnaq; sunt iterum vano redimendâ recursu,
  Irritus æterno sic redit orbe labor.
Nempe catenati, sic publica corpora, servi
  Circumeunt toties, pendula tecta molæ.
It mola, perq; suos rapitur circumvaga gyros,
  Sed perit his, quicquid conficit illa viæ.

Heu

Ach die Begierden die/ die machens übel auf/
das sind die Füß' an ihm/ die hemmen seinen Lauff;
wenns einen nahen Weeg der Tugend nur sol gehen/
so wil die müdigkeit es alsobald bestehen;
samb schenckel aus Papir ihm wären angeklebt/
aus rohre/ das der Wind leicht hin und wieder webt.
Bisweilen eifer-Glut/ doch selten/ es aufbringet
und rischer schenckel es zuthun ein weeglein zwinget;
kaum wenn es eifrig hat des anfangs Lauff erwischt/
so schwindts/ alß wie der Wind ein glühend tacht auslischt;
doch/ daß ich nicht für träg' und faul erachtet werde/
so ritsch' ich etwas fort/ ich faules an der Erde;
wollt' aber nicht/ daß man mein gehen nehm' in acht/
daß man nicht wehn'/ es sey ein rausch mir beygebracht.
So hinck' ich immer fort auf alle beyde seiten/
wie halbes Fusses muß für sich ein Lahmer schreiten;
itzt wil/ itzt wil ich nicht/ ich brenn'/ und ich ermatt'/
itzt dem Gemütte sehr ein kaltes starren schadt;
wenn dann nicht wie zuvor/ mein Lauff wil vor sich gehen/
so bleib' ich müd' am Weeg' aus ungedult bestehen;
doch kan ich/ wo ich matt wil bleiben auf der bahn
den unstandhaften Fuß durchaus nicht halten an.
Ich werde wie ein Schiff von Fluten hingerissen/
dem weder Segeltuch noch Rudel/ rahten müssen:
einbringen sol es denn das eitle rücke-gehn/
so bleibt in ewger rund' allzeit mein Lauff bestehn;
wie etwan angeschmidt in einer Mühlen-Winde
ohn unterlaß umbgeht leibeigen Dienstgesinde;
die Mühle geht und wirde in Kreiß herumb geführt/
daraob der Knecht bey sich gar keinen nutzen spürt.

Was

Heu quid agam! neq; sveta vehi neq; currere docta,
 Nec pedibus minimas utilis ire vias!
Magnum iter est cœlo, magnis huc passibus itur;
 Quid faciet lentis nostra quadriga rotis?
Tu spatia ingenti perlaberis ardua saltu,
 Vastaq; tergemini crura gigantis habes.
Eoum passu, Hesperiumq; amplectere mundum,
 Sub femur ut Rhodius vela Colossus agit:
Ast testudineo reptat mihi tibi a gressu
 Aut chelis referer, cancer adunce, tuis.
Quid positas igitur sperem contingere metas;
 Quæ metas refugo perdita sector equo?
ô DEUS, ambiguos trepidantis perfice gressus,
 Vincat & applausis nostra quadriga rotis!

AMBROSIUS.

de fuga seculi cap. I.

Quis inter tot passiones hujus corporis, inter tantas illecebras hujus sæculi tutum atq; intemeratum servare potest vestigium?

4.

Confige timore tuo carnes meas à judiciis enim tuis timui. Psal. 118.

Litte-

Wünsche. Das Ander Buch.

Was thu ich ach! ich kan nicht lauffen noch kotschiren/
und weiß auch keinen Weg mit nutzen zu vollführen!
In Himmel ist es weit/ großschritts gehts hinauf/
wo bleibt mein Fuhrwerck denn mit seinem faulen lauff?
in einem hüy du dich gar hoch hinauf kanst schwingen/
drey doppler Riesen Bein' im lauffe dir gelingen.
Du kanst mit einem Schrit' erlangen Ost und West/
wie gantze Schiff' hindurch beym Knie Colossus lässe.
Ich aber wandel hier so langsam als die Schnecke/
gleich wie ein Krebes kreucht/ so sparsam ich mich strecke;
wie soll' ich hoffen nur zu langen an das ziel/
da mich ein ständig Pferd zu rücke tragen wil?
Der armen Seelen hülf'/ ô Gott/ im gehen rei-
che; (che:
daß frölich auf das Ziel mein Rollekarn zustrei-

AMBROSJUS.

Wer kan unter so vielen Leiden dieses Leibes/
unter so vielen Reitzungen dieser Welt/ ei-
nen sicheren und unbefleckten Fußstapfen be-
halten?

IV.

Durchstich mein Fleisch mit deiner Forcht/
denn ich habe mich gefürchtet für dei-
nen Gerichten. Psal. CXVIII.

Was

Littera prima rudi quondam inculcata juventæ,
    Fertur ab antiquis, Numinis esse Timor.
Certaq; non aliâ Sapientia discitur arte
    Si qua fides verbis, Nate Davide, tuis.
Hoc quoq; nostra fuit formata puertia ludo,
    Doctaq; sidereas mens trepidare minas.
Semper at heu! tantis stupuit mens cæca tenebris,
    Ut neq; quod toties audiit, Alpha sciat.
Tristibus Orbilii plectenda ignavia sceptris,
    Post malè tot positos, nil didicisse dies!
Et pueri ferulis segnes elementa docentur,
    Quæ levis assequitur sedulitate labor;
Aspiciunt nigras Cadmi bis, terve puellas,
    Aspectasq; vocant, nomine quamq; suo.
Et licet atrato sit par color omnibus ore
    Signa tamen faciem propria quamq; notant.
Cur ego quod teneris infantia combibit annis,
    Discere non etiam tempore posse putem?
Plurima sunt, nullo penitus mihi docta Magistro,
    Cur disci nequeat, arte juvante Timor?
Ah pudet! en timeo, quæ contempsisse decebat,
    Non timeo, justos quæ meruêre metus.
Flagitium, minimo timeo committere teste,
    Non timeo facinus, teste patrare Deo.
Ne corpus perimant, metuo de nocte latrones,
    Nil meruens Animæ certa pericla meæ.
Nempe fugit pictæ sic passer imagine larvæ,
    Illita cui visco virga timenda fuit.

Sic

Was weiland man voraus der Jugend bienet' ein/
  das/sagt man/sol die Forcht des Herrn gewesen seyn;
und anders kan man auch die Weißheit nicht erlangen/
so man des Salomons Lehr-sätzen wil anhangen.
Auch gab in Schulen man mir diesen Unterricht/
ich solte förchten/ ehrn / des Höchsten Angesicht ;
jedoch hat Finsternis/ mein Herz ach! so bethöret/
daß ich hievon nichts weiß/ was ich doch offt gehöret.
Die Faulheit wär' ie wehrt des Lehrers Ruttenschlag/
daß übel ich verthan so manche Stund' und Tag.
Es lernen nach der Rutt' und straafe doch die Knaben
mit gar geringer müh' und fleisse die Buchstaben;
Sie sehn dieselbte nur zwey oder dreymal an/
und bringen ieden drauff mit Namen auff die Bahn;
und ob sie alle gleich sind schwärtzlich an gestalten/
so wissen Sie doch dies' in unterscheid zu halten.
Ei warumb sollt' anitzt mir dieses seyn zu bunt
zu lernen/ was ich jung mit weile lernen kunt'?
Ich habe viel gelernt ohn eines Meisters lehren/
und sollte mir nicht fleiß die Gottesfurcht einröhren?
Was zu verachten wär' / ach schande! das förcht' Ich/
und nicht was billich forcht einpflantzen sollt' in mich.
Vor einem Kind' ich nicht gern etwas böses breue/
und grobe Laster doch vor GOtt zu thun nicht scheue.
Für Mördern meinen Leib verwahr' ich wohl bey
    Nacht'/
und habe nimmer nicht der armen Seelen acht.
Also der Sperling fleucht/ wenn er den Scheusel schauet/
und sich doch ungescheut der Leimrutt' anvertrauet.

H   Also

Sic tremit aspectæ cervus formidine pennæ
　　Nec tremit obstantes agmina rauca canes;
Sic quoq; Marmaricæ trepidat Leo terror arenæ,
　　Et cadit in tensas territus igne plagas.
Heu premit humanas furor hic caligine mentes,
　　Fulgetras metuunt, fulmina nulla, pavent.
Subjicitur pedibus nigri metus omnis Averni,
　　Creduntur Stygii fabula ficta foci.
Scilicet abjecto leve fit scelus omne timore,
　　Sed gravis insequitur poena Timore, scelus.
Flagitiis demum incipiunt trepidare peractis,
　　Ante scelus, nullus pectora terror habet.
Tum pavor heu madidis mentem sudoribus angit,
　　Et læsi ante oculos Numinis ira redit.
Tum subitus strato vigiles Timor excutit artus,
　　Propria tum vacuos terret imago choros.
Si strepitum moti dederit mus stramine lecti,
　　Creditur è sylvis exiliisse Leo.
Nocte levis quassâ si murmeret arbore
　　　　ventus,
　　Horrescunt rigidæ, fronde sonante, comæ.
Quid faciant, subitis si fulminet ignibus
　　　　æther,
　　Aut sonet æthereo grandior axe fragor?
Pectora coelesti stupeant perculsa tumultu,
　　Et flammâ metuant dissiliente peti.
Tunc terrent auræ, tunc terrent scilicet umbræ
　　Augurioq; notant omnia signa necem.

Quin

Also der Hirsch in forcht fürn Federlappen fällt/
und fürchtet nicht schaar/ die vor ihm bäfft und bällt.
Also der Leue scheut / (der Libyen sonst schrecket/)
die Glut/ und förchtet nicht das Garn/ das ausgestrecket.
Ach solch' unsinnigkeit der Menschen Sinn besitzt/
der Donnerschlag ihn nicht erschreckt/nur wenn es blitzt.
Der schwartzen Hellen forcht wirdt in den Wind ge-
schlagen/
die Helle man forthin nur helt für Mährlein-sagen.
Jedwede Sünd' ist leicht/alßbald die Forcht hinfällt/
Doch grösser Leid mit Forcht alsdann sich drauf einstellt.
Erst auf die Missethat das Zittern uns bestehet/
vorm Laster aber her-kein schrecken nimmer-gehet;
alsdann ach! im Gemütt' ein angstschweiß sich erregt/
wann ihm des Herren Zorn hart unter augen schlägt;
da wirdt ein Mensch für Forcht aus seinem Bett' entrücket
oft/ob schon niemand hier/er für sich selbst erschricket.
Wenn nur ins Bette-stroh ein Mäuslein list und beisst/
so meint er/daß Wald-aus auf Ihn ein Leue reisst;
und wenn bey Nacht' ein Wind der Bäume Zweig' er-
schüttert/
so stehn die Haar' empor / ob nur ein Blätlein zittert.
Was würd' er dann wohl thun/wenn aus den Wolcken-
röhrn
sich flammen liessen sehn/ und Donnerschlagen hörn?
sollt' ie das Hertze nichte hiedurch beweget werden
zur Forcht/als ob es schlüg' ein Donnerkeil zur Erden.
Da schröckt die Lufft selbselbst/der Schatte schröcklich fällt/
und aller Zeichen maal hiemit den Tod vorstellt.

Quin etiam nemorum nocturna silentia terrent,
    Ipsaq́; se fontem mens furiata timet.
En quantum miseris pœnæ, mens conscia donat!
    Ipse in sese animus verbera tortor agit.
Heu quoties Stygii, turbato in Cæsare, manes;
    Pharsalici quoties emicuistis agri!
Sæve Patris vindex, furiis agitaris; Oreste,
    Umbra trucidatæ viva Parentis erat.
Mœste colubriferâ Pentheu laniaris Erynni,
    Vindicat hoc læsos verbere Diva Deos.
Nulla reos animos agitat mage dira Tyrannis,
    Quàm testem assiduè pectore ferre suum.
ô DEUS! ô confige tuo mihi corda timore!
    Ne peccem, furor hâc cuspide noster eget.
Utilis ante scelus Timor est qui frena gubernet,
    Qui timet, admisso crimine, serò timet.

BERNHARDUS.

Ser. 29.

Prudenter sagittari & impugnari salubriter postulat sanctus cum dicit in oratione:
Confige timore tuo carnes meas.
Optima Timor iste sagitta, qui conficit, & interficit carnû desideria, ut spiritus salvus sit.

Aver-

Die Still' erreget des nachts in Wäldern auch ein schrecke/
sich schuldig wissen/kan viel Angst und Forcht erwecken.
Ach das Gewissen viel der Straafen uns anthut/
sein eigner Hencker wirdt ihm selber Hertz und Muth.
Wie lässet ihr Gespenst/euch oft im Cæsar schauen/
wie oft erschien' etwas auf den Pharsalischen Auen!
Du Vater-rächer auch Oreste, siehest klar
nicht ohne pein den Geist/der deine Mutter war.
Die Schlangenhaare trägt/dich Pentheu, stets betrübet/
und an der Götter stat/als Göttin/rach' ausübet.
Kein' ärger Plage wohl ein arm Gewissen schläget/
als wenn es in ihm selbst den Zeugen allzeit träget.

ó GOtt mit deiner Forcht/ das Hertz in mir
            durchschneide/   (leider
der schärfe hab' ich noch/ die mir die Sünd' er-
vorm Laster hilfet die Forcht/die mich im Zügel
            hat/   (sich zu spat!
wer Forcht auf Sünd' erst spüret/ der förchtet

BERNHARDUS.

Es begehret der Heilige/ daß Er fürsichtiglich
durchschossen und bestritten werde/ da Er
saget im Gebät: **Durchscheuß in deiner Forcht mein Fleisch:** Diese Forcht
ist der beste Pfeil/ der da hinrichtet und er-
tödtet die Begierden des Fleisches/ daß der
Geist seelig werde.

5.

Averte oculos meos, ne videant vanitatem. Pfal. 118.

PErvigilant geminæ celso mihi vertice stellæ,
    Queîs est perpetuis munus in excubiis.
Nec tamen errantes neq; possum dicere fixas,
    Sed meritò, duplex utraq; nomen habet.
Errat ab officio vaga sæpiùs utraq; jusso,
    Utraq; docta suum fixa tenere locum.
Motibus ambæ agiles, fixæ stationibus ambæ,
    Quod genus hoc stellas Oedipus esse putet?
Vos, oculi; vos conspicuæ duo lumina frontis,
    Sidera vos estis, quæ mihi bina micant.
Vos, quibus in celsâ statio data pervigil arce,
    Excubat ut summâ lucida flamma Pharo.
Aut qualis speculâ servans spectator ab altâ,
    Quæq; propinqua, videt; quæq; remota,
    videt.
Non tamen, ut trepidis qui lucent navibus ignes,
    Vos mihi tàm fidâ lampade fertis opem:
Flamma regit nautas, dum flammam teda ministrat,
    Aut flammam retrahant quæ posuêre manus;
Vos (velut excussis rapidus ruit axis habenis,
    Frenaq; qui rupit durior oris equus.)
Quo lubet, indomitum differtis in avia cursum,
    Jam nullâ Domini lora regente manu.

V.

Wende meine Augen ab/daß sie nicht das Eitel sehen. Psal. CXVIII.

Des Haubtes Zwey Gestirn'/ als welch' am gipfel
stehn/
und deren ewig Ambt ist / auf die Wache gehn;
die kan ich weder fix: noch irre sterne nennen/
wiewohl man beyden mag die Namen zuerkennen;
sie weichen beyde viel von ihrem Ambt' und Pflicht/
verlassen ihren ort und stelle dennoch nicht.
Fest stehend ist ihr Sitz/ beweglich schnell ihr rennen/
ob Oedipus wohl sollt' auch dieß Gestirne kennen?
Ihr Augen! deples Licht! an meiner Stirnen/ ihr
ihr seyd das Sterne par/ die mir stets leuchten für;
ihr/ die ihr wachen müsst auf eures Schlosses Höhen/
wie Feuer wache muß auf Pharons spitzen stehen.
Wie auf der Warte wacht ein Mann/ der umb sich sieht/
was beydes in der weit' und näh' umbher geschiehe.
Doch wil mir euer Licht niemals so viel erspriessen/
als jenes Feuers brand die Schiffenden geniessen.
Der Brand regiret das Schiff/ so lang er nahrung hat/
bis/ der ihn angezündt/ ihn rückt von seiner stat.
Ihr aber/ wie ein Pferd/ das wild ist sich entreisset
dem Zügel/ und den Karn darauf in hauffen schmeisset;
ihr/ die ihr ungezäumte/ der Lust nach/ umbspaziret/
daß euch nicht halten kan der/ der euch sonst regiret.

H iv   ô Au-

O oculi! scopuli titulo meliore vocandi!
  Heu quibus allisæ tot periêre rates!
Dina peregrinas virgo visura puellas;
  Mater, depositâ virginitate, redit.
Rex videt Uriaden nitido semel amne lavantem,
  Illa, cupidineas vibrat ab amne faces.
Pulcra Duci Assyrio dum comit Juditha formam,
  Assyrium truncat Juditha compta Ducem.
Fortè senes niveam semel aspexêre Susannam,
  Ambo senes oculis interiêre suis.
Non tot, ad infames dura Acroceraunia, cautes
  Hyppotadæ laceras contudit ira rates.
Non tot, inexpletis fera faucibus unda Maleæ
  Scyllaq; veliferas hausit avara trabes.
Quis pia nunc igitur non laudet fœdera Jobi,
  Quæ cum luminibus sanxerat ille suis?
O oculi! ô quanto vos tutius illa revulsit,
  Democriti, propriis dextera magna cavis!
Quàm bene Christiadum quoq; nobile Lucia, nomen
  Extudit intrepidâ lumina bina manu!
O oculi! ô scopuli! crudelia, barbara, saxa!
  Saxa quibus magnæ tot cecidêre Animæ!
Quàm malè commisso geritis pro munere curam!
  Ad mala quos toties sensimus esse Duces!
Scilicet hâc vobis, capitis custodia lege,
  Præcipuæq; arcis credita cura fuit.
Ut rectos hominum vultus, sublimiaq; ora
  Digna polo, brutâ deprimeretis humo?
Quin potius Superis mentes attollitis oris,
  Hasq; super terras, Oceanumq; super?

                                        Stella-

ô Augen! Felsen sollt'ich euch viel rechter sprechen/
an welchen so viel Schiff und Segel müssen brechen.
Da Dina zubesehn die fremden Töchter gieng/
in ihr für Jungferschaft die Mutterschaft anfieng.
Einst König David sah Urias Weib sich zwagen/
bald aus der Flut zurück' in ihn die Lüste schlagen.
Da Judith sich zur Lust dem Holofernes schmückt'/
hat Sie das Kriegeshaubt Assyrien entrückt.
Die Greisen hatten eins Susannam wahr genohmmen/
und sind durch sihen Beyd'umb Leib und Leben kommen.
Der Schiffe nie so viel an des Epirus Stein'
und Felsen/ durch den Sturm/ als hier gescheitert seyn;
mehr als in Scyllæ Teuff und in Malæa Schlunde
den unersätlichen/ gangen sind zu grunde.
Wer ist nun/ der den Bund/ den frewen Bund nicht rühmet/
den mit den Augen Job getroffen und benimt?
Wie hat/ô Augen! sich nur sicherer zu wissen
Democritus euch selbst dem eignen Sitz entrissen!
das edle Christenbild Lucia wohl auch thät'/
in dem die Augen sie beraubet ihrer stät';
ô Augen! harten Klipp: und Steinen wohl vergliechen/
dran so viel hohe Seeln zum Schiffbruch angestriechen!
wie übel richtet ihr dieß aus/ was euch gebühret/
die ihr zum bösen viel/ wie man oft sieht/ verführt!
ist denn mit dem bescheid' euch solches Haubt vertraut/
als das fürnehme Schloß/ auf dem ihr wache schauet?
daß ihr das Angesicht und Mund/ die würdig wärn
des Himmels/ solltet stracks zur Erd' herunter kehrn?
vielmehr hebt hoch empor/ und über alle Höhen
die Sinnen über Erd' und über alle Seën;

H v   hoch

Stellarumq; super, mundiq; volubilis orbes,
  Deniq; quicquid habet Lunaq; Solq; super
Illius ô oculi! spectacula pulcra theatri,
  Materies, vestris lusibus apta foret.
Putre sed æternis cœnum præponitis Astris,
  Omnis & in terras pronior ivit amor.
Quid faciam? abruptis oculi regnatis habenis,
  Jam frenum indociles imperiumq; pati.
Obde, Deus, piceas oculis erronibus umbras,
  Aut super injectâ lumina claude manu.

AUGUSTINUS.

In Solil. cap. 4.

Væ cæcis oculis qui te non vident, sol illuminans cœlum & terram! væ caligantibus oculis, qui te non videre possunt. Væ avertentibus oculis, ut non videant veritatem! Væ non avertentibus, ut videant veritatem!

6.

Fiat cor meum immaculatum in justificationibus tuis, ut non confundar! Psal. 118.

Si

hoch über alle Stern'und ihren Zirckel-strich/
ja über das was Sonn'und Mond hat über sich.
Des Himmels schöner Bau/ der würde seyn/ihr Augen
ein Zeug/der zubesehn euch besser würde taugen;
dem ewgen Himmel doch Ihr faulen Kot fürziehet/
und eure Lieb' ist nur im irdischen bemüht.
Was sol ich thun? Ihr seyd/ô Augen/schon entrissen
dem Zaum'/und wollt hinfort von keinem Herscher wissen.
ô Gott/den Aug zeuch der Nächte vorhang für/
leg oder selbst die Hand auf mein Gesichte mir!

AUGUSTINUS.

Wehe den blinden Augen/ die Dich nicht sehen/ du Sonne erleuchtend Himmel und Erden! Wehe den dunckeln Augen/ die Dich nicht können sehen! Wehe den abwendenden Augen/ daß sie die Wahrheit nicht sehen! Wehe den nicht abwendenden Augen/ daß sie die Eitelkeit sehen!

VI.

Laß mein Hertz unbefleckt seyn in deinen Rechten/ daß Ich nicht zu schanden werde. Psal. CXVIII.

H vj   Wenn

SI tibi me gratam facie fore, sponse, putarem.
  Nulla mihi prior hoc cura labore foret.
Primaq; de nitidis cautela coloribus esset,
  Altera, deformes ore fugare notas.
Nullaq; deficerent medicandis vultibus arma,
  Multa sed omnigenas pixis haberet aquas.
Mutaq; compositos celaret capsa colores,
  Quæq; novant vetulam picta venena cutem.
Lanaq; purpurei madefacta rubedine fuci,
  Cretaq; montanas vincere nata nives.
Et nitri rubra spuma & pingvia poppæana,
  Quæq; cutis maculas, Halcyonæa, necant.
Deniq; quicquid id est, quò tingitis ora, puellæ,
  Ah nimium formæ gens studiosa tuæ!
Tunc quoq; corrigerem speculo censore lituras,
  Ore nec in toto menda notanda foret.
Sique supercilii pilus unus abesset ab arcu,
  Unicus ecce pilus, vociferarer, abest.
Si color inficeret vitiatos decolor orbes,
  Luminibus color hic, vociferarer, obest.
Si nimis adductam convolveret area frontem,
  Quæ mihi ruga cutem, vociferarer, arat.
Nempe vel exiguo metuam te lædere nævo
  Ulla foret, formæ si tibi cura meæ.
Unaq; quæ tumidum faceret verrucula clivum,
  Hæc foret offensæ caussa putata tuæ.
Atq; ita de minimis audirer dicere mendis
  Displicet hæc sponso fortè litura meo.

          Nostro

Wünsche. Das Ander Buch. 125

Wenn dir/ô Bräutigam beliebte mein Gesicht/
ich wagt' an dieses schon all meiner mühe pflicht.
Ich wollte zuvoraus auf schöne Farben dencken/
und aller Heßligkeit mein Antlitz gantz verschrencken;
Ich ließ es nimmer nicht an keiner Schmünck' abgehn/
manch wässerlein würd' hier in büchs: und gläslein stehn;
viel farb' und gifftig ding soll' in den Schrancken liegen/
dadurch man klare haut für finstere kan kriegen.
Da netzt' ich Wull'in rot'/in Scharlacks farben ein;
da führt' ich Kreidenkließ der Schnee wigstiche am schein';
und roten Ritterschaum/und Schmer/und andre sachen/
damit die mackel man der Haut kan übermachen;
und endlich alles das/was/du Jungfrauen-schaar/
dich trefflich auszuzieren in Schönheit nimmest wahr;
alsdann durch Spiegels hülf' erforsch' ich alle Flecken
es müßte sich kein Maal mir übers Antlitz strecken;
und stünd' ein Härlein falsch an Augebrauen mir/
so schry ich/was ich könnt': ô das verstellt es hier;
sollt' auch ein Farb' unschein die Augen mir beladen
so schry ich/diese Farb' erregt den Augen schaden.
Wenn meine Stirne sich zu sehr in falten schickt'/
ach! schry ich/wer hat mir die so tief eingedrückt.
Ich förchtete/daß dich ein flecklein möcht' erzürnen/
dafern du hettest acht des schmuckes meiner Stirnen;
und wenn nur eine Wartz wo einen Hübel macht'/
ich gäb' ihr schuld/die würd' ich ziehen in verdacht;
zum kleinsten stecklein man mich würde hören sagen:
Du kanst nicht meinem Schatz' und Bräutigam behazen;

ja

Nostro igitur reliquus si quis decor abforet ori,
  Eximeret vitium factus ab arte decor.
Cæsariemq́; alto struerent tabulata capillo,
  Staret & in volucri plurima gemma comâ.
Aure duplex gemini pretium penderet Elenchi,
  Iret Erythræus colla per alta lapis.
Tumq́; ego sic faciem, rutilos ita compta capillos,
  Auderem ternas, vincere quarta, Deas.
Sed memini; neq́; te facies, neq́; forma lacessit,
  Spes capit hæc cœcos invidiosa procos;
Qui, quid ament, inter phaleras tot sæpè re-
  quirunt ;
    Quas ubi sustuleris, pars quota Virgo sui est?
Fallitur infido propè turba levissima, fuco;
  Præter & has phaleras, vix quod ametur, habent.
Æquabat niveos par Wilgefortis olores
  Nota nimis formæ nomine virgo suæ.
Fiat ut Androgynos setosis hispida malis;
  Barba, rogat, teneras vestiat hirta genas.
Lucia sydereis, ceu fax, lucebat ocellis
  Cunctorumq́; oculis, Lucia, sydus erat.
Ne malè luceret, mea lux, extingvere, dixit;
  Fodit & impactâ lumen utrumq́; manu.
Læserat egregio multos Euphemia vultu,
  Fecerat & roseis vulnera multa labris;
Ut fieret mutilo, fœdoq́; inamabilis ore
  Abscidit ense duas, bina labella, rosas.
Maxima de facie verus præconia rumor
  Deq́; tuis dederat Andragesina genis:

Non

Wünsche. Das Ander Buch. 127

ja wenn dem Haubt' alsdann noch was gebräch' alhier/
so solte dieß die Kunst ersetzen mit der Zier:
Da wollt' ich mir das Haar aufthürnen und aufkrausen/
sein Bogen sollt' in Perl: und Medeyen pausen;
Zwey grosser Perlen mir ich an beyd' Ohren hieng'/
ein rot Korallenband den weissen Hals umbfieng;
alsdann wenn sich mein Haubt so würd' im schmuck' außbrechen/
wollt' ich die Huldinnen mit liebligkeit weg stechen.
Doch denck' ich/daß dir nicht Gesicht und Zier gefällt/
so blinde Buler sonst in eitler Hoffnung helt;
die oft und vielmal nur der Schmuck zur Lieb' antreibet/
thu diesen weg/und sag was dann an Jungfern bleibet?
Ein leicht Gemütte meist untreuer Schmuck betreugt/
ohn welchem etwas kaum es sonst zur Liebe neigt.
Den Schwanen Wilgefort an zarter weisse gleichte/
ihr lob der Schönheit schon sehr weit und ferren reichte;
die wünschte/daß in Mann sich ihr gestalt verkehr'/
und an den Wangen wüchs' ein stachel-bart fürher.
Luciæ Augenglantz/gleich als ein' Himmels kertze
und flammendes Gestirn' iedwederm laucht' ins Hertze;
die sagt' ihr augen lescht/und scheint zum argen nicht/
und kratzte beyd' hierauf aus ihrem Angesicht'.
Ephemia Gesicht' und Lippen wie die Rosen/
die hatten manches Hertz erkaufft ihr liebzukosen/
damit ihr aber würd' unschönheit zugewandt/
schnid Sie die Lippen ab mit ihrer eignen Handt.
Der Ruff Andragesin, in Schönheit dich hoch priese/
und die an Wangen sich auch in der that erwiese/

die

Non poteras veram falsi convincere famam,
  Quod poteras, facta est per tua vota, brevis.
Sponse, peregrinae non carperis igne figurae
  Nec bene crispatae falleris arte comae.
Cor tibi labe carens, tibi cor sine crimine cordi est,
  Obstet & ut facies cor tibi, sponse, placet.
O utinam mihi cor nullis infame lituris
  Flagitii purum suspicione vacet!
Tum secura tui mihi mens gestiret amoris
  Nec mea dejiceret conscius ora pudor.

HUGO.

De S. Victore in atrha Animae.

O maculae foedae & turpes! quid tam diu haeretis? abite, discedite, & ne praesumite amplius oculos dilecti mei offendere.

7.

Veni dilecte mi; egrediamur in agrum commoremur in villis.   Cant. 7.

Jam

die Wahrheit konnest du nicht verkehrn in Lügenrande/
den Ruhm mit Wünschen du zu boden doch gerannt.

Dich keine frembde Zier / ô Bräutigam ent-
zündet   (bindet/
das Haar-auffrausen dich zur Liebe nicht der
ein Herz ohn Sünd' und fleck' in Liebe dich umb-
fasst/
an Herzen Du nur Lust/nicht an Gesichtern hast.
ô hett' ich solch ein Herz mit Sünden unbeflecket/
darinne kein verdacht der Laster auch nicht stecket/
alsdann würd' ich vergnügt in deiner Liebe stehn/
und würde keine Scham mein Antliz übergehn.

HUGO.

O ihr greuliche und schändtliche Flecken! Was
klebet ihr lange hier? Gehet weg und wei-
chet von hinnen / und vermesset Euch nicht
länger / die Augen meines Herren zube-
leidigen.

VII.

Kom mein Geliebter / laß uns aufs Feld
hinaus gehen/ und auf den Dörf-
fern herbergen.   Hohe Lied Salo-
mon.   VII.

J   Wir

JAm satis urbanas, mea lux, habitavimus
  ædes,
    Quin semel in virides exspatiamur agros!
Tuta quidem validi circumdant oppida muri,
    Portaq; ferratis non caret ulla seris.
Est tamen in patulis, quid nescio, tutiùs hortis,
    Quod nusquam in clausæ mœnibus urbis
    habes.
Magnificis turgent urbana palatia tectis,
    Multus & hîc celsâ cuspide surgit apex.
Nescio quid meliùs tamen illa mapalia spirent,
    Rustica quæ tenui stramine, canna tegit.
Quid dubitas, mea lux, quin, quàm procul urbibus agri
    Tam procul agrestûm, distet ab urbe quies?
Fabula cantatur vatum notissima lusu,
    Ad bene fallendas fabula ficta vias:
Et facit ad rerum modò quas tractavimus, usum,
    Si lubet auditu decipiemus iter.
Rusticus urbanum tecto mus paupere murem
    Fertur & appositis detinuisse cibis.
Musq; epulas muris ridens urbanus agrestis
    Hæc tua si mensa est, sat mihi ruris, ait.
Mox vice conversâ, mus rusticus ivit in urbem,
    Urbico in hospitium mure vocante suum.
Magnaq; cum tanto minor esset mensa paratu,
    Ut sonuêre fores mensa relicta fuit.
Et propè deprenso convivâ expalluit hospes,
    Turbatiq; suum vix reperêre cavum.

Rusti-

Wir haben gnug/ mein Schatz/ verweilet in der Stadt/
nun laß uns auch ins Dorff fortsetzen unsern Pfad!
In Städten wird ja zwar mehr Sicherheit genossen/
umb daß man ihre Thor' hält ordentlich geschlossen;
nicht weiß ich doch/ wie mir das offne Dorff beliebt/
weil kein geschloßne Stadt nicht hägt/ was jenes giebt.
Der Stadt Paläste seyn zwar kostbar ausgezieret/
mit Turn- und Spitzenwerck ansehnlich aufgeführet;
nichts weiß ich/ wie des Dorffs ich doch mehr werde froh/
da man die Hütten deckt mit Waasen/ Schilf und Stroh;
und zweifelst du mein Schatz? des Landmanns ruh und Frieden/
ist/ als die Stadt so weit vom Dorffe liegt/ geschieden.
Hievon der Dichter schaar ein Mährlein hat erdacht/
damit oft Reisevolck den Weg ihm kürzer macht/
das wird auf unsern Zweck nicht übel sich bequämen/
so fern dir mein erzehln beliebet zuvernehmen:
Einmal die Feldmaus hat zu Gast' auffs Dorff geführt
die Stadtmaus/ und so gut als sie vermocht/ tractirt;
Die aber jener Kost und schlechten Tisch verschmähet/
dem Dorff adé gesagt/ und sich zur Stadt gedrehet.
Drauf auch zur Stadtmaus gieng/ als ein gebäten Gast
die Feldmaus/ umb zusehn derselben Tafelpraßt;
Da konnt' ein Tisch zwar kaum der Speisen menge fassen/
doch auf ein thüre-knarrn mußt' alles seyn verlassen;
die Gästin kam in Noth/ darob der Gastwirth hoch
erschrack'/ jedennoch fand' iedwedes sein Schlipfloch.

Als

Rusticus ast animo sensim cum voce recepto,
  Corripuit celerem, Musculus urbe, fugam:
Et procul è clivis oculos ad mœnia torquens,
  Quàm meus his præstat mœnibus, inquit, ager!
Jam satis urbanas, mea lux, habitavimus,
  ædes,
  Urbe volant strepitus, rus colit alta quies!
Si memor es (subeat tibi pars lautissima vulgi,)
  Quisq; suburbanum rus propè civis habet?
Cumq; suam assiduè commendat quilibet urbem,
  Re tamen, ipsa magis rura, placere docent.
Quin quorum imperiis urbes arcesq; reguntur,
  Anxia securo pectora rure levant.
Et magis hîc puri libertas aurea cœli,
  Quàm laqueata, domi, marmore tecta placent.
Nec quæ centeno sinuat se porticus arcu,
  Lenit, ut ambiguos parvula villa, metus.
Jam satis urbanas, mea lux, habitavimus,
  ædes,
  Quin semel in villis degimus aut in agris?
Est mihi fontanis circumdata villula rivis,
  Villula, quâ nusquam cultior ulla viret;
Seu cœli ingenio, seu fertilis indole terræ,
  Aptaq; vicini commoditate loci.
Huc mea lux, paucis tantùm si veneris horis,
  Oblitus patriæ protinus urbis eris.
Tumq; ego, ceu tacitâ turtur meditatus in umbra,
  Libera colloquiis, Sponse, vacabo tuis,

Et

Als sich nun jen' erholt' und wieder zu sich kame/
Sie flüchtig ihren Weeg aus solcher Stadt heim nahme/
und rückwerts ab der Höh' also dieselbe' ansprach:
ô wie viel wöller ist mir in dem Dorffgemach'!

**Uns hat mein Schatz die Stadt/ auch lange gnug
beliebet /** (bet.

in Städten es Geräusch'/ im Dorff es ruhe gie-
Bedenck und stell dir nur die reichen Bürger vor/
kerweder fast besitzt ein Forwerck ausserm Thor'/
ob der und jener schon von Stadtlust viel kan sagen/
so wil ihm in der that das Dorff doch mehr behagen.
Ja die/ so Land und Städt' hier haben zu regirn/
ziehn selbst aufs Dorff hinaus die Sorgen zu quittirn/
Das Gold der freyen Lufft sich da viel reiner zeiget/
als wo zu Schleisse man die Marmorschnecken steiget;
kein Kunstgang/ ob er schon viel hundert Bogen hägt/
der Unlust nicht so wohl/ Uns/ als das Dorff entschlägt.

**Die Stadt hat lange gnug/ mein Schatz/ uns
wohnung geben/** (ben!

kom Liebstes/ laß uns auch einmal zu Dorffe le-
Ich hab'ein kleines Gutt das rund ein Bach umbrinnt/
dem am genüsse doch kein grosses abgewinnt;
es liegt ins Himels gunst/ hägt Lust und Frucht der Erden/
und was bequäm zuseyn darbey gewünscht mag werden.
Wenn wenig Stunden da du hettest zugebracht/
dein Heimat würd' alsbald dir kommen aus der acht.
Da will ich/ wie sich übt die Turteltaub' im grünen/
mit freundlichsten Gespräch' aufs schönste dich bedienen;

J iij   Von

Et procul à populis, procul urbibus atq; tumultu
    Optatâ toties, sola, quiete fruar.
Audiat hîc nullus quæ mutua verba loquemur,
    Nostraq; qui turbet otia nullus erit.
Quiq; notet nostros, nemo metuendus, amores,
    Tetricus hîc nullum jus sibi Censor habet.
Tunc mihi tu promes, secretis intima fibris
    Quæq; juvent animum verba cupita meum.
Tum ego sim quantâ dicam tibi saucia flammâ;
    Quæq; licet simules, dicta placere scio.
O semel optati micet hæc mihi sideris aura;
    Quàm fortunato lux erit illa die!

Jam satis urbanas, mea lux, habitavimus ædes,
    Nostra sit exiguo tempore, villa domus!

HIERONYMUS.

Epist. 1. ad Heliod.

Quid agis? quàm diu te tectorum umbræ premunt? quamdiu fumosarum urbium carcer includit? Crede mihi, nescio quid plus lucis aspicio; libet sarcinâ corporis abjectâ ad purum ætheris evolare fulgorem.

8. Tra-

Wünsche. Das Ander Buch.

von Leuthen ab und fern/ vom Stadtgetümmel weit/
sol unk' Ergetzung seyn in lieber ruhe-Zeit.
Kein Ohre wirdt/ was wir vertreulich reden/ hören/
und niemand/ niemand mag in unser Lust uns stören;
auf unser liebeln sol auch niemand geben acht/
kein Sittenmeister mehr kan ob uns haben macht:
da wirdt all' Heimligkeit aus deinem Hertzen wischen/
dem reden wird gewünscht Mir Sin und Muet erfrischen!
Dann werd' ich wie verwundt/ mein Hertze sey/ erzehlen
das wird behagen Dir/ ob du es woltest höln.
ô werde die zeit einmal nach Hertzenswunsch einbrechen
wie werden selben Tag Wir für glücksälig sprechen!
Wir haben lange gnug die Stadt bewohnt/ mein
Schatz/
Nun laß uns auch beziehn des Dorffes lieben
Platz!

HIERONYMUS.

Was machst du? wie lange drücken dich die
Schatten der Dächer? wie lange be-
schleust dich der Kercker der beräucherten
Städte? Glaube mir/ Ich ersehe/ weiß
nicht was mehr des Liechtes; Mir gelie-
bet die Bürde des Leibes wegzuwerffen/
und zu dem reinen Glantz des klaren Him-
mels auffzufliehen.

I iv   VIII. Zeuch

8.

Trahe me post te, curremus in odorem ungventorum tuorum. Cant. 1.

Aspicis ut jaceant strati sine viribus artus,
  Nec sim qualis eram, sola sed umbra mei?
Vix traho pertæsæ fastidia tetrica vitæ
  Ipsaq́; sunt oneri langvida membra sibi.
Lassa jacet capitis nimio sub pondere cervix,
  Sarcina suntq́; manus, sarcina suntq́; pedes.
Assidueq́; novam quærunt jactata quietem,
  Nec scio quo tandem fessa locare situ.
Surgere nunc meditor, nunc lassa recumbere strato;
  Nunc nixum cubito sustinuisse caput.
Nunc lubet inverso, nunc ore cubare supino,
  Nunc aliud lateri substituisse latus.
Cùmq́; tori cunctas peragravi langvida partes,
  Quilibet ex æquo displicet usq́; locus.
Heu! quid agam, gravis ipsa mihi, langvensq́; jacensq́;
  Teq́; volens cursu, non tamen apta sequi.
An fugis & mediis morientem deseris agris,
  Nec mora tanta datur dum comes ire queam?
Æger ita in Libycis à milite, miles arenis
  Deseritur, subitæ cum data signa fugæ.

VIII.

Zeuch Mich Dir nach / so lauffen Wir in dem Geruch deiner Salben. Hohe Lied Salom. I.

Du siehest mich gestreckt ohn alle Krafft alhier/
   Ich bins nicht mehr/ es ist der Schatten nur von
     Mir;
für lauter überdruß führ' ich gar kaum das Leben/
die krancken Glieder selbst mir nur zur Last ankleben/
die grosse Schwere mir das Haubt zur Erden beugt/
Last an den Händen sich/ Last sich an Füssen zeigt.
Ich werff' itzt hin/ itzt her die Glieder an der Erde/
weiß nicht/ wo letzlich ich sie noch hinlegen werde.
Bald steh ich etwas auff/ bald ich mich wieder streck
und unters Haubt die Hand zu stützen mich erleck';
itzt lieg' ich auf dem Maul'/ itzt lieg' ich auff dem Rücken/
itzt muß ich diese Seit'/ und bald die andre drücken;
wenn ich mich gnug gewaltzt auf meinen Bettepfühl/
er find' ich keinen ort dennoch der mir gefiel.
Ich bin mir selber schwer/ wz thut man mit mir schwachen/
ich lieg' und wolte ja mit dir mich gern aufmachen;
ach lässe du mich halb todt/ und fleuchst also für Mir/
verwartest nicht/ daß ich mich wachet auf mit dir?
so pfleget im wüsten Land' ein Kriegsmann zuverlassen
den Krancken/ weñ man sich zur schnellen flucht muß fassen;

J v   also

In triviis genitrix ita projicit impia natum,
  Quem lactare pudor, pauperiesve vetat.
Tende manum, nostriq; pius miserere doloris;
  Tende manum refugo vel pede siste gradum.
Troica Dardanius cum Pergama cingeret ignis,
  Quisque senem rapuit filius igne patrem.
Trans mare defessam fert nata ciconia matrem,
  Sustinet hinnulei cerva natantis onus.
Tu solam ignotis fugitive relinquis in arvis,
  Nec sinis hoc humeris ponderis esse tuis.
Quamquam ego vel fieri tibi sarcina tanta recusem,
  Si modò vel leviter traxeris, ipsa sequar.
Et sequar, & curram, rapiarq; simillima vento,
  Langvida funesto quæ modò strata solo.
Nec quibus invitam cogas, opus ense, vel armis,
  Sponte nec injecto, libera fune sequar.
Traxit ad impulsæ querulos testudinis ictus
  Cum sylvis Geticas Thrax Cytharista feras:
Traxit & attonitæ sylvæq; feræq; stupebant;
  Sic fide, sic filo, se potuisse trahi.
Non ego Bistonii movear testudine Vatis,
  Nec trahar Aoniæ voce sonante lyræ,
Quemq; sui rapiunt sensus, sua quemq; voluptas,
  Se sinit hic oculis, auribus ille capi.
Non ego luminibus, non auribus otia venor;
  Noster Achæmenii langvor odoris eget.
Lux mea, rorilegis halat tibi spica capillis,
  Manat odoratæ Palladis imbre caput.

Uda

also ein lose Weib hinweg ihr Kindlein schmeißt/
wenn Armut oder Scham zu nähren es verdreust.
ô meiner Schmerzen dich erbarm / und nach mir reiche/
ach reich/ und was zu rück'in deinen Triten weiche.
Da Troja rund umher gestecket stund'in Brand/
da trug den Vater fort des treuen Sohnes Hand.
Der Storch trägt übers Meer die Sie/so schwach zu fliegt:
die Hindin lässt ihr Kalb im schwimmen auf ihr liegen.
Du lauffst/ und lässest schon mich in der Frembd'allein/
ich sol nicht eine Bürd'auf deinen Schultern seyn;
wiewohl ich wollte nicht dich mit der Last bemühen/
ich folgte/ wenn du mich nur etwas wolltest ziehen.
Ich folgt'/ und lieff'also samb triebe mich der Wind/
ob an der Erden schon mein Leib sich kranck befindt/
zu treiben dörffest du kein Waffen/ keinen Degen/
ich folgte dir frey nach auch ohne Seil-anlegen.
Der Orpheus, wenn er nur ein lieblich Lied aufschlug/
hat Thier'und Wald gebracht mit seiner Harff'in Zug/
daß Thier'und Wälder selbst erstaunen drob ankame/
wie solcher Selten-ton sie zog und für sich nahme.
Mich darf nicht nach sich ziehn des Orpheus Harffenkläg/
noch auch der Musen lied und lieblicher Gesang.
Jedweden führt sein Sinn und seiner Lust verlangen/
der lässt an Augen sich/ und der an Ohren fangen.
Mein Ohr und Auge strebt nicht nach der Lust so scharff/
mein Kranck-seyn nur Geruch des Panterthiers bedarff;
nach lauter Spicken-tau/ mein Schatz/ dein'Haare
riechen/
ab deinem Haubt'ein fluß von Oele kommt gestrichen.

Engad:

Uda Palestino fragrant tibi tempora nardo.
  Myrrhaq́; de madidis stillat odora labris.
Efflat Orontæi tibi graminis halitus auras,
  Verbaq́; quod loqueris tot iacis ore rosas.
Albaq́; Panchæo cervix tibi sudat olivo,
  Assyrioq́; humeros rore perungit onix.
Et manus Ambrosiis pluit utraq; roscida guttis,
  Et digiti Libycæ germina messis olent.
Deniq; quicquid olent conchis ungventa Sabæis,
  Balsama quicquid olent, hoc meus halat
  Amor.
Nec solum Assyriis quæ sudant balsama ramis,
  Nataq́; odorifero thura Sabæa solo.
Fragrat Orontæis hic spica suavior herbis,
  Guttaq́; Panchæis nobilior lacrymis.
Nempe tuo qualis Basilissa pudica, cubili
  Qualis odor thalamo, Cæcili casta, tuo;
Aut qualis, cum Dorotheæ pennatus Ephebus
  Attulit hybernas germina verna rosas:
Aut Nasarenigenæ qualis cum Virginis ædem
  Sparsit Jessæi floris anhelus odor;
Deniq; Divorum qualis cum gemmea stillant
  Indigetum liquidis amphitheatra crocis.
O semel has liceat mihi ducere naribus auras!
  Quæ modò langvebam, sana repentè se-
  quar.
Multaq́; currentem sociarum turba subibit,
  Ut glomeret socios vecta columba
  greges.

GIL-

Engaddi Balſam ſich aus deinen Schläfen reiſſt/
und edler Myrrhenſafft von deinen Lippen fleuſſt.
Dein Athem/wie das Kraut am Berg'Orontes/ſchmecket/
in iedem Wort' aus dir ein' edle Roſe ſtecket.
Panchæiſch Myrrhenſchweiß dein weiſſer Nacken ſetzt/
mit Salb' aus Bagadét dein' Achſeln ſind genetzt.
Der Himmelbalſam treufft von deinen beyden händen/
der Finger riechen giebt Gewürtz aus Hedens enden;
und alles was ie wohl und recht nach Saba ſchmeckt/
dergleichen ſchmack ſich auch in meinem Lieb' erweckt;
und nicht nur Balſamſchweiß der Babels Baum durch-
dringet/
noch Weyrach-hartz/das man aus Perſien herbringet.
Hier reucht die Spicke baas als des Orontis Kraut/
der Myrrhen lieblicher als den Panchæa baut.
So nehmlich/ wie dein Bett'/ ô Baſiliſſa/ ſchmeckte;
wie deines Cæcili, da Keuſchheit innen ſteckte;
wie Roſen derer Ruch zu keiner Zeit entfällt/
und Dorothea ſchickt' aus jener Frülings-Welt.
Ja wie zu Nazareth Marien Hauß gerochen/
als ihr den Himmelsgruß der Engel zugeſprochen;
und wie der Heilgen Sarg in edler Steine Zier/
ein Ruchannehmlich Oel in Tropfen ſchwitzt herfür.
Ach daß ein ſolch Geruch einmal mich treffen
ſollte/ (te;
alsbald ich/gleich geſund/dir willig folgen woll-
Viel würdē ſich mit mir in dieſen Lauff einſtelln/
wie einer Tauben ſich viel Tauben zugeſelln.

GJL.

GILBERTUS.

In cant. hom. 9.

Tenax est funiculus amor; amor affectuosè trahit, cui est idipsum alloqui, quod est allicere: nihil amoris tenacius vinculo, nihil trahentius.

9.

Quis mihi det te fratrem meum, sugentem ubera matris meæ, ut inveniam te foris, & deosculer te, & jam nemo me despiciat. Cant. 8.

Quis cumulet patrias tanto mihi stemmate
  ceras,
Frater ut ad fratres annumerêre meos!
Non tamen hoc facio pro stirpis imagine votum:
  Nulla mihi augendi sangvinis ambitio est!
Stirpe licet nostrâ sangvis tibi vilior esset,
  Optarem fratrem te tamen esse meum.
Non pubente quidem vernantem flore juventæ,
  Prima cui roseas vestiat umbra genas.

         Sed

GJLBERTUS.

Die Liebe ist ein festhaltendes Seil/ die Liebe zeucht anmuttig/ deren das Anreden eben das ist/ was das Locken.   Nichts helt fester/ als das Band der Liebe/ nichtes zeucht mehr.

IX.

O wer gibt Dich mir/ mein Bruder/ der du meiner Mutter Brust saugest/ daß Ich Dich allein draussen fünde/ und dich küsse/ daß mich niemand verachte.   Hohe Lied Salom. VIII.

Wer kan mir mein Geschlecht so weit zu rücke zehlen
daß er dich/ Bruder/ mir zum Bruder möcht erwehlen?
iedoch ich nicht den Wunsch der Wapen halber thu/
in dem für Ehrsucht ich wohl habe fried und ruh;
ob du schon gringer wärst von Stand' als ich geboren/
so hette doch mein Wunsch zum Bruder dich erkoren;
nicht einen Jüngling zwar/ der an den Wangen blühet/
an dem man zarte Wull' am Kinn' auftreuseln sieht/
nein/

Sed puerum, toto qui nondum vixerit anno,
  Lactis adhuc mater quem mea pascat ope.
Quiq; ego quas suxi, parvo trahat ore papillas,
  Insideatq; illos, quos ego sæpè sinus.
Hoc ego vel simili cupiam te corpore fratrem,
  Si fueris major, non ego te cupiam.
Quin igitur nostris, mea vita, renascere
  sæclis,
  Ut videam cunas, pusio parve, tuas!
Et nisi fallor, habent pueri quid amabile mores,
  Quoq; carent juvenes, virq; senexq; carent.
Utq; suam quævis laudem sibi vindicet ætas,
  Ille tamen pueros scilicet ornat amor.
An dubitas, aliàs puerili pusio vultu,
  Ipse Deûm domitor, parvulus esset, Amor?
Non nisi quod reliquis, magis hæc sit amabilis ætas,
  Nullaq; sit tantum quæ, quod ametur, habet.
Hæc quoq; cur voveam puerum Te caussa coëgit,
  Crediderim puero quod mage posse frui.
Quin igitur nostris, mea vita, renascere
  sæclis,
  Ut videam cunas parve puellæ tuas!
Tum mea, ceu nato, quoties daret ubera Mater
  Parve, tui toties copia promta foret.
Prompta foret noctuq; diuq;, domiq; forisq;,
  Et sine sollicito copia multa metu.
Quin igitur nostris, mea vita, renascere sæclis,
  Osculer ut cunas parve puellæ tuas!

                                        Casta

nein/ sondern nur ein Kind/ ein Knäblein vieler Wochen/
dem noch die Mutter muß die Kost in Brüsten kochen;
das auch die Brüste säuge/ die weiland ich genaaß/
und sitzet auf der Schooß wo weiland ich auch saaß.
So groß wollst du Dich nur zum Bruder Mir gewähren/
dafern du grösser wärst/ wollt' ich dich nicht begehren.
ô möchte dein Geburt aufs neue doch geschehn/
daß deine Wieg'/ auch würd' ô Kind/ von mir
gesehn!
Und/ irr' ich nicht/ so ist viel liebliches in den Knaben/
das weder Mann noch Greiß/ noch Jüngling an sich habe;
ob etwan sonst sein Lob iedwedes Alter führt/
doch solche Knäblein nur voraus die Liebe ziert.
Warumb hett' Amor selbst/ der Götter konnte zwingen/
in eines Knäbleins art sich wollen lassen bringen?
Die Ursach ist/ das man diß alter höher liebt/
weil keines so viel fug/ als dieß/ zu lieben giebt.
Die zwingt mich/ daß ich dich ein Kind wil lieber wissen/
und glaub'/ ich könn' auch dein am besten so geniessen.
ô möchte dein Geburt aufs neue doch geschehn/
daß deine Wieg'/ auch würd' ô Kind/ von mir
gesehn!
So oft die Mutter dich würd' als ihr Söhnlein träncken/
so würd' ich mich mit dir zu fassen schon gedencken;
und hertzlich gern herumb dich tragen Tag und Nachte
im Hauß' und auserhalb nicht ohne sorgen-wachte.
ô möcht' ich dich mein Schatz itzt neugeborē wissē/
auf daß ich deine Wieg'/ ô kleiner/ könnte küsse!

K   kein

Casta soror parvo quæ porrigit oscula fratri,
    Oscula derisor carpere nemo potest.
Et licet illa frequens spectaverit oscula testis,
    Illa tamen testis carpere nemo potest.
Et licet inceptas stiterint hæc oscula voces,
    Semper habent justas oscula casta moras.
O bona, quæ nostris faveant ita Numina votis,
    Teq; velint fratrem sic semel esse meum!
Nascere parve puer, fraterq; admitte vocari;
    Omnia te mundi vota, precesq; petunt.
Quid præ lætitiâ, facerem tibi, parvule frater?
    Ah præ lætitiâ, quid tibi non facerem?
O quoties vetitis furtim deprenderer horis,
    Pervigil ad cunas, nocte stetisse tuas!
Quot tibi servitiis soror obsequiosa studerem,
    Forte vel officiis facta molesta meis.
Nempe dato quoties depelleret ubere mater
    Depulsum geminis exciperem manibus;
Aut quoties tepidâ gestare juberet in umbrâ
    Gestarêre ulnis sarcina grata meis.
Aut quoties blando dare langvida lumina somno,
    Somniferis caneret vox tibi nostra modis.
Ipsaq; cum digitos cunis adhiberet agendis,
    Ilicet hoc à me præriperetur opus.
Mox ubi te nostræ concrederet anxia curæ,
    Discedensq; mihi diceret; esto vigil:
Excubiis, soli propè Te mihi, parve relictis,
    Quàm facerem votis libera frena meis!

Conti-

Kein Spötter solchen Kuß kan ziehen in Verdacht
der von der Schwester wirdt beym Bruder angebracht/
und würd' ihr küssen gleich erblickt von vielen Leuthen/
so kan es niemand doch für bös' und übel deuten;
ob auch solch küssen gleich Sie säumet in der Spraach'/
in keuschen küssen giebt die Rede billich nach.
ô wie wohl thäte mir mein lieber GOtt auff Erden/
wenn Er dich ließ einmal auch meinen Bruder werden!
ô Knäblein werd geborn/ gib dich zum Bruder mir/
dieß Wünschen/ dieß Gebät thut alle Welt zu dir.
Was würd'/ ô Bruder/ ich dir thun für lauter Freuden?
was würd' ich ach! für freud' auch dir zu thun nicht
meiden?
wie würd' ich manche Stund' umb dich verstohlen gehn/
und manche schöne Nacht bey deiner Wiegen stehn!
mit Diensten gieng ich dir recht schwesterlich entgegen/
so daß es auch verdruß dir endtlich möcht' erregen.
Wenn dich die Mutter denn hingebe von der Brust/
so sollten meine Händ' ergreiffen dich mit lust.
So oft Sie es mit dir ins warm' hinaus hies-wagen/
wollt' ich dich/ liebste Last/ von Herzen gerne tragen.
So oft dein' Aeuglein auch der Schlaaf beschliessen sollt'/
alsbald mit singen ich dich gern einwiegen wollt'/
und wenn die Mutter selbst dein Wieglein wolte regen/
so käm' ich ihr zuvor mit meinem Hand-anlegen.
Bald wenn Sie dich mir traut'/ als die was anders macht'
und spräch'/ eh als Sie gieng': hab wohl des Kindes acht/
und auf der Wacht ich itzt mich sollt' alleine wissen/
da wollt' ich erst den Zaum den Wünschen lassen schiessen!

K ij   bald

Continuò tacitè, velo de fronte reducto,
　Explerem aspectu lumina nostra tuo.
Inque tuo, fixis hærens obtutibus, ore
　Uterer oblati commoditate loci.
Et citò subjicerem capiti, colloq; sinistram,
　Apprimeretq; meo Te mea dextra sinu.
Et tibi, vix tactis furarer basia labris,
　Basia sic somno non nocitura tuo.
Quin igitur nostris, mea vita, renascere sæclis,
　Ut semel optatus suavier ore genas?
Mox ubi lactanti sensim tibi cresceret ætas,
　Primaq; discenti verba docenda forent;
Discenti cuperem fieri tibi, parve, Magistra,
　Blæsaq; truncatis verba præire sonis:
Cumq; geri alterius nolles modò grandior, ulnis
　Ausus arundineo currere solus equo.
Instruerem stabili vestigia figere gressu,
　Membraq; constanti firma locare pede.
Tumq; molesto aliquod si offenderet obice Saxum,
　Tutus in extensas exciperêre manus.
Quin tua sæpè velim falli vestigia lapsu,
　Lapsus ut amplexu sustineare meo.
Nec tanti pretium peterem mihi grande laboris,
　Suaviolo pretium solveris omne tuo.

BONAVENTURA.

Soliloq. cap. 1.

Ignoravi quod tam suavis, ô bone Jesu, esset tuus
ample-

bald würde seyn hinweg dein Stirngewand gerückt/
damit mich ja genug dein Angesichte erquickt;
Ich wollt' ohn unterlaß an dir mich nur beschauen/
nach dem dich Zeit und Ort mir also würden trauen.
Ich legte dir die linck' an Hals/ und unters Haubt/
zu drücken Herz an Herz der Rechten wär' erlaubt.
Ich küssete dich so sanft/ daß ich dich kaum berührte/
auf daß dich solcher Kuß dem Schlaafe nicht entführte.
Nun werde neu geborn du meines Lebens Liche/
umb dir einmal gewünschte zu küssen dein Gesiche!
Wenn aber dich die Milch würd' in der größ' erstärcken/
und soltest förder hin zu reden nach auf wercken/
so wollt' als Meisterin ich mich ernennen dir/
ich spräche dir die Wort' halb und gebrochen für;
und würdest älter denn du dich nicht tragen lassen/
ja lieber reiten wolln den Stecken auf der Gassen/
da wollt' ich emsig dich mit gängeln lehren gehn/
zu weisen deinen fuß standhaft und steiff zustehn.
Und stössest du dich denn an rauh: und harten enden/
so fieng ich dich bald auf mit ausgestreckten händen.
Solch straucheln ich dir oft im herzen gerne gönnt/
auf daß ich dich umbfahn mit meinen armen könnt;
umb solche mühe würd' ich schlechten lohn begehren/
ein Küßchen würde mir denselben abgewehren.

BONAVENTURA.

Ich habe nicht gewust/ daß so süsse sey/ ô güttiger JEsu/ dein umbfahen/ so ehrbar dein

amplexus, tam honestus attactus tuus, tam deliciosus convictus tuus. Cùm enim te amavero, munda sum; cum accepero, virgo sum.

10.

In lectulo meo per noctes quæsivi quem diligit anima mea; quæsivi illum & non inveni. Cant. 3.

Casta canunt nostræ suspiria votaq́; Musæ.
  Nullaq́; de thalamis vox Hymænee, tuis.
Ut sua corporibus, sic mentibus est quoq́; flamma.
  Et propè deterior corpora flamma coquit.
Intus in accensis qui mentibus æstuat ignis,
  Delicias liquidi solus amoris habet.
O quanto his, Animæ, facibus melioribus ardent!
  Oscula quàm certâ dantq́; feruntq́; fide!
Quàm placidis castas complexibus itur in ulnas
  Quàm sanctæ sociant mutua vincla manus!
Et suus hîc etiam torus est genialis amori,
  Quæq́; maritali fœdera nexa face;
Casta cupidineæ sed fœdera nescia tedæ,
  Nec, nisi quem cupiat Vesta subire torum.

            Sed

anrühren/ so voller zarten Wollust deine
Beywohnung. Denn so Ich Dich werde
lieben/ so bin ich rein; so Ich Dich werde
nehmen/ so bin Ich eine Jungfrau.

X.

Ich suchte des Nachts in meinem Bette/
den meine Seele liebet; Ich suchte
Ihn/ aber Ich fand Ihn nicht. Hohe
Lied Salom. III.

Von keuscher Liebs-begier und seufzen ist mein singen/
 hier ists nichts Weltliches von Heyraht vorzubringẽ:
Gleich wie der Leib/ so hat auch das Gemütte/ Glut/
und die fast jenem mehr als diesem Pein anthut.
Das Feuer im Gemütt inwendig angezündet/
nur etwa Liebes-lust/ die bald verschwindet/ empfindet.
ô wie viel besser Brunst der Seelen bulschaft hägt/
da man viel treue Küß empfängt und auch ableget
wie keusch und sanfte fasst einander man in Armen/
wie heilig lässt man Hand in lieber Hand erwarmen:
Denn dieses Lieben auch sein Ehebette führe
und fest-verknüpften Bund/ als man in Ehen spür:
gar einen heilgen Bund/ den nicht bricht geiles lieben/
in dem Jungfrauen sich in reiner Keuschheit üben.

K iv   Von

Sed neq; cycnæis hîc turget culcita plumis,
    Fartaq; Amyclæo vellere fulcra tument.
Quo duo tam casti thalamo socianturamantes
    Lectus olorinas non habet ille nives.
Lectulus auspiciis tantorum stratus amorum
    Mens est lætitiæ pace quieta suæ.
Lectule, pax animæ; cœlestis lectule tedæ;
    Pronube sidereis lectule caste toris!
Tu Sponsi atq; animæ thalamus, secretus amantum,
    Solus es ô tantas dignus habere faces!
Hoc ego consuevi, meditans traducere noctes;
    Cum requiem pulso cura sopore negat.
Hoc meus ille; meos rapuit qui primus amores,
    Est solitus vigili secubuisse toro.
Et mihi tunc imas urit fax Dia medullas,
    Inq; vicem flammis uritur ille meis.
Tunc desideriis querimur sine voce loquentes,
    Mutaq; plus verbis lacryma vocis habet.
At nova quæ subiti sit, nescio, caussa recessus;
    Subvereor, vitio sit data caussa meo.
Nam mihi jam spacio plus visus abesse diurno,
    Et secus atq; solet nocte fuisse foris.
Hæccine signa forent mutati forsan amoris?
    Aut illum melior lectulus alter habet?
Hei mihi quàm miseris ea nox fuit acta querelis;
    Quæ sine te, viduâ nox fuit acta domo!
Iam propè constiterat medio vaga Cynthia cœlo,
    Altaq; sopierat lumina lassa quies;
Cum mihi visa tori pulsâ vox dicere spondâ;
    Surge, parat thalamo sponsus abire tuus.

                                                Susci-

Von Schwanefedern man doch hier kein Kussen hat/
mit Baumwoll weich ist nicht belegt die Bettestat;
Das Bett'/ in welchem zwey keuschliebende sich trauen
ist nicht so weiß und blanck/ wie Schwanen anzuschauen.
Das Bette/ welches hier der Liebe wirdt erkiest/
ein frölliches Gemütt'/ und das voll Friedes/ ist.
ô Bett'/ ô Seelenfried'! ô Himlisch Hochzeit-lebene
ô Bett'/ in dem uns wirdt der Himmel eingegeben!
Du heimlich Bräutgams Bett' und einer lieben Seelen/
du bist allein erwehlt solch lieben zu verhöln!
Mit solchem dencken ich gar manche Nacht zubringe/
mit solchen sorgen ich bey meinem wachen ringe.
In solchem Bette wacht und schläft mein Lieber Mann/
der mich zum ersten hier von Hertzen lieb gewann.
Es hat die heilge Glut mein tieffstes Marck durchrennet
und ihm sein treues Hertz hinwieder auch erbrennet;
Da klagen seufzend Wir/ und reden doch kein Wort/
die Thränen gelten mehr als Reden an dem Ort.
Jedoch ist mir nicht kund die ursach des Abscheides/
ob ihm mein Ungeberd' erregt hat etwan leides:
Denn länger ich ihn schon vermiß' als einen Tag/
und mehr als eine Nacht/ das Er zu thun nicht pflag.
Ist dieß vielleichte schon der Lieb' ein Endrungs Zeichen
und daß ein besser Bett' ihm iemand wollen reichen?
Ach wie hab' ich die Nacht mit klagen durchgeführt
im Hause/ das ohn Ihn gantz öde ward gespürt!
Der Monden hatte fast den Himmel halb durchfahren/
die müden Augen wir fest eingeschlummert waren;
da dauchte mich/ es klopft' ans Bett'/ und ruffte Mir:
auf auf/ dein Bräutigam will wandern weg von dir.

K v

Suscitor, & piceos oculis detergeo somnos,
　　Impositum cubito sustineoq; caput:
Et desolatas implens ululatibus ædes
　　Sollicitâ, dormis lux mea? voce rogo.
Heu mihi! responsum nullum dedit ille roganti,
　　Fugerat è thalamis transfuga nempe meis.
Protinus accenso reperi vestigia lychno
　　Quæ cuperem numquam visa fuisse mihi.
Dic meus, exclamo, quo fugit, lectule, sponsus?
　　Perfide, dic meus heu! lectule, sponsus ubi
　　　　est?
Et vagor, & toto velut amens erro cubili,
　　Ut tua te viduâ luxit Alexi, domo.
Quos ego tunc animo sensi effervere tumultus;
　　Cygnæus fuerat Pax cui fida torus!
Quæ mentem subitò insanæ vertêre procellæ,
　　Insolitam dubiis pandere lina Notis!
Quàm sterili jacuit damnatum pectus arenâ
　　Dia cui æthereis vena scatebat aquis!
Jam gravidos labor est oculos attollere cœlo,
　　Oraq; divinâ solvere laude, labor.
Jam neq; sacra valent priscæ in certamina vires,
　　Quæ modò lusus erant prælia, facta
　　　　dolor.
Scilicet optatâ dum felix uterer aurâ,
　　Aurea molliculus Pax mihi lectus erat.
Tunc, ut inexpertis Tiro temerarius armis,
　　(Omnia qui lingvâ prælia victor agit.)
Optabam rabidis caput objectare Tyrannis,
　　Aut animam pulcrâ fundere posse nece.

　　　　　　　　　　　　　　　Tunc

Ich wach' und mir den Schlaaf aus beyden Augen
    streiche/
und meinem Haubte drauß der Armen haltung reiche;
mit heulen ich im Hauß erfüll' iedweden Platz/
und ruffe voller Angst: ach schläfst Du wo/ mein Schatz?
ô weh/ ich konnte doch kein' Antwort drauf erlangen/
Er war hinweg/ und Mir als flüchtig nur entgangen/
mit Lichtern ich hierauf den Pfad der Füsse fand/
und wünschte/ daß ich sie nur hette nie erkannt.
Ich schry/ ô Bette sag/ wo ist mein Schatz hinkommen?
sag/ wo mein Bräutigam den Lauff hat hingenohmen?
Ich sucht' unsinnig durch der Kammer weit' und breit/
als wie die Liebste thät' umb den Alexi leid.
Welch Hochmuth hatt' in mir sich damals dörfen rügen/
als ich im Friedens-Bett' auf Schwanen konnte liegen!
Welch harter Sturm hat plotz mein Hertzenschiff
    gewand/
weil auf das Segel-stelln ich mich nicht wohl verstand/
an welchen dürren Holm mußt' es verschlagen liegen/
dem reichlich Himmelsflut vor diesem zugestigen;
itz Himmelauf zu sehn wil höchstbeschwerlich falln/
ja schwer ein Lobe-lied dem HErren zuerschalln.
Mein' alte Kämpfenskraft ist gantz und gar verschwunden/
stat kämpfenslust hat sich nur schmertz und pein gefunden;
ja da ich gutten Wind in meinen Segeln hett'/
ô da war Friede mir ein sanftes weiches Bett';
ich thäte/ wie gemein ein junger Kriegsmann pfleget/
(der alle Feinde todt mit seiner Zungen schläget/)
ich wünschete zu seyn in viel Tyrannscher Noth
zu blasen aus die Seel' in einen blutgen todt.

Der

Tunc & Appolloniæ mihi credita flamma, ro-
   setum,
 Tunc rota Costiadæ Virginis, esse trochus.
Visáq; sunt Agathæ gemini, duo vulnera, torques,
   Blandáq; Blandinæ, Taure, putatus ovis.
Deniq; barbarici laniena infanda macelli,
   Totáq; carnificum visa theatra, jocus.
Nempe erat in calidis tam fervida flamma medullis,
   Aurea cùm placidus Pax mihi lectus erat.
At simul ac Sponso calor hic abeunte recessit;
   Frigidior Scythico mens mihi facta gelu est.
Sic nova, quas Zephyris spirantibus educat æstas,
   Decoquis immeritas una pruina rosas.
Lampada sic tenui Pallas quam nutrit olivo,
   Extingvit tremuli bucca soluta Noti.
Ah malè te placido quæsivi sponse cubili;
   Qui crucis in thalamo repperiendus eras.
Pax mihi lectus erat, Tibi crux erat aspera lectus,
   Hoc te debueram quærere, sponse, toro.
Lux mea, jam quota Te quærendo perdita nox est:
   Sed quæsivi, ubi non inveniendus eras.

GREGORIUS.

hom. 19. in Ezechiel.

*Dilectum in lectulo quærimus, quando in præsen-
   tis vitæ aliquantula requie redemptoris no-
   stri desiderio suspiramus. Per noctem quæ-
      rimus;*

Der Apollonen Glut wolt' ich/ wie Rosen lieben/
und Catharinen Rad/ wie dieß/ was Knaben trieben.
Die Wunden Agathæ Halsspangen waren mir/
und der Blandinen Ochs' als ein bewultes Thier:
und aller Wütterich' erschrecklich grausam schlachten
und Henckerwerckstadt/ konnt' ich nur für scherzen achten;
so trefflich war in mir das innre Marck entbrande/
da sanften Frieden ich in meinem Bette fand';
als aber nun von Mir der Bräutigam geschieden/
hat grösern frost mein Hertz/ als Scythien gelieden.
Wie wenn ein ertzler Reiff die Rosenbluhw' aufreibt/
die Zephyrus heraus mit warmem hauchen treibt.
Wie wenn der Lampen flamm' ein wenig Oele nähret/
die/ wenn der Wind drein bläst/ auslischet und zersehret.
Wie übel sucht' ich dich/ ô Bräutigam/ im Bett/
aus Kreutzes Stamm' ich dich viel eher fundē hett';
Ich Friede/ du das Kreutz/ zum Bett' hast haben
wollen/
ô Bräutigam/ da ds/ hett' ich dich suchen sollen.
Ach Schatz/ wie manche Nacht such' ich verge-
bens dich/
wiewohl wo du nicht warst zu finden/ suchet' Ich.

GREGORJUS.

Den Geliebten suchen Wir im Bette wenn
Wir in einer dieses gegenwertigen Le-
bens/ etlicher maassen Ruhe mit verlan-
gen

rimus; quia etsi jam in illa mens vigilat, tamen adhuc oculus caligat.

II.

Surgam & circumibo civitatem; per vicos & plateas quæram quem diligit anima mea; quæsivi illum & non inveni. Cant. 3.

Tandem serò licet, meus est mihi cognitus error,
 Si benè quæsissem, sponse, repertus eras.
Credideram placido somnos te carpere lecto,
 Commodus, at video, non fuit ille torus.
Quid faciam? cœptæ pergam dare membra quieti?
 Et sine te somnus lumina nostra teget?
Ah, sine te, nequeam solito dare membra sopori,
 Aut illâ, sine te, sponse, quiete frui!
Non si somniferis invitet lympha susurris,
 Lympha cavernoso præcipitata jugo;
Aut nemorum blandis agitata cacumina ventis,
 Multaq;, quæ sylvis garrula cantat avis.
Aut Heliconiadum, Parnassia turba, Dearum,
 Aut pater auratæ Delius ipse lyræ.

Nec

gen erseuftzen nach unserm Erlöser.
Durch die Nacht suchen Wir: weil das
Auge/ ob zwar das Gemütte in mir
wachet/ noch dunckel ist.

XI.

Ich wil auffstehen und in der Stadt umb-
gehen auf den Gassen uñ Straassen/
und suchen Den meine Seele liebet:
Ich suchet/ aber Ich fand Ihn nicht.
Hohe Lied Salom. III.

So hab ich nun erkannt/ mein irren aber spat/
   und hett' ich recht gesucht/ dich funden auf der stat.
Ich meinte/ daß du dich der Betteruh ergeben/
so seh' ich doch/ es ist wem Bette dir nicht eben.
Was mach' ich nun! sol ich vollführen meine Ruh/
und sol ohn dich der Schlaaf mein' Augen drücken zu?
Ach der gewohnte Schlaaf kan mich ohn dich nicht laben/
ich kan ohn dich/ nicht ruh ô liebster Bräutgam/ haben:
ob mich ins schlaafen schon das Flutgeräusche bringt/
wenn sie mit gähem fall' in hole Felsen springt.
Ob mir der Sud erregt ein Lieblich Wälderbrausen/
der Vögel Stimmlein auch anmuttig mich ansausen;
ob aus dem Helicon der Schwestern edles Chor/
und Phœbus brächte selbst die Gülden' Harff' hervor.

ô Schlaaf/

Nec tua discutiant mihi, Somne, papavera curas,
   Humida nec virgâ tempora tacta tuâ.
Noxia nec vigilem quæ sopiit herba Draconem,
   Fistula quæq; oculos condidit, Arge, tuas.
Vix ubi composui luctantia lumina somno,
   Rumpitur indomito cœpta dolore quies.
Et nullam accipiunt oculiq; aut pectora noctem,
   Quin mihi, nox etiam creditur una, decem.
Fingit & assiduè de te mihi somnia Morpheus,
   Nec fugis ex oculis flebilis umbra meis.
Cur toties igitur somni mihi nocte petuntur;
   Si mihi nulla venit, nocte petita quies?
Eripiar stratis, mediamq; vagata per urbem,
   Quo sors aut ratio me volet ire, ferar.
Et circumspiciens, num fortè quis angulus abdat,
   Quæram quem propriâ diligo plus animâ.
Quæram porticibus quæram stabulisq; casisq;,
   Perq; semel tritas ibo, redibo, vias.
Nec malè perspectæ fallet specus ulla latebræ,
   Nec quem transiero, circulus ullus erat.
Qualis odora canis vestigia pressa ferarum
   Mersâ nare legens, lustra, rubosq; subit.
Aut qualis Siculas Ops errabunda per urbes,
   Aspicit an flores perdita Nata legat;
Ruraq; piniferis vestigans avia tedis
   Persephonem Stygiis optat adire vadis,
Aut potiùs Solymis qualis vaga Magdala campis
   (cùm flebat Domini marmor inane sui.)

                                             Saxa

Wünsche. Das Ander Buch.

ô Schlaaf / der Sorgen kan mich nicht dein Moh' ent-
führen /
wenn deine Rutte gleich mich solte' an Schläfen rühren;
Kein Kraut/ das in den schlaaf den Drachen hat gebracht/
kein Klang / der Argus hat die Augen zu gemacht.
Weñ itz die Augen dañ den Schlaaf gar kaum errungen/
so hat der wilde schmertz die ruhe mit verbrungen;
es wollen Hertz und Aug' erkennen keine Nacht/
daß eine dünckt/ als hett'ich zehen zugebracht;
in Träumen Morpheus mich mit dir allzeit beschwäret/
dein trauer-schatten mir aus Augen nimmer fähret.
Was hilfft's/ daß von mir offt die Nachtruh wirde erkiest/
weil der mich zu gewähren durchaus kein mittel ist?
Auf auf/ ich wil die Stadt recht durchzugehn beginnen/
wohin mich führen wirde Glück und mein eigne Sinnen.
ich wil zusehen gehn/ welch winckel / welche höl'
Ihn birgt/ der lieber mir ist als mein' eigne Seel';
Ich wil sehn ob ich ihn in Lauben kan erschnauffen/
in Häusern/ Ställen/wil den Weeg zwir-drey mal lauffen;
es sol unausgesucht kein Winckel bleiben stehn/
kein platz/ kein raum/ den Ich nicht fleissig werd' umbgehn;
wie durch Geruch ein Hund des Wildes spur erreichet/
mit seinem lauffen durch all' Höl- und Hecken streichet.
Wie Ceres durch gesucht Siciljens Städt' und Land
zusehn ob Bluhmen bricht der liebsten Tochter Hand;
mit Fackeln Sie das Feld durchlieff und ihre Füsse/
die warn bereit umb Sie zugehn an Ditis Flüsse;
ja mehr / wie Magdalen' umbgienge Jebus Land
voll thränen/ (als Sie nicht den HErrn im Grabe fand/)

L   und

Saxa per alta rudesq; ruit furiata per agros
  Qua dolor ancipitem, qua rapiebat amor.
Omnibus una locis aderat, comes omnibus una,
  Una super Domini funere multa rogans.
Attica sic viduo volucris gemit anxia nido,
  Luctisonisq; nemus personat omne modis.
Et circùm, supràq; volans, nunc ardua summo
  Vertice, nunc imâ pendula fronde sedet.
Et raptam sobolem, raptoris & aucupis artes
  Heu! consangvineo nuntiat orba gregi,
Haud aliter cunctis lustravi compita vicis
  Non tamen est ullo præda reperta loco.
Infames vici, loca detestanda plateæ,
  Decepto toties compita trita pede!
Amissum in thalamis, foris hîc reperire putabam,
  Sed malè quæsitus, perditus usq; latet.

AMBROSIUS.

L. 3. de Virg.

Non in foro, non in plateis Christus reperitur; non est Christus circumforaneus: Christus enim pax; in foro lites. Christus justitia est; in foro iniquitas, &c. fugiamus ergò forum, fugiamus plateas!

1a. Num

und über stock und stein/ und dünn- und dickes sprange/
wohin sie zweifelhafft Schmerz und auch Liebe zwange;
an allen Enden hin zu Leuthen Sie sich wagt'/
und umb des HErren leib allein' und einzig fragt';
Also die Nachtigal ihr leeres Nest besinget/
daß ihrer Klage lied im ganzen Wald' erklinget;
bald hin/ bald her/ bald hoch/ bald an der Erden fleugt/
und bald den niedersten/ bald höchsten ast besteigt
den anverwandten melde/ daß ihr die Zucht entzogen
der Vogler hab'/ und was für kunststück' er gepflogen.
Nicht anders lieff ich auch die Gassen ab und auf/
und fande den doch nicht/ den ich gesucht im lauff'.
Ihr losen Gassen ihr/ ich sollt' euch fast verfluchen/
daß ihr betrogen habt/ so viel mein embsig suchen:
Ich sucht' in Gassen/ den das Bette mir verlohr'/
ach übel ihn gesucht/ er kömt mir noch nicht vor.

AMBROSJUS.

Nicht auf dem Marckte / nicht in den Gassen wirdt Christus gefunden; Christus ist kein Marcktfahrer.   Denn Christus ist der Frieden / im Marckte ist der Zanck. Christus ist die Gerechtigkeit / auf dem Marckte die unbilligkeit &c. Lasst uns derowegen den Marckt fliehen / lasst uns fliehen die Gassen!

Ľij   XII. Habe

12.

**Num quem diligit anima mea vidistis?
paululum cum pertransissem eos,
inveni quem diligit anima mea;
tenui illum & non dimittam. Cantic. 3.**

REstat adhuc totâ locus ullus omissus in urbe?
    Aut regio nostro non peragrata pede?
Flammiferis cunctæ facibus luxêre plateæ,
    Nullaq; vel minimæ compita spreta viæ.
Hei mìhi quos vicos, quæ non loca tristis obivi?
    Urbs etiam in tantâ defuit urbe mihi.
Sed quid in hos frustra juvat incubuisse labores,
    Si sponsum semper quæro, nec invenio?
Ergò domum lacrymans, vestigia retro ferebam,
    Quiq; rogaretur, nemo viator erat.
Cum propior portis à mœnibus aufero gressum,
    Et vigil ad portas occupat ecce cohors.
Ah prior, hic, dixi, quem diligo fortè latebit;
    Et subitò vigiles, reppererintne? rogo.
Illi, cum tacito convertere lumina risu,
    Verbàq; dentatis reddere salsa jocis.

                              Et

XII.

Habt Ihr nicht gesehen/ den meine Seele liebet? Da Ich ein wenig vor Ihnen vorüber kam/ da fand Ich den/ den meine Seele liebet; Ich hab Ihn gehalten/ und wil Ihn nicht lassen.
Hohe Lied Salom. III.

Ist etwan übrig noch ein Oertlein in der Stadt
ein winckel/ den mein Fuß nicht schon beträten hat?
Ich bin mit Fackeln ja durchgangen alle Gassen
und keine Scheideweg' auch undurchsucht gelassen;
Wie hab' ich ach betrübt! umbgangen manchen plan/
als kaum in sich die Stadt der stäte fassen kan.
Was hilft es/ daß ich mich verlohrner müh' erwinde/
wenn ich den Bräutigam stets such' und doch nicht finde/
drumb ich mit weinen mich zu rück' anheim begab'
und niemand war/ den ich nicht ausgefraget hab'.
Als nun vom Hause weg ich mich dem Thor' annahe/
und eine grosse Schaar der Wächter allda sahe;
da sprach ich bey mir selbst: Hier wirdt mein Liebster
    seyn;
die Wächter frag' ich drauf/ wo er geträten ein?
Sie sahn einander an/ sie lachten dieser Orten/
und gaben Antwort mir mit hohn- und stachelworten

Et quidam? quisnam ille tuus quem diligis ignis?
　　Absq; suo nosci nomine nosse putas?
Parcite, respondi, tam rusticus est mihi candor,
　　Scire omnes rebar; quis meus esset Amor?
Nec mage vel Pyladis notum, vel nomen Orestis,
　　Neve tuum Thysbe, Pirame, neve tuum.
Vosq; etiam, quamvis, quem diligo, scire ne-
　　　　　getis,
　　Scire, nec ignotum posse latere, puto.
Obsecro, dic igitur custodia pervigil urbis
　　Num meus hac vobis tendere visus amor?
Ille meus, propriâ quem plus ego diligo vitâ,
　　Qui quoq; me vitâ plus amat ipse suâ.
Dicite, quando abiit? quantillo tempore mansit?
　　Quaq; prehensurum se simulavit iter?
Hac iit aut illac? dextrâ vel forte sinistrâ?
　　Solus erat? sociis an comitatus erat?
Excubiæ falsis iterum risêre cachinnis;
　　At mihi salsa meas obruit unda genas.
Transieram: sponsi neq; spes super ulla videndi,
　　Mensq; erat in damni mersa dolore sui:
En subitò, dum cuncta animo tristissima volvo,
　　Nullaq; quam tantæ vota minora spei;
Ille meus totâ toties quæsitus in urbe,
　　Jam non quæsitus, constitit ante oculos.
Exilui, mistoq; metu perterrita, gaudens
　　Vix potui propriis credere luminibus.
Et, Te ne aspicio, mea lux, mea vita? volentem
　　Dicere, vox hærens faucibus impediit.

Qua-

Wünsche. Das Ander Buch.

Der eine sprach: wer ists/ nach dem dein Hertze brennt?
meinst du/ Wir kennen ihn/ wenn er nicht wird genennt.
Verzeyht mir/ saget' Ich / mein' Einfalt mich angiebet
ich dacht' ein ieder kennt ihn/ den mein Hertze liebet;
sey als Orestes mehr und Pylades bekannt/
werd' öfter als die Thysb' und Piramus genannt.
Ja leugnet Ihr es schon/ daß ihr mein Lieb nicht wisset/
so mein' ich doch daß ihr dasselbe kennen müsset.
Drumb bitt' ich/ sagt/ die Ihr da müsset wache stehn/
ob ihr nicht meinen Schatz wohin habt sehen gehn?
Den ich viel höher lieb' als mein selbst eigen leben/
der mir in Lieb' auch ist / mehr als ihm selbst/ ergeben.
ô sagt/ wenn gieng er weg? wie lang hat er verweilt?
bekennt/ auf welche Straaß' hat er wohl zugeeilt?
gieng er hin oder her? zur lincken oder Rechten?
war er alleine nur? war Er bey andern Knechten?
ein hönisch lachen gab die Wache wieder drauf/
mir aber brachte dieß der Augen bach in Lauff.
Ich gieng hinweg/ und hett' umb meinen Schatz kein
    hoffen/
mein Hertze war schon gantz in schmertz und pein ersoffen;
Sieh plötzlich/ als ich steh' in lauter weh und ach/
und keine rechnung mehr mir Ihn zufinden mach'/
erzeigte sich der/ dem ich muffi' in der Stadt nachgehen/
den nicht gesuchten seh' ich itzt vor augen stehen.
Ich hüpfte frölich auf/ mit forcht die freude war
vermischt/ daß ich nicht wohl den Augen traut' allbar.
Ich sprach : ach seh' ich dich mein Hertz/ mein einig Leben?
drauf blieb am Gaumen mir der Zungen Glied bekleben;

L iv   wie

Qualis ubi viso conjux inopina marito,
    (Quem mendax tulerat rumor obisse diem.)
Obstupet ac visâ veluti percellitur umbrâ
    Optantemq́; loqui, pallida facta, fugit.
Nec nisi jam noto reducis fidentior ore,
    Audet in amplexus conjugis ire sui:
Tumq́; veretur adhuc, ne se malè credula
        fallat,
    Inq́;fidem levior decipiatur amor:
Sic ego,dum trepido rediêre in pectore vires,
    Teq́; iterum ante oculos, sponse, reviso meos.
Subdubitans, speransq́; timensq́; & amore fatiscens
    Tune es, quem video, clamo vel umbra tui?
Ah sponse! ah non es! non es quem diligo, non es!
    Imò est, quid dubito? nunquid es? haud
        dubito.
O mea lux, video, te nunc video, mea vita;
    Nil ultra dubito, lux mea, te video.
Agnoscensq́; tui vocem præsentis & ora
    Involo amplexus, sponse reperte, tuos.
Jamq́; ego te teneo, neq́; per vaga compita quæram,
    Ludibrium, vigili nocte futura gregi.
O mea si geminis mutentur brachia vinclis,
    Atq́; manus manicis, compedibusq́; pedes!
Quàm te complicitis, mea lux amplecterer ulnis!
    Arctius amplexu, vitis & ulme, tuo.
Arctius angvipedum manibus, pedibusq́; hederarum
    Queîs obit annosas herba marita domos.
Sed neq́; te nostri lassent, mea vita, lacerti,
    Sæpè nec errantes per tua colla manus:

                                        Longa

Wünsche. Das Ander Buch. 169

wie für dem Mann' ein Weib/ wenn sie den plotz erblickt/
(den man schon todt gesagt) im Hertzen sehr erschrickt/
für ein Gespenst ihn hält/ wenn er mit ihr wil sprechen/
erzittert Sie und blasst/ wil seiner sich entbrechen/
und darf auch eher nicht Ihn umbzufahen gehn/
bis aus der Spraache Sie/ er sey es/ kan verstehn;
Dennoch so scheuet Sie/ damit Sie nicht betrogen
durch leichte-glauben werd' in Lieb' ihm zugezogen.
Als ich so zagte noch/ kam neue krafft herfür/
und ô mein Bräutigam/ du stundest selbst vor Mir;
in Zweifel/ Hoffnung/ Forcht und Lieb' ich wollt' erwatiē/
ich schry/ ô bist du es? ists oder nur dein Schatten?
Ach Bräutigam/ du bists! Du bist es nicht/ mein Licht;
Du bists/ was zweifel ich? ja ja ich zweifle nicht.
Itzt seh' ich Dich mein Schatz/ itzt seh' ich Dich/ mein
Leben/
ich sehe dich/ und darf nicht mehr im Zweifel schweben;
an Stimm und Antlitz nun Ich dich vor Mir erkenn'/
und dich/ gefundnes Lieb/ zu küssen eil' und renn'/
itzt halt' ich dich/ und wil durch krumme gäng' auf Erden
zu suchen dich/ nicht mehr der Wacht ein spotten werden.
ô würd' ein doppelband aus meiner Armen ein/
und Händ' und füsse sich zu fässeln liessen wehln/
wie wollt' ich halten dich/ und gar nicht von mir lassen
viel gnauer denn der Wein den Ilmenstab mag fassen;
für Epheu gnauer noch/ der Schlangen weise kreucht/
und mit der alten Wand gepaart sich auswerts zeucht.
Doch mein umbfangen denn/ ô Schatz/ dich nicht be-
schwere/
noch beyden händen nicht das öffter' umhalsen wehre;

L v   denck

Longa Tui subeat, mea lux, absentia mentem,
  Nec nisi pensari tempore posse putes.
Ah citò tam longi quereris compendia damni;
  Vix ego jam cœpi, tu satur, ecce fugis.
Non ita discedes, non tam citò liber abibis;
  Non nisi pugnando viceris, effugies.

BEDA.

In 3. c. Cant.

Tantò instantiùs inventum tenui, quantò tardiùs, quem quærebam, inveni.

13.

Mihi autem adhærere Deo bonum est, ponere in Domino DEO spem meam. Psal. 72.

Quàm mea, per varios, vita est exercita casus,
  Ut pila, percussu pulsa, repulsa manus.
Munera belligeri primùm placuêre Gradivi,
  Armaq; spe laudis, sanguinolenta tuli.
Arma dabant animos & erat spes omnis in armis,
  Ceu foret hæc votis meta futura meis.
Sæpè vigil tetricas traduxi cantibus horas,
  Et custos speculæ tædia longa tuli.

Nec

denck wie lang' ich zuvor / Schatz / deiner müsst' entpern/
daß wieder Zeit es müsst' einbringend abgewehrn.
Ach klagst du selbte schon/und rechnest dein verziehen!
kaum fieng ich an/ so wilst du wieder von mir fliehen.
So schnell und frey laß ich dich nicht von hinnen gehn/
flieh dann/ wenn du vor mir als Sieger erst wirst stehn.

BEDA.

Ich habe Jhn / nachdem ich ihn gefunden / so
viel desto inständiger gehalten / so viel
längsamer Ich, den ich suchte / gefunden.

XIII.

Aber es ist Mir gutt / daß Ich mich zu
Gott halte / und meine Hoffnung se-
tze auf Gott den HErrn. Ps. LXXII.

WElch unfall ist/ den ich nicht schon durchgangen bin/
gleich wie ein Ball den man itzt schläget her/ itzt hin.
Von ersten wolte mir des Kriegts thun behagen/
umb zu erwerben Ehr' hab' ich das Schwert getragen;
das gab mir Mutt' / ich satzt' all' Hoffnung ins Gewehr/
als gantz mein wohlstand müsst' erspriessen nur daher;
manch' arge Wache stund' hab' ich hinbracht mit singen/
und mich mit viel Verdruß zur Schiltwacht müssen
zwingen.

Des

Nec semel admonitu fraus hostica prodita nostro
    est,
    Cum signum toties ore vel aere dedi.
Addidici septis fossam producere castris,
    Et sude praefixas impediisse vias.
Quin etiam subitae faciem componere pugnae,
    Et trepidis animos addere, voce, globis.
Deniq; non tenuit belli quis certius artes,
    Militis auxilio seu ducis esset opus.
Ah quoties Libycas pressit pes lassus arenas,
    Et cecidit madidis sudor in ora comis.
Collaq; magnanimus tinxit fumantia pulvis;
    Nec tamen unda sitim quae recrearet, erat.
Ah quoties gelidos fluviorum innavimus alveos,
    Ære gravante humeros, aere gravante caput.
Oraq; prensatos retinebant mordicus enses,
    Nando per obstantes cum veheremur aquas.
Bellantem tenuit jam tot me Marspiter annis,
    Principioq; pedes, fine merebar eques:
Quoq; tegor, decimâ fuit ictus arundine thorax,
    Laesaq; sunt totidem cassis & umbo locis.
Lethifero cecidit sonipes mihi tertius ictu,
    Crista quater, galeae cuspide, rapta fuit.
Quin animam praeceps in aperta pericula misi
    Dum nimis hostili dextera caede calet.
Nulla tamen nostro tunc sunt data vulnera tergo,
    Omne sed adverso pectore vulnus erat.
Nempe gradum tenui, contra ferrumq; facesq;
    Telaq; praecipiti grandine plura tuli.

                                                Perq;

Des Feindes anschlag hab' ich viel und offt entdeckt/
wenn ich durch Stimm und Schuß die Wachten aufge-
weckt.
Ein Läger wusst' ich schon mit Gräben abzustechen/
die weege zuzupfäln/für feindliches einbrechen.
Ich wusst' in hastigkeit zu stellen eine Schlacht/
mit worten ich die Bursch im fechten muttig macht'.
Es hat nicht einer bald den Krieg/ als ich/verstanden/
es stoß' ihm Haubtmanns Ambt gleich oder Knechts zu
handen.
Wie offt erlag ich gantz ins dürren Sandes tieff/
auch daß der Schweiß haarab mir übers Antlitz lieff;
offt rauchte mir für staub die haut/ und mich zu retten
warn keine Wässer nicht/ die mich erquicket hetten.
Wie vielmal hab' ich doch durchwatet Sümpf und Flutt/
in meinem eisern Rock' und stählnen kriegeshutt'.
Ich hab' in mund so fest das blancke Schwert genohmen/
daß ich also damit die Flut hindurch geschwommen.
Ich habe so viel Jahr' im Kriege schon verzehrt/
erst dienet' ich zu fuß'/ und letzlich auch zu Pferde.
Mein Wapen hat zehn Schüß' im scharmutzirn erlidten/
so offt hat auch das Bley in Helm und Schild geschnidtē;
drey Pferde blieben mir/ durch tödtliches geschoß/
viermal ward durch das Lot mein Helm der Feder loß.
In sichtbarer gefahr mocht' ich mich kühnlich wagen/
wenn ich zu sehr erhitzt die Feinde wollt' erschlagen.
Vom Feind' ich hinten her nie keine Wund' empfieng/
von vorn und in die brust all sein verletzen gieng;   (gen;
es hat mich Schwert noch Glut der Wahlstat nicht entzo-
die Kugeln umb den Kopf wie Hagel sind geflogen.

Der

Perq; meo factos gladio spatiabar acervos,
　　Imposito subigens corpora strata pede.
Quis putet, hoc tantis caput insuperabile bellis,
　　Non etiam bellis, vota tulisse suis?
Heu mihi! post partas proprio tot sangvine lauros,
　　Post tot ad infernos funera missa lacus;
Post toties meritas gladio victore coronas,
　　Post tot fixa tuo signa, Gradive, tholo.
Una tot egregios delevit culpa triumphos,
　　Nec fuit ulla super nominis umbra mei.
Et gravis in pœnam me diruit ære Tribunus,
　　Jussit & incincto turpiter ire sago.
Gloria quin odiis popnlaribus obruta vertit,
　　Sic cecidit tanto Marte petitus honos.
O utinam potius pro te DEUS arma tulissem!
　　Non ita cassa suis laudibus arma forent.
Te super intrepidâ melius spe vota locantur,
　　Ut fundat trepidas anchora fida rates.
Ergo suum Odrysio positum suspendimus ensem
　　Æraq; sunt curvæ jussa valere tubæ.
Tum lucra, tum vigiles, lucro arrisêre tabernæ,
　　Unaq; Mercurio cura litasse fuit.
Tum piper & lanas Lydo reparavimus auro,
　　Veximus & gravidâ grana, merumq; trabe.
Nostraq; Barbaricos tetigerunt lintea portus,
　　Et sinus invectâ vix sine merce fuit.
Scilicet è minimâ magnum re cogere questum
　　Maximus hâc studii parte triumphus erat.

Creve-

Der Feinde Leichnam hab' ich vielmal überrannt/
die meine dapfre Faust gefället hatt' in Sand.
Wer meint/ daß solch ein Mann voll dapferkeit im Kriege
nicht sollte seines Wunschs geniessen/ und der Siege?
ô weh/ in dem ich mir viel ruhm durch blutt gemacht/
und manchen kühnen Held ins todtenhauß gebracht;
der durch sieghafftes Schwere viel Kronen konnt' erlangē/
und Marti manche Fahn zu ehren aufgehangen.
Ein bloß versehen mir solch' Herrligkeit wegnahm/
daß ich umb alles Lob und gutten Namen kam;
als mir mein Obrister den Harnisch ließ abreissen/
und ohne Degen mich mit spott' aufzichen heissen.
Auch hofften meinen Ruhm/ die meines Lands geborn/
so hatt' ich auf einmal mein Kriegeslob verlohrn.
ô hett' ich GOtt/ für dich die Waffen in den handen
geführt/ sie wärn ja nicht geworden so zu schanden.
Viel sicherer auf dich man Trost und Hoffnung stellt/
gleich wie das Schiff im Meer' ein fester Ancker helt.
Drumb hab' ich aufgehenckt dem Marti meinen Degen/
und allem Krieg' hiemit gesagt den letzte-seegen.
Demnach den gantzen Sinn zur Kauffmanschaft ge-
wandt/
und mich Mercurio vertraut in seine hande.
Ich habe zarte Nuß' und Pfeffer erhandtlret/
und Wein/ und schwer Getreid' auf Schiffen zugeführet.
Ich segelte bis gar zun Menschenfressern hin/
kein Port war/ drein ich nicht mit Güttern kommen bin;
mein' hertzensfreude war aus schlecht unwerthen Sachen
viel Nutzen und Gewinn mit Handelung zu machen.

Ich

Creverat aggestis jam densa pecunia nummis,
    Nec domus immensas arcta tenebat opes.
Classis & ambustis onerata redibat ab Indis,
    Sed periit patriis proxima classis aquis.
Plurimus implebat tabulas mihi debitor ambas,
    Credita perjurus debitor esse negat.
Ergò velut liquidis sal crescit & interit undis,
    Ut crevistis opes, sic periistis opes.
O quanto placidos tranquillius exigit annos,
    Qui neq; lucra cupit, qui neq; bella
        movet!
Dives Athlantiade, tua linquo negotia, dixi,
    Nulla mihi vestrâ merce redempta quies.
Quid facerem, toties frustrantibus omnia votis,
    Marte negante decus, Mercurioq; fidem?
Regis in ignotam subrepsi nobilis aulam;
    Magnaq; mox Regi fama relata mei est.
Et vocor, & videor, placidoq; arrideor ore;
    Dum loquor, & pronâ Principis aure fruor.
Nescio quid fuerit, quod Rex ita coepit amare;
    Non fuit hoc meriti, sed mage sortis opus.
Seu fuerit virtus, seu sors, seu regius error,
    Maximus exiguo tempore crevit amor.
Sæpè diem nocti conjunximus, inq; loquendo
    Non fuerat visus præcipitasse dies.
Sæpè domi tacitas lusu traduximus horas,
    Unaq; sæpè foris mensa duobus erat.
Non ita Sejanum Latiæ favor extulit Aulæ;
    Clitus Alexandro non ita carus erat.

Commo-

Ich hatt' am Gelde schon viel tausend tausend Pfund/
auch daß mein Reichthum mehr ein Hauß nicht fassen
kunt'.
Ein grosses Lastschiff mit OstIndien zusandte/
das hart am Vaterland' ein Schiffbruch mir entwandte.
Im Schuldbuch' hatte schon manch Schuldner seine stat/
der doch meineydig mir die Schuld geleugnet hat.
Wie Saltz zu Wasser wirdt/ und auch daraus bestehet/
so seh' ich/ daß mein Gutt itzt wächst/ und itzt zergehet.
Ö wie viel ruhiger ein Mann die Zeit zubringt/
der weder sich in Krieg noch in den Handel bringt!
Ich sprach: Mercur, ich laß' auch dein Gewerbe fahren/
weil keine Ruh ich find' in deinen Kauffmans-waaren.
Was nun zuthun/ weil mir mein Anschlag mißglückt/
Mercurius die Treu'/ und Mars die Ehr' entrückt?
drauf bin ich in die Frembd' an einen Hoff gezogen/
worauf mein' Ankunft bald vorn König war geflogen;
Man rieff/ und sahe mich/ fein wurd' ich angelacht/
man hörte gnau/ was ich vorm König' angebracht.
Nicht weiß ich/ was mich stracks bey selbtem eingehuldet/
das Glücke that es nur/ sonst hatt' ich's nicht verschuldet;
es hab es Tugend nun/ Glück/ oder irrn gemacht/
so hatt' ich es doch weit in kurtzer Zeit gebracht.
Wir haben Tag und Nacht zusammen oft gesprochen/
daß unvermerckt sich fast die Stunden uns entbrochen.
Wir haben im Gemach' uns oft im Spiel' erfrischt/
und mit einander oft auch effentlich g'tischt.
Beym Keiser war Seján ta nicht so grossen Gnaden;
Des Griechen gunst hatt' auch nicht Clitum so beladen;

M   Der

Commodus haud tantùm potuit tribuisse Cleandro,
    Aut Constantini plus amor Ablavio.
Jamq́; suâ fateor, favor hic, novitate placebat,
    Ut propè non solitæ res novitate placent.
Aulaq́; felicem, felicem turba vocabat,
    Quod mihi tanta Ducis gratia parta foret.
Vah! nimis infidis subnixa potentia sceptris,
    Quæ minimo sortis turbine versa ruit!
Ecce minax tetricos cœpit Rex ducere vultus,
    Nec tamen est vitio gratia læsa meo.
Hei mihi! cœptus amor subitam se vertit in iram,
    Hostis & è patrio cogor abire solo.
Et veteres auxi casu, nova fabula, fastos;
    Fabula sic elegis triste canenda meis.
Arcadii Eutropius Stilico redivivus Honori,
    Et Constantini Cæsaris Ablavius.
Clitus Alexandri, Tiberii Sejanus imago,
    Heu nimis historiæ vera fuêre meæ;
O DEUS! ô quanto tranquillius exigit ævum,
    Qui locat in sceptris votaq́; spesq́; tuis?

AUGUSTINUS.

in Psal. 72.

Eligant alii militiam, alii advocationem, alii diversas variasq́; doctrinas, alii negociationem,

Der Commodus war nicht Cleandern so geneigt
nach Constantin mehr Gnad' Ablaven hat erzeigt.
Die Gunst hatt' (ich gestehs') als neu/ mir Lust erreget/
(wie neu- und frembdes Ding oft zubehagen pfleget.)
Es schätzten glückhaft mich der Hoff und Pöbelsschaar/
daß bey so grossem Herrn ich hoch in Gnaden war.
Ach! als ich mich zusehr auffs Zepters stärcke gründe/
die oft wirdt umbgewehr vom kleinsten Unglückswinde.
Sieh! da beginnt der Fürst mich sauer anzusehn/
und war ihm doch von mir nichtes widriges geschehn.
Die erste Lieb'/ ô weh! sich hatt' in Zorn verkehret/
es wurde mir allda zu bleiben gantz verwehret.
Mein grosser Unfall selbst mich ins Geschichtbuch bringt/
und von mir neue Mähr mein' Elegia singt.
Wie es Eutropius und Stilico ergangen/
und wie Ablavius, zu letzte musst' außprangen/
wie Clito thät sein Fürst/ der Keyser dem Seján,
so man auch meinen Fall an ihnen sehen kan.
ô Gott/ welch stille Ruh im Leben den ergetzet/
der allen seinen Trost und Hoffnung auff Dich
setzet!

AUGUSTINUS.

Es mögen etliche den Krieg/ etliche die Rechts-
bedienung/ andere unterschiedliche und
mancherley Lehren/ andere die Kauff-
manschafft/ andere die Landtwirthschafft

nem, alii agriculturam, mihi autem adhæ-
rere Deo bonum est.

14.

Sub umbrâ illius, quem desideraveram sedi. Cant. 2.

FOrs iter ignotas longum meditabar in oras,
  Et bona jam cœptæ pars erat acta viæ.
Ut solet lassus metam spectare viator,
  Credebam spatiis pauca deesse meis.
Ut cæpi reliquos metiri provida passus,
  Majus erat medio, quod superabat, iter.
Hei mihi! tum refugæ ceciderunt corpore vires,
  Totáq; nimis durus, millia visa, labor.
Ergò oculos cœlo miserâ cum voce tetendi,
  Ferret an hinc aliquis, voce vocatus opem?
Et mihi, quis dixi, dabit hisce sub æstibus um-
    bram?
  Solis ab infesto verberor igne caput.
Aspice, sub plantis quàm ferveat arida tellus,
  Siccaq; semustos urat arena pedes.
O nemora! O riguæ frondosa cacumina sylvæ!
  O latebræ! O fontes! arboreæq; domus!
O utinam, virides pandat mihi populus alas,
  Aut caput hoc mali fronde comante tegar!
Audiit ille meas solitus lenire querelas,
  Cujus erat toties umbra petita mei.

Et

erwelen/ Mir aber ist gutt/ daß Ich mich
zu Gott halte.

XIV.

Ich bin gesessen unter dem Schatten deß
Ich begehre. Hohe Lied Salom. II.

Ich hatte fernen weeg zuzıehn Mir vorgenohmmen/
und war im reisen schon ein ziemlich weeglein komen.
Wie nun ein Wandrer pflegt zumessen seine Ruh/
als dünckt' auch mich/ es fehlt' ein wenig noch darzu;
wie aber ich die Schrit' aufs gnauest' überschluge/
so hett' ich noch zu gehn mehr/ als die helft' austruge.
ô weh! es gienge Stärck' und alle Krafft von mir/
und kamen sehr beschwert mir so viel Metlen für.
Drumb hub ich kläglich auf gen Himmel mein Gesichte/
ob iemand Hülf' herab zuthun/ zu mir sich richte?
Ich sprach: wer ist/ der mir in Hize Schatten giebt?
die Sonn' an meinem Haubt' ihr brennend stechen übt;
Sieh/ wie den Sand die Hiz' hat durch und durch ge-
rennet/
die halbversengten Füß' er vollends mir verbrennet.
ô Wald! ô grüne Büsch'! ô Schatten in dem Wald'!
ô Grotten! ô Fontein'! ô kühler Aufenthalt!
O daß sich über mir die grüne Parpel streckte/
und mein erhiztes Haubt ein Apfelzweig bedeckte!
Das hörte Der/ der sonst mir Hülf' in Angst gewehrt'/
und dessen Schatten Ich oft wünscher' und begehrt';

M iij

Et scio, quo properas, scio, quas ait arripis oras;
    Et scio, quam toties anxia poscis opem.
Cœlestis Solimæ longinquam tendis in urbem,
    Quamq́; agis in terris, huc tibi, vita via est,
Jamq́; gravat longi te tanta molestia cursus,
    Et cuperes Mali fronde virente tegi.
Ecce tuis venio sperata laboribus umbra,
    Quamq́; voves, placido tegmine Malus ero.
Aspicis hærentes funestâ ex arbore palmas,
    Quosq́; tudit geminos cuspis acuta pedes?
Aspicis innumero laniatum vulnere corpus?
    Aspicis? heu vix est corporis umbra mei?
Hæc tibi quæsitam fessæ dabit umbra quietem,
    Portus & in duris, hæc tibi malus erit.
Dixerat, & vires subitò rediêre jacenti
    Tanta loquente Deo, visq́; vigorq́; fuit.
Tunc ego suspiciens, in sponsum lumina fixi!
    Heu mihi suspensus de Cruce sponsus erat!
Et qualis, sponse, inquam, hæc est, quàm tristis i-
        mago!
    Hæccine erit capiti Malus aprica meo?
Hac ego sangvineâ langvens residebo sub umbrâ?
    Tu, crucis infami stipite fixus eris?
O mala malus! & infelix, quæ te manus unqam
    Fixit humo! manus hæc, cæde cruenta fuit.
Attamen hæc lætos malus jacit ardua ramos,
    Utq́; cubem placidos umbra dat apta toros;
Umbra dat apta toros, sed non tamen apta sopori;
    Ah! magis hæ lacrymas, Malus & umbra petunt.

O bo-

Er sprach: Ich weiß/ wohin dein strenges Reisen gehet/
ich weiß auch/ daß dein Hertz nach meiner Hülfe stehet:
Ins Himmel-Solyma zeuchst du den ferren Weeg/
das Leben so du führst/ das ist dein Reise-Steeg/
und die sehr ferne Reis' erregt dir viel Beschwerden/
von Apfelzweigen du dir wünschst bedeckt zu werden.
In deiner mühe / sieh/ stell' ich mich willig ein/
Ich wil dein Apfelbaum/ und Deck= und Schatten seyn.
Du siehst am Todtenbaum' hier mich mit Händen hängen/
die scharffen Nägel mir die beyden Füß' anzwengen.
Du siehst/ wie dick mein Leib mit Wunden ist besetzt/
daß er sich leider! kaum dem Schatten gleiche schätzt:
Der Schatten wird dir Ruh' in Müdigkeit ertheilen/
du wirst in Noth den Port mit diesem Mast' ereilen:
So sprach Er/ und die Krafft alsbald erholte sich;
es fand sich Muth und Stärck'/ als GOtt anredte mich.
Drauf ich den Bräutigam recht anzusehn anfinge/
der Bräutigam ô weh! am Kreutze vor mir hienge.
Ich sagt': ô Bräutigam/ welch Trauerbild bist du:
sol dieser Apfelbaum mir geben Schattens-ruh?
und Schatten voller Bluts mir matten Kräffte langen/
du aber solt am Kreutz' als ein Verfluchter hangen?
O böser Baum! wer hat unsälig dich gesteckt
ins Erdreich? diese Faust war wohl mit Blutt be-
    steckt.
Sehr schöne Zweige doch der wehrte Baum anträget/
sein Schatten mir zur Ruh' ein sanftes Bett' aufschläget:
der Schatte wil ein Bett' uñ doch nicht Schlaaf gewehra/
des Baumes Schattē heischt ach! nichts als bitere Zährn.

M iv   O gute

O bona Malus! & ô felix, quæ te manus unquam
    Fixit humo! hanc sidus jam decet esse manum.
Ah video, cui te similem, mî sponse, vocabo;
    Sæpè mihi umbriferæ munere functe domus,
Qualis onusta rubris latè sua brachia pomis;
    Spargit, & apta siti munera Malus habet.
Exuperatq; suas numerosâ fruge sorores,
    Una nemus lassis, hospitibusq; penus:
Talis es æstivis mihi, sponse, caloribus umbræ,
    Lymphaq; dum sitio, dum fameoq;, cibus.
O quoties, ego te! quoties, mi sponse, vocavi
    Ut semel illa meum conderet umbra caput,
Hîc ego, si liceat, dixi, gemebunda sedebo;
    Ut sedet amisso mæsta columba viro.
Et modò purpurei concreto sanguine crines,
    Et modò materies, labra, doloris erunt.
Nunc oculi ante oculos, nunc frons, nunc pendula cervix,
    Nunc os, nunc atro barba cruore madens.
O quoties latus hoc, lacrymansq; gemensq; videbo
    Ne videam lacrymis impediarq; meis!
Multa tamen dabit hoc unum mihi vulnera, vulnus,
    Saucia dum geminos labar ad usq; pedes.
Tuncq; iterum amplexu lignum lacrymabile stringens,
    Subscribam hæc plantis verba suprema tuis.
En duo qui caussam præbent sibi mortis, Amantes;
    Mergitur hæc lacrymis, ignibus ille perit.

HO-

O gutter Baum! wer hat glücksälig dich gesetzet?
die Faust gar billich ist bey Sternen wirde ergetzet.
Ich seh', ach Bräutigam, wem ich dich gleichen sol/
der du mir offters warst ein Hauß das Schattens voll.
Gleich wie ein Apfelbaum sich weit mit Aesten breitet/
und seiner Aepfel Safft des Durstes Plog' ableitet;
der seines gleichen all' in Früchten überprangt/
der müden Leuten ruh'/ und Fremdden Speise lange;
ein solcher Baum bist du mir/ Schatz/ im Sommer-
reisen/
im Durste giebst du tranck/ im Hunger wilst du speisen.
O Bräutigam/ wie oft und vielmal rieff ich dich/
daß doch dein Schatten einst mich fasset' unter sich.
Hier/ sagt' ich/ ists vergönnt/ sol mir der Sitz behagen/
und wie ein Täublein klagt den Gatten/ wil ich klagen;
bald werden deine Haar'/ als die voll Bluttes seyn/
bald deine Lippen mir erbleren Schmertz und Pein;
bald werd' ich Aug' und Mund/ bald Stirn und Bart an-
blicken/
und wie das schwartze Blutt abrinnt in vielen stücken.
Wie oft wil ich die Seit' anschn mit Seufzerzähren/
die mir die Thränen gnau zusehen werden wehrn?
Doch wirde die Wund' in mir viel Wundenmaal erregen/
wenn Ich mich dir verwundt zun Füssen werde legen;
Dann wil das Thränenholtz ich oft umbfahen gehn/
auf welchem unten sol der Reim geschrieben stehn:
Sieh! ein Par Liebes Volck sich hier in todt ge-
wehret/
in Thränen Eins ersäuffet/ das Andre Glue ver-
zehret!
M v   Honor.

HONOR.

Apud Delr. in c. 2. Cant.

Umbra fit ex corpore & luce, & est itinerantium refrigerium ab æstu, & protectio à tempestate. Arbor vitæ, scilicet Malus, est Sancta crux: *fructus ejus* Christus, umbra tutela vel refrigerium humani generis.

15.

Quomodo cantabimus canticum Domini in terra aliena? Psal. 136.

Quid toties cantus iterare jubetis amici,
   Seu lubeat digitis, seu juvet ore loqui?
Lætitiam cantus poscunt, animiq́; quietem,
   Turbida cum mens est, os digitiq́; dolent.
Quin mage cantandum, cum mens jacet ægra monetis,
   Tuncq́; opus esse lyrâ, tuncq́; opus esse chely.
Nempe suo nimium ne mersa dolore laboret,
   Aut intenta suis, sit nimis ipsa malis.
Quid quod opem certæ promittitis usq́; medelæ,
   Vestra nec exemplo dicta probante carent.

Dicitis

HONOR.

Der Schatten wirdt von dem Leibe und Lichte/ und ist der Reisenden Erfrischung für der Hitze/ und eine Beschirmung für dem Ungewitter. Der Baum des Lebens/ nehmlich der Apfelbaum/ ist das H. Kreutz: seine Frucht ist Christus/ der Schatten Schutz/ und Erquickung des Menschlichen Geschlechts.

XV.

Wie sollten Wir des Herren Lied singen im frembden Lande? Ps. CXXXVI.

Was heisst Ihr mich so oft/ ihr Freund'/ ein Lied erklingen/
was sol ich mich zur Stim' und auch zun Seiten zwingen?
ein frölich ruh'g Hertz erfordert der Gesang/
ist das betrübt/ so sind auch Mund und Hände kranck.
Wie dann/ weil diß erliegt/ Ihr mich so reitzt zu'n singen/
und meint/ da sey die Laut' hochnot für allen dingen/
daß nehmlich nicht der Schmertz es gar zu grunde richt'/
und daß es nicht zu sehr sey auf sein Leid verpicht.
Ja daß ihr noch darzu gewissen Trost zusagt/
und mit Exempeln dieß auch zubehaubten waget.

Ihr

Dicitis hanc caussam cur lassus navita cantet,
  Sollicitat celeri cum freta lenta manu.
Quiq; gregem virides pascendum ducit in agros,
  Non nisi ne nimium sit mora longa, canit.
Et canit, ut fallat fastidia longa viator,
  Miles & ut cantet, noxq; laborq; facit.
Non ego, quod faciunt, miles, nauta, atq; viator,
  Quodq; facit pastor, damno rebellis opus.
Adde quod & Dominæ jam dudum assueta querelis,
  Ad solitos gemitus plus mea lingva valet:
Vixq; retentanti jam carmina prisca subibant,
  Musica quin etiam res mihi visa nova est.
Utq; timet longo veniens è carcere Solem;
  Sic mea lætitiam lingva modusq; timet.
Ad numeros quoties fuit impetus ire relictos,
  Aut solitam digitis sollicitare chelym;
Aut docto querulas impellere pectine chordas,
  Aut mollem articulis increpuisse lyram;
Aut leve ceratis modulari carmen avenis,
  Aut voci liquidas associare fides;
Heu! toties lacrymæ sunt, me tentante, profusæ,
  Et lacrymis digiti, voxq; retenta fuit.
Mox luctata iterum cantu deducere vocem,
  Et querulâ digitos attenuasse lyra;
Ne quicquam adversis sensi me tendere Musis,
  Ulla nec est nostrâ barbitos icta manu.
Interea longâ jam desvetudine pigra,
  Artem dedidicit voxq; manusq; suam.
Nec si nunc studium gravitatis inane retentem,
  Mollescant studio tristia fata meo.

                                            Esto

Ihr wendet den Gesang des müden Schiffers ein/
der bey so langer Fahrt ihm sol erquicklich seyn;
und der dem Felde zu mit seinen Herden eile/
der singe/ daß er ihm vertreibe Zeit und Weile.
Der Wandersmann/daß er den Weeg ihm kurtzer mach';
ein Krieger sing'/umb daß ihm leichter sey die Wach'.
Ich table keinen nicht/ in ihrem Wehrte bleiben/
was Krieger/ Wanderer/ Viehhirten/ Schiffer treiben.
Zu dem ist meine Zung' in ihrer Frauen klag'
allzeit gewohnt/ daß Sie zu klagen nur vermag.
Gar kaum konnt' ich ein Lied/als ich versucht'/aufbringen/
es kam als unbekannt und frembde vor das singen.
Wie wenn man Kerckerloß erst trägt der Sonnen scheu/
so scheuet meine Zung' auch Lust und Melodey.
So offt ich wieder wolln zu meiner Music schreiten /
und itzt die Finger hin zur süssen Lauten leiten;
So offt ich durch den Kiel die Seiten wollen rühren/
und die geübte Faust zur weichen Leyer führn;
so offt ich wollt' ein Lied aus vielen Pfeiffen zwingen/
auch in das Geigenwerck und Clavicymbel singen/
ô weh! so haben mich die Thränen stets gehämmt/
die Händ' und Stimme mir in trauren eingeklämmt.
Bald wenn wir wieder wollt' ichts anzustimmen lieben/
und daß die Finger ich möcht' auf der Leyer üben/
bald/ daß der Music es zu wider wär'/ ich fühlt'/
und keinen Schlag die Hand auf Instrumenten spielt';
in deß Entwohnung hatt' und Faulheit mich besessen/
daß beydes Hand un Mund die Kunst durchaus vergessen/
und nehm' ich wieder gleich die schwere Kunst zur hand/
so stillet sich doch nicht hiedurch mein Trauer-stand.

Wolan

Esto, sciam levibus tamen addere carmina nervis,
　　Aptaq; mutandis sit mihi lingva sonis;
Et vincam Aonias digitis aut gutture Divas,
　　Et mea sit melior, Marsya, canna tuâ;
Panaq; multiforem cogam submittere buxum,
　　Et superem Thressæ stamina docta lyræ;
Questibus, an cantu videor debere teneri,
　　Maxima cui flendi copia semper adest?
Ah! benè, ne cantem, mihi per mala plurima cau-
　　　tum est,
　　Vertit & in morem, jam mihi penè dolor.
Nec locus, ut cantem, patitur, neq; tempora pro-
　　　sunt;
　　Utq; locus sinat, aut tempora mœror obest.
Quid? vultis patriâ procul â tellure jacentem,
　　Externo patrios orbe sonare modos?
Parcite, fortunæ nimis exulis ista repugnant:
　　Non est conveniens tantibus iste locus.
Exul & à patrio tam longè dissita cœlo,
　　Impellam patriæ dulcia fila lyræ?
Parcite tam miserum fortunæ vulnus habenti;
　　Cantandi externo nulla libido solo est.
Tristia flebilibus manant mihi lumina rivis,
　　Et videor festam posse ferire chelym?
Semper in obtutu vigilat mens fixa malorum,
　　Et cytharâ videor posse vel ore loqui?
Heu! nimis insistunt præsenti pectora fato,
　　Et numquam exilii sensus acerbus abest.
Si quisquam his jubeat Amphiona vivere terris,
　　Aonio numquam pectine tangat ebur.

Respe-

Welan! ich möcht ein Stück je etwan noch aufbringen/
ich könnte mit der Stimm' in dieß zugleiche singen;
ich übertäff' hiemit die Musen am Gesang/
und auch den Marsyas, mit hellem pfeiffenklang:
ich zwünge Pan, daß er die Flöte legte nieder/
ich übertroff' auch weit des Orpheus Harffen-Lieder.
Sagt/ ob mit Klagen Ich mich oder Singen lab'
ich/ der zu steten Zähren die grösseste Ursach' hab'.
Ach so viel Pein verbeut mir wohl das liebe Singen/
die Schmertzen ihnen selbst mich in gewohnheit bringen.
So wil mein singen nicht erdulden ort und zeit/
und liessens die schon zu/ so wehre es Traurigkeit;
Was wolt ihr mich so fern ab meiner Heymat zwin-
gen/
daß ich des Vaterlands Gesänge solte singen?
Verzeyht mir/ dieses steht Vertriebnen übel an/
zum singen sich darzu der Ort nicht schicken kan.
Vom Himmel-Vaterland ins Elend seyn vertrieben/
sol dieß zum Lautenspiel erregen ein belieben?
Schont meiner/ die so sehr ich mich verwunderfühl'/
in frembden Landen übt sich übel Seitenspiel.
Ein Trauerbach wil mir aus meinen Augen dringen/
und Euch bedüncket/ Ich könn' auch wohl die Laute
zwingen?
Sein Elend zubesehn mein Hertze stündtlich wacht/
und ihr wollt/ daß von mir ein Lied werd' aufgemacht?
ô weh/ das Unglück mir zusehr das Hertze naget/
es schmertzt ohn unterlaß/ daß ich leb'/ als verjaget.
Ja käm Amphion selbst gleich wieder an den schein/
er würde zur Music hier nicht zu bringen seyn·

Wil

Respectu Euridicen proprio cum perdidit Orpheus,
  Ilicet artifices obriguêre manus ;
Et manibus cecidit leve cum testudine plectrum,
  Fractaq; sunt casu garrula fila suo.
Quid mihi, non unâ fatorum clade sepultæ
  Præcipitis, toties ungve ciêre fides?
Dum circumspiciens, ubi sim, te Patria specto:
  Heu cadit aspectu mens labefacta tuo!
Cùm semel, ô sperata diu, tibi Patria reddar,
  Tunc ego voce canam, tunc ego mente canam.

AUGUSTINUS.

Medit. cap. 35.

Utinam possem talia dicere, qualia hymnidici Angelorum Chori! ô quàm libenter me in tuis laudibus totum effunderem!

Su-

Wie umb Eurydicen / durch umbsehn / Orpheus kommen /
hat bald die künstlich' hand ein starren eingenommen/
daß aus den Händen ihm die Laut' und schlagekiel /
und auff der Seidenbruch auch alle Kunst entfiel.
Was schafft ihr mir so oft/ mir die so viel Unglücke
betroffen/ daß ich Euch herspiel' ein lustig Stücke?
Wenn/ wo ich bin/ ich seh'/ und dich empor mein Land
erblick'/ ach da wirde mir ein' Ohnmacht zugewandt;
Wenn aber/ als ich hoff'/ in dich mich GOTT wirde bringen/
da wil ich mit dem Mund' und auch dem Hertzen singen!

AUGUSTJNUS.

Wolte GOTT/ Ich könnte solche Dinge sagen/ wie die lobsingende Chore der Engel! ô wie gerne wollte Ich mich in deinem Lobe gar ausschütten!

Liber Tertius.

SUSPIRIA

ANIMÆ AMANTIS.

Das Dritte Buch.

Seuftzen

Der Liebenden Seelen.

I.

Adjuro vos, filiæ Hierusalem, si inveneritis dilectum meum, ut nuncietis ei: quia amore langveo. Cant. 5.

Coelestes animæ, Solymæ cœlestis alumnæ,
  Quæ teritis niveo cærula templa pede;
Vos ego, vos numquam violando carmine testor,
  (Si meus est vobis fortè repertus amor.)
Dicite, quòd cæcâ, sic ejus langveo flammâ,
  Langvet ut Assyrio flosculus ustus agro.
Nempe suas nuper cum spargeret ille sagittas,
  Delituit propriis mistus arundinibus?
Et summâ trifidi præfixus cuspide teli,
  Cor mihi, ceu Parthi, canna redunca fidit.
Ah quibus, ah quantis tum pectus amoribus arsit,
  Non furit Æthneo sævior igne rogus.
Nunc igitur cupidus de me si plura rogabit,
  (Namq; solent cupidi multa rogare
    proci.)
Dicite, langventis quæ sit mea visa figura;
  Pluraq; langventem non potuisse loqui.
Si roget; an lento mihi febris inæstuet igne?
  Dicite, quod nullo febris ab igne coquar.
Si roget, an mortis propior sim visa periclo?
  Dicite quæ vobis ore tacente, loquor.

Dici-

I.

Ich beschwere Euch ihr Töchter Jerusalem/ findet ihr meinen Geliebten/ so sagt Ihm/ daß Ich für Liebe kranck liege. Hohe Lied Salom. V.

Des Himmel-Solymæ, ô ihr Einwohnerinnen/
die Ihr empor besitzt des blauen Tempels zinnen;
Euch/ Euch beschwert mein Lied/ doch nimer mit beschwer/
(im fall Ihr habt mein Lieb gefunden ohn gefehr)
ach sagt/ daß mir die Krafft von blinder Lieb' entfehret/
wie biß Assyrien die Sonn' ein Blühmlein zehret.
Denn als Er nechst/ mein Schatz / mit pfeilen umb sich
schoß
anbracht' (Er selbst ein pfeil) mir heimlich einen stoß/
und seiner spitzen Ort/ die dreyfach ist getheilet
hat/ wie ein Partherpfeil/ das Herge mir durcheilet.
Ach welche grosse Brunst hat drauf mein Hertz entzündt/
so sehr nicht Æthnæ Glut zu toben sich erwindt.
Drumb so mein Lieb von Mir wirde was begierig fragen/
(denn Bulern pflegt gar gern viel fragens zubehagen;)
so sagt/ wie mein Gestalt von Kranckheit sey verfalln/
und daß für matt-seyn Ich kein wort mehr konnte lalln;
und fragt Er denn/ ob mich ein hitzig Feber brenne/
so spreche/ daß ich es nicht für sothanes erkenne.
Fragt Er/ ob ich schon läg' in naher Todsgefahr/
so macht Ihm/ was ich nicht aufreden konnte/ klar.

Dicite, nulla meis vos reddere nuncia verbis,
    Sed fati tantùm reddere verba mei.
Si lubeat nostros tamen ille noscere vultus,
    Nec grave sit vobis dicere, qualis eram.
Hac, precor aut simili tum me depingite formâ
    Quâ sciat & morbi quæ sit origo mei.
Dicite, quod jaceam tenebris exsangvis obortis,
    Succiduo in nudum corpore lapsa solum.
Sintq́; hebetes oculi, mediâ ceu morte natantes,
    Inq́; sinu jaceat langvida facta manus:
Nec rosa picta genis, neq́; viva corallia labris,
    Venaq́; vix, quamvis pollice tacta, micet.
Jamq́; diu nullo constet me vivere signo,
    Quàm quod anhelanti pectore sæpè gemam.
Quodq́; mihi certam non possim fingere caussam
    Cur toties nullo læsa dolore querar:
Non possim, nisi fors gemitu se prodere cogat
    Qui gemitum toties pectore rupit Amor.
Hæc reor, hæc nostri fuit unica caussa, doloris,
    Et quid amans esset, nescii, amansq́; fui.
Hoc fuit, hoc toties me suspirare coëgit,
    Per gremium injussæ cum flueretis a-
        quæ.
Hoc fuit, ut quamvis toties aliena loquentis
    Illius assiduè nomen in ore foret.
Ergò meis, oro, Dilecto hæc dicite verbis;
    Illius immodicâ quod cremor ægra face.
Dicite, quod lento sic torreor illius igne,
    Ut rosa cœlesti torrida facta cane.

                                        Dicite,

Seufftzen. Das Dritte Buch.

Sprecht/ daß ihr Ihm sonst nichts könnt meinetwegen
 sagen/
als einzig nur von mir den üblen Zustand klagen.
Wenn mein Aussehen Er zuwissen ja begehrt/
so wolt Ihr solches Ihm entwerffen ohn beschwerd.
Ich bitte/ wolt mich nur Ihm dergestalt beschreiben/
daß Ihm der Kranckheit grund mög' unverborgen bleiben.
Sagt/ daß Ich ausgezehrt mit Dunckelheit bedeckt/
ohnkrässtigs Leibes läg' in blossen Sand gestreckt;
mein' Augen wären schon/ wie Sterbenden/ gebrochen/
es fielen in die Schooß/ der matten Hände knochen;
der Lipp- und Wangen röt' in bleichheit sey verwandt/
es wäre mehr kein Puls zufühlen an der Hande;
kein Lebenszeichen wär' an mir nicht mehr zuspüren/
ohn wenn ich Seufzer müßt' aus enger Brust abführen;
und daß kein' ursach auch ich könn' ersinnen Mir/
warumb Ich unverwundt doch so viel klagens führ';
es sey denn/ daß verraht' im Seufzen sich mein Leben/
das aus dem Herzen mir die Seufzer hat getrieben;
das/ mein' ich/ sey allein die ursach' all und gar/
nicht wust' Ich was ein Bul'/ und selbst doch einer war.
Das war es/ das so offt zu Seufzen mich gezwungen/
und wider willen mir die thränen abgedrungen.
Das wars/ ob anders wohl ich sonst zu reden pflag/
in dem sein Name mir nur stets im Sinne lag'.
Hierumb dem Liebsten gebt/ ich bitt' Euch/ zuerkennen
mein gegen ihm empfinde: und unermäßlich brennen;
sagt/ daß langweilig mich außdörret seine Glut/
wie zarter Bluhmen-zucht der brennend' Hundsstern thut;

N iv   sagt/

Dicite, quod longâ sic ejus langveo flammâ,
　　Ut langvent siccâ lilia cana comâ.
Dicite, quodq; mei caussa unica sit langvoris
　　(Qui simul est mortis caussa futurus) Amor.

RUPERTUS.

In Cant.

Annunciate, quia amore langveo, præ magno faciei ejus videndæ desiderio, vitæ tædium patior, & vix præsentis exilii moras sustineo.

2.

Fulcite me floribus, stipate me malis;
quia amore langveo.   Cant. 2.

O Amor! O quantis torres mihi viscera flammis!
　　O amor! O animi blande Tyranne mei.
O amor! ah tantos qui pectore comprimat ignes
　　Parce vel in vapidos dissoluor cineres.
Parce amor, ō toties repetitis parce sagittis!
　　In nova, pars animi, vulnera, nulla vacat.
Parce amor, & nocuæ procul abjice tela pharetræ,
　　Proxima, quam jacies figet arundo necem.

Ah

sagt/ daß ich also bin durch lange Lieb' abkommen/
wie eine Lilje welckt/ wenn ihr der Safft entnohmmen;
sagt: mein' Unpäßligkeit von Liebe komm' allein/
die meines todes auch noch dörfft' ein ursach seyn.

RUPERTUS.

Verkündiget Ihm/ daß Ich für Liebe kranck
bin/ für grosser Begier sein Angesicht zu
sehen/ leide ich verdruß dieses Lebens/
und kan kaum den verzug dieser Ausstos-
sung ins Elend ertragen.

II.

Erquicket Mich mit Bluhmen/ umbstecke
mich mit äpfeln/ denn Ich bin kranck
für Liebe. Hohe Lied Salom. II.

O Liebe! mit was Glut du doch/ mein Hertze nagest!
ô Lieb'! ô Wütterich/ der du mich freundlich plagest!
wer ists/der solcher Flamm' ô Liebe! sich erwehrt/
schon meiner/eh ich werd' in Asch' und Staub verkehrt;
schon/ und die Pfeile mich nicht ferner laß verwunden/
im Hertzen wirdt nicht mehr für einen raum gefunden.
Schon Lieb'/ ach schon und wirff sie sambt dem Köcher
hin/
sonst auf dem nechsten Schuß ich gar ertödtet bin.

Nv   Ich

Ah perii! neq; nota mihi suspiria duco,
    Quæ sonat, ignoto vox ab amore sonat,
Scilicet arcanos penitus grassatus in artus
    Jam mea victor ovans, regna subegit Amor.
Me miseram! tantos nemo miserabitur ignes;
    Nemo vel è terris, nemo vel è superis?
Tuq; meus (tanti caussa unica qui tormenti es,)
    Tu meus, hæc sicco lumine cernis Amor.
Vos saltem Ætherii cœlo properate coloni,
    Vos quibus à simili mens calet icta face.
Ferte rosas, date mala & odoræ Chloridis her-
        bas,
    Quicquid & Alcinous, Floraq; quicquid habet.
Ferte rosas, date mala ardentibus obvia flammis,
    Mitior in malis est amor, inq; rosis.
Ferte rosas manibus, calathis effundite mala,
    Fors erit hinc nostris certa medela malis.
Sed quid ago! quid posco rosas? quid postulo mala?
    Est dolus in malis, est dolus inq; rosis:
Forsan Amor falsi tegitur velamine mali,
    Aut sua spiniferis occulit arma rosis.
Perjuro simplex malo delusa Cydippe est,
    Et Venus armatæ cuspide læsa rosæ.
Nolo tuas Cytheræa rosas, tua mala Cydippe,
    Nescia perfidiæ, mala rosasq; volo.
Quales Dorotheæ superis tulit ales ab hortis,
    Canaq; quas stupuit bruma rubere rosas.
Quale tibi Elysio venit Ludvina vireto,
    Angelico carptum pollice liliolum.

                                                    Has

Jch sterb' und lasse nicht mein' alte Seufzer gehen/
die Worte/ die Jch red'/ aus frembder Lieb' entstehen/
die an iedweder Glied sich heimlich hat gemacht/
und mich/ als schon besiegt hat in ihr Reich gebracht.
Jch ärmste! wirde denn nicht iemand bey- ger werden
durch meine Brunst/ Er sey im Himmel oder Erden?
und du mein liebster Schatz (der ursprung meiner Pein/)
Du siehests/ netzest doch kein Auge drüber ein.
Zum minsten doch zu mir Jhr Himmelsbürger eilet/
Jhr/denen auch das Herz solch lieben hat durchpfeilet;
bringt Rosen/ äpfel her/ wolschmeckend Kraut aus suchet
aus des Alcinous und Flora Garten-zucht.
Bringt Rosen/ äpfel her die Flamm'in was zu mindern/
bey Rosen/äpfeln pflegt die Liebe sich zulindern;
in Händen Rosen bringt/ den äpfelkorb ausgiesst/
vielleichte Besserung mir etwan draus entspriesst.
Was aber ists/ dass ich mir Rosen/ äpfel heische?
ich förcht'in äpfeln sey Betrug/ in Rosen teusche;
vielleicht'in äpfeln selbst die Liebe sich verdeckt/
vielleicht' ihr scharff Gewehr die Ros' allhier versteckt.
Cydippens Einfalt hat die Apfelfrucht berücket/
in Venus fuss hat sich ein Rosendorn gedrücket;
noch dieser Rosen ich/ noch jener äpfel wehl'
in denen Falschheit steckt/ dieselben less ich zehl'.
Jch will der Bluhmen nur/ wie Dorothea schickte
vom Himmel/ deren zier der Winter scheel anblickte;
wie aus Elysien Ludvinen ward gesandt
ein Blühmlein/ welches brach' ein' Engels-heilge
    Handt.

Die

Has mihi posco rosas, hæ mala, hæc lilia posco,
   Nescia persidiæ lilia, mala, rosas.
His mihi vernantem viridi super aggere lectum,
   Pictaq; puniceis sternite fulcra crocis.
Fiscinaq; è lento fiat pulvinus hibisco,
   Fiscina quam viridi farciat herba toro.
Jungite vimineis collecta ligustra quasillis,
   Et pluat in laxos lutea Caltha sinus.
Junceaq; egregiis onerate canistra Hyacinthis,
   Misceat & calyces Bellis amœna suos.
Spicaq; Narcissusq; & apex stellatus Amelli,
   Pulcraq; cæruleis cum Cyanis Anemon.
Et Nymphæa marina, immortalesq; Amaranthi,
   Iridis & Violæ multicoloris opes.
Junctaq; Smilacibus Pœonia regia parvis,
   Cunctaq; quæ Pæsto divite serta virent.
Addite decerptas Arabo de cortice frondes,
   Et Myrthum & Daphnem Cecropiumq; Thy-
        mum.
Serpillumq; Chamæmelumq; Aloënq; Cyperumq;
   Et Nardum & Thymbram Cynamaq; & Casiam.
Et Costum & Stacten, & olentis germen Amomi,
   Et Cilicum totâ sternite messe solum.
Sternite & hoc animæ quidquid super expirandum est,
   Roscidulis, sinite, elangveat in foliis.
Tunc ego sic moriens componam leniter artus,
   Ut Rosa deciduas ungve resecta comas.
Aut moritura graves inclinant Lilia culmos,
   Quæq; halant animas gramina messa suas.

Die Rosen/ Lilien/ die Aepfel mich zu laben
die nicht betrüglich seyn/ begehr'ich nur zu haben/
damit im grünen mir das Lager überdeckt/
die bunten bettstolln mit Saffranblüt' umbsteckt;
von zähem Ibisch mir / ins grüne Bette binder
ein Küssen/ das gestopfft/ mit Kräutern/ sich befindet.
In Sendekörben auch Reinweidenholz abmeyht/
und meine Schoß durchauß voll Ringelbluhmen
          streut;
voll schönes Hyacinths mein Binzenkörblein traget/
und Himmelschlüssel-kraut/ das voller Knospen raget;
Narcissen/ Spicknard/ und sternicht Schartenkraut/
nach Ackerröslein Euch und Korngeblühm' umbschaut.
Seebluhm' und Tausendschön bemühet Euch zuholen/
die blauen Lilien/ und mancherley Violen;
macht Euch Pæonien und Windenkraut bedient/
und alles was zweymal im Jahr' auf Pæstum grünt;
legt grüne Zweige bey/ die von Sabæer Rinden/
bey Myrrhen/ Thimian/ auch Lorbeer sey zufinden;
Wild Galgan/ Aloë, den Quendel/ Satturey
den Narden Casia, Kamillen/ Zinamey.
Hellwurzel/ Myrrhenharz/ Amomum unterleget/
und was Cilicia von Specereyen träget.
Hiervon mir unterstreut/ weil noch die Seel' in mir/
daß sie auf grünem Bett' ihr irdisch Hauß quittir';
alsdann wil sterbend ich die Glieder sanft einregen/
wie eine Rose pflegt die Blätter abzulegen/
und wie die Lilje stirbt/ wenn sich ihr stengel beugt/
wie abgemeyet Graas/ dem seine Seel' entfleugt.

                                        G J S.

GISLER.

In c. 2. Cant.

Bonus certè languor, cum infirmitas hæc non sit ad mortem, sed ad vitam; ut glorificetur Deus per eam. Cùm ardor, febrisve iste non sit ab igne consumente, sed ab igne potius perficiente.

3.

Dilectus meus mihi & ego illi, qui pascitur inter lilia, donec aspiret dies, & inclinentur umbræ.   Cant. 2.

FElices animæ, populus genialis Amantum?
    Quas amor irruptâ nectit utrinq; fide?
Non ego præ vestrâ, fortunam optavero Regum;
    Nam puto Cœlicolûm vos ego sorte frui.
Sed neq; jam Siculi mirer nova vota Tyranni
    Optantis, Pythiæ tertius esse comes.
Ecquis enim sociis medius negat esse duobus,
    Quos sibi tam sancto fœdere junxit Amor?
Aurea conditio, quoties redamantur amantes,
    Reddit & alternas mutua flamma vices!

                              Hâc

GJSLER.

Gewißlich eine gutte Kranckheit/ weil diese
Schwachheit nicht ist zum Tode/ sondern
zum Leben/ daß Gott durch sie gepreiset
werde; weil diese Hitze oder Feber nicht
ist von dem verzehrenden/ sondern viel-
mehr vollendendem Feuer.

III.

Mein Geliebter ist mein/ und Ich bin sein/
der unter den Rosen geweidet wirdt/
bis es Tag werde/ und die Schatten
weichen. Hohe Lied Salom. II.

O Ihr glückhafften Seeln/ die sich von Hertzen lieben/
und ihrer Liebe pflicht in treu' anander üben;
für euer Glücke nehm' ich nicht ein Königreich/
denn ich vermein'/ ihr lebt den Himmelsbürgern gleich.
Itzt Dionysi Wunsch mir nicht verwundernd fället/
der gerne Pythiæ sich hette zugeseller.
Wer wolt' in Burschschaft nicht zwey solcher Freunde
seyn.
die solcher heilgen Lieb' und Bundes sich erfreun?
O gülner Stand/ wenn man hier liebe und wirde geliebet/
wenn Lieb aus Liebe sich ein' in die ander giebet!

Ich

Hâc ego me toties optavi lege beatam,
    Ad sua cùm trepidam signa vocaret Amor.
O quoties dixi; si quando cogar amare,
    Non nisi qui pariter me redamârit, amem!
Audiit optantem volucrum DEUS ales Amorum,
    Et quid, ait, dubitas? ut redameris, ama.
Vicino extimui præsentis Numine Divi,
    Attonuitq; meum vox inopina caput.
Ecquid inexpertam puer, inquam, perfide castris,
    Auspiciisq; jubes æra merere tuis?
Sæpè quidem juveni mihi narravêre sodales
    Gaudia quanta suis polliceatur Amor.
Sæpius at contra monuit me sedula nutrix,
    Cum ferrer gerulæ sarcina parva sinu.
Vera nimis reputa Peligni oracula vatis,
    Quæ cecinit castis ingeminanda choris.
Quot lepores in Atho, quot apes pascuntur in Hyblâ
    Cærula quot baccas Palladis arbor habet.
Littore quot conchæ, tot sunt in amore dolores,
    Res est solliciti plena timoris amor.
Semper enim miseros timor ille flagellat amantes
    Ne fors non redamet, quem tamen alter amat.
Fida vel alterius si sint rata fœdera vinclis,
    Tum gravis, ut constent fœdera, cura subit.
Curre per historias; quotus, heu! securus amavit?
    Hunc brevis, hunc fictus ludificavit Amor.

Quâ

Jch wünschet' oft / daß mich solch Glück auch möcht er-
   schnelln/
als bey der Liebesfahn' ich mich ließ unterstelln.
Wie sagt' ich oft? wenn ich ja einen lieben müßte/
so sey es der/ bey dem ich Gegenliebe wüßte.
Dieß wünschen Amor hat der Liebes-götz' erschliebt/
und sprach/ was zweifelst du? lieb/ wilt du seyn geliebt.
Auf dessen Gegenwart hat schrecken mich befallen/
in dem sein stimmlein ich hör' überm Haubte schallen;
du loser Bub'/ (ich sprach/) was heisst du mich beziehn
dein Liebes-zelt/ deß ich doch gar nicht kündig bin?
Zwar mir/ als Jüngling'/ oft wollt' andre Bursche sagen/
was Amor seinem Volck' anböte für behagen;
mein' Amm' hingegen mir viel Warnungen vorschlug'
als Sie mich kleinen noch auf ihren armen trug'.
ô allzuwahr Du magst des Naso Verse schätzen/
die Er der keuschen Schaar und Jugend wollen setzen:
  Was Bienen Hybla speist/ was Hasen Athos
    hägt/
  was Beeren Pallas Baum an seinen ästen trägt/
  was Schnecken führt der Strand/ so viel hat Lie-
    be schmertzen/   (Hertzen.
  voll forcht und kummer ist die Lieb' in zweyer
Denn bey den Bulern sich stets diese Forcht ereigt/
daß dieß ihm/ das er liebt/ sey etwan ungeneigt.
Ja/ wenn den Liebesbund zwey Treue schon eingehen/
ist sorge doch/ wie der mög' unverrückt bestehen.
Such die Geschichten auf/ wer war/ der sicher liebt?
itzt einen kurtze Lieb'/ itzt Trügen hat betrübt.

O   Ohn

Quá Paris Oenone sine vivere posse negabat,
 Oenonem potuit deseruisse Paris.
Dilecti Hypsyphile non mansit Jasonis uxor,
 Non mansit reducis, sicut euntis erat.
Thesea crudelem quoties Ariadna vocavit
 Navigio numerum questa deesse suum?
Quin etiam levibus monstras, Puer improbe, pennis
 Quàm cito succedat, quàm cito cedat Amor.
Ite igitur, levibusq́; animas modò credite flammis,
 Cùm sua non aliter sceptra Cupido gerat.
Et levis est multoq́; suis ventosior alis,
 Gaudiaq́; ambiguâ datq́; negatq́; fide.
Tum pudor audaces tinxit tibi, perfide, malas,
 Teq́; levem celeri fassus es esse fugâ.
Tuncq́; ego, Cyprigenæ detectâ fraude, triumphans,
 Instabilem jussi læta valere Deum.
Et tibi, Dius Amor (dixi) tibi fœdere jungar,
 Et tu us ignis ego; tu meus ignis eris.
Donec ab aëreis labentur montibus umbræ,
 Et reducem fugient umbraq́;, noxq́; diem.
O liquidæ Ambrosiæ! ô divini Nectaris haustus!
 O amor! ô quanti pocula mellis habes!
Quid totis te, Dius amor, sit amare medullis,
 Expertus nisi sit, dicere nemo potest.
Quid verò sit amare, iterumq́; abs te reda-
 mari,
 Sit licet expertus, dicere nemo potest.
Omnibus hisq́; etiam supereminet illa voluptas,
 Fidus hic æternum quod sibi constet amor.

Ohn die Oenone meint' er Paris nicht zu leben/
und konnte Paris doch Oenonen übergeben.
An Jason ihre Treu' Hypsiphile zerrieß/
Sie war nicht/ als Er kam/ also wie Er Sie ließ.
Schalt nicht oft Theseum die Liebste fürn Tyrannen/
umb daß zu Schiff' Er Sie nicht holen ließ von dannen?
Ja selbst dein Flügelwerck/ du loser Bube/zeigt/
daß bald die Lieb' ankommt/ und wieder bald versteugt.
So geht/ und eure Seeln den leichten Flammen trauet/
weil anders doch sein Reich Cupido nimmer bauet;
nach art der Flügel er Leichtsinnigkeit verübt/
macht Freud' in unbestand/ und zweifel-treue giebt;
an Wangen frechheit sich/ treuloser Lecker/ zeiget/
dein fliehen weist/ daß du zum leichte-seyn geneiget.
Drauf ob der Venus trug Ich triumphiret hab'/
und frölich gutte nacht dem Liebesgötzen gab'.
Ich sprach: ô Gottes Lieb'/ ich wil mich dir vereinen/
halt mich für deinen Schatz/ als Ich dich für den
Meinen;
so lang' ihr hohen Berg' allhier Uns schatten macht/
so lange folgen wirdt einander Tag und Nacht.
ô süsses Himmelbrod! ô Göttlichs Himmel-trincken!
welch süsse Liebestränck' in deinen Schalen blincken?
Was/Heilge Liebe/ Dich von hertzen ihm erwehln
zu lieben sey/ kan nur der sie geschmeckt/ erzehln.
Was aber lieben sey/ und wieder seyn geliebet
von Dir/ spricht keiner doch gnug aus/ der schon geübet.
Die Lieb' ob alle Lust deßwegen höher geht/
weil Sie beständig-treu in Ewigkeit besteht.

              Ist   O Lieb'/

O amor! ô mea dulcedo! mea vita, meum mel!
    Aut melli geminum, si quid Hymettus habet!
O amor! ô quoties, ô quæ mihi gaudia misces,
    Dùm, quod amans redamer; dum, quod amêre
        subit.
Dumq; iterum æternos recolo fore fœdere nexus
    O amor! ô quantis gestio lætitiis!
Non habet hic miseros Amor, ut levis ille, timores;
    Affluit hic lætis, ingemit ille malis.
Pascitur in riguis, ubi candent lilia, campis,
    Et sua virgineos ducit in arva greges.
Scilicet æthereum decet hic flos purus Amorem,
    Et bene tam castas pascit hic hortus oves.

BERNHARDUS.

Serm. 71. in Cant.

Tu ergo qui hæc audis vel legis, cura habere lilia penes te, si vis habere hunc habitatorem liliorum habitantem in te.

4.

Ego dilecto meo, & ad me conversio ejus.   Cant. 7.

Mœsta cupressiferi nemoris spatiabar in umbrâ,
    Tristitiam lacrymis compositura meis.
                        Jamq;

O Lieb'/ ô Süssigkeit! mein Honig und mein Leben!
und was Hymettus mehr kan honigsüssers geben?
O welche Lust/ wann Jch dran dencke/ machst Du Mir/
in dem du wirst geliebt/ und wieder Jch von Dir.
Denck' Jch denn an den Bund/ der ewiglich sol währen/
O Liebe! wie muß Freud'in Herz und Sinn einkehren!
Die Liebe führet nicht/ wie jene/ forcht mit sich;
hier giebt es Freud' und dort gar manchen Herzens-
stich.
Sie weidet/ wo da stehn die Lilien in den Auen/
und führt die Herd' ins Feld der liebenden Jungfrauen;
der Himmels-Liebe sich die reine Bluhme ziemt/
und keuschen Schaafen wirdt die Gartens-kost benimt.

BERNHARDUS.

Derhalben Du/ der du dieses hörest oder liesest/
befleisse dich daß du Lilien bey dir habest/
so du wilt den Bewohner der Lilien/ in
dir wohnend haben.

IV.

Mein Geliebter ist mein/ und Er helt sich
auch zu Mir. Hohe Lied Salo. VII.

Jch gieng einmal betrübt in der Cypressen schatten/
daß meinen Kumer Jch mit weinen möcht'abstatten;
O iij   ich

Jamq́; sinum tepidis submerserat imbribus unda,
   Conçideramq́; meis pænè subacta malis.
Tristis chelys ex humeris pendebat eburnea nostris,
   Mœstitiæ quondam certa medela chelys.
Obruta tristitiâ, frondente sub arbore sedi,
   Associans querulis talia verba modis:
Ergò mei vidui, sine lucibus ibitis, anni?
   Nullus & in nostro carmine vivet amor?
Ah precor eveniant hæc hostibus omnia nostris
   Et procul his, cœli tam bona flamma cadat!
Vivere se juret, non hunc ego vivere credam
   Qui trahit hoc vacuos frigidus igne dies.
Unicus est homini, vivendi fructus, amare;
   Solus, amans, vixi; dicere jure potest.
Qualis, in ima, suo desidit pondere tellus,
   Et subit aërias, ardua flamma, vias;
Nos ita fax animi, violento cogit amore.
   Abripimurq́; omnes impete quisq́; suo.
Me quoq́; nativâ stimulari sentio flammâ
   Visq́; adhibet tacitas, nescio, quanta faces.
Quo meus ergò suos Amor ejaculabitur ignes?
   (Primitiæ nostri namq́; caloris erunt.)
An ferar humanæ furiata Cupidine tedæ,
   Cognata Angelicis, stirpsq́; sororq́; choris?
Aut mea mortales venient in colla lacerti,
   Quæ sum immortali Sponsa creata DEO.
Ah, super hasce hiemes, nostri rapiuntur a-
          mores,
   Terra parem thalamis non habet ista meis.

Nym-

ich war als überschwemmt/ von heisser Thränen macht/
und hatte mich mein Schmertz zu boden fast gebracht;
gleich hett' am Rücken ich mein Lautenspielholtz hangen/
damit ich weiland mir vertrieb Hertzinnres bangen.
Da setzt' ich traurig mich ins grüne Schattens-zelt
und solch ein Lied mein Mund der Lauten zugesellt:

Ach sol ich einsam hier die Zeit ohn lust zubringen?
werd' ich nicht auch einmal von Liebes-flammen singen?
O daß den Feind ergreiff' (ich wünsch' es) solcher
        Standt/
daß ihm so gutte Brunst bleib' allzeit unbekannt!
Der schwere/daß Er leb'/ich kans Ihm schwerlich gläubt/
der ohne solche Lieb' hier wil die Zeit vertreiben.
Die wahre Lebensfrucht allein das Lieben giebt/
der sag'/Er hab' hier recht gelebt/ der da geliebt.
Gleich wie die Erd' hinab mit ihrer Schwere dringet/
hingegen sich die Flamm' empor und auswerts schwinget:
so zwingt uns Hertzensbrunst durch starcker Liebe macht/
und von Begierden wirdt iedweder aufgebracht.
Natürlich reitzen auch mein Hertz im Leib' empfindet/
und weiß nicht was für Macht die Glut in mir entzündet:
wo schiesset nun meine Lieb' ihr' erste Pfeilen ein?
(denn diß die Erstlinge der Liebe sollen seyn;)
Sol Ich in brunst erhitzt bey Menschen Lieb' anschlagen/
die/ daß ich bin verwandt den Engeln/ wohl kan sagen?
Ja sol Ich sterblich Volck beküssen lassen mich/
Mich/die GOtt ihm zur Braut erkoren hat für Sich.
Ach/unsre Flamme sich weit übern Winter schwinget/
dergleichen Ebbett' hier die Erde nicht aufbringet.

Nympha puellarum pulcerrima Romulearum
   Agnes, Ausonio sponsa petita proco:
Absit, ait; juvenis mea ne tibi fœdera speres,
   Jam mea cœlestis fœdera sponsus habet.
Sic nostra ætherios ambit quoq; fax Hymenæos,
   Inde petendus erit, qui mihi Sponsus erit.
Hunc ego, non alium, solum hunc ego diligo Spon-
       sum,
   Nemo potest uno tempore amare duos:
Illius ante oculos mihi semper oberrat imago
   Ante oculos, quamvis longiùs absit, adest.
Et loquor absenti momentis omnibus absens,
   Absentisq; sonos illius aure bibo.
Sic ubi magnetis vim ferrea linea sensit,
   Semper ad agnati vertitur alta poli.
Et sua Sydoniis patet hinc Cynosura carinis,
   Servat & hinc Helicen cymba Pelasga suam.
Sic læsi sequeris studiosa pedissequa Phœbi
   Dilectam Clytie flos modò facta facem:
Bisque, die quovis, verso jubar ore salutans,
   Manè precaris ave; serò precare vale.
Obvia fraternos ita spectas Cynthia vultus,
   Et reparat vultus ignibus ille tuos.
Sponse, ego sum Clytie, tu Sol: ego Cynthia, Phœbú
   Qualibet obverso persequor ore meum.
Et mihi, Sponse, Helyce, Cynosuraq; duplicis Arcti,
   Quo trahis, huc oculis ad tua signa volo.
Quid mirum, alterno si respondemus amoti?
   Magnetem sequitur linea tacta suum.

Die Agnes/ welche Rom für schönnste damals schätz'/
hatt' ihm zü ehlichen ein Römer fürgesetzt.
Weg/ sprach Sie/ junger Held / dein Hoffen wird ge-
brochen/
Ich bin dem Bräutigam im Himmel schon versprochen.
So steht nach Himmels-Eh' auch meiner Liebe Pein/
von dar wil einen Ich/ der Bräutigam sol seyn.
Den Bräutigam ich lieb' allein und sonst ir keinen/
man kan mit zweyen sich zügleiche nicht vereinen.
Desselbten Bild mir stets vor meinen Augen schwebt/
vor augen/ ob Er gleich nicht gegenwertig lebt;
abwesend doch Wir stets zusammen Spraache pflegen/
Ich höre seine Stimm'/ ob er schon nicht zugegen.
Gleich wie der Nadelstift den ein Magnet bestreicht/
sich zum verwandten Punct im Norden allstets zeucht;
wie nach dem kleinen Bähr' aus Sydon Schiffe reisen/
der Griechen aber sich den Grossen lassen weisen.
Also ist Clitie dein Antlitz stets bemüht/
das eine Bluhme nun/ die liebe Sonn' ansieht;
die du begrüssest zwier/ des Tages im verwenden/
erst wenn er sich anfängt/ und wenn er sich sol enden.
So kehrst du Cynthia zum Bruder dich auch gantz/
und der verleyhet dir von seinem Liechte glantz.
Ich Mond und Clitie, du Bräutigam platz verwalte
der Soñen/ der sich nach mein Haubt hin wend' und haltt.
Sey mir/ ô Bräutigam/ der klein' und grosse Bähr/
wo du hinzeuchst/ dahin ich mich auch wend' und kehr';
ists wunder/ wenn Wir so mit Lieb' in Liebe spielen?
die Nadel zum Magnet/ der sie beküsst/ wil zielen.

D v   BERN-

BERNHARDUS.

Medit. cap. 9.

Cor meum per multa dispergitur, & huc illucque quærit, ubi quiescere possit, & nihil invenit quod ei sufficiat, donec ad ipsum redeat.

5.

Anima mea liquefacta est, ut dilectus locutus est. Cant. 5.

TE semel ut cursim tantùm, mea vita, viderem,
   Quot juga, quot sylvæ, quot loca visa mihi!
Ut semel audirem tantùm, mea vita, loquentem
   Ah! quot inaccessis rura petita viis.
Aërii montes, metuendaq; culmina rupes
   Saxaq; solivagis vix adeunda feris.
Nec tamen, ecce, tui data spes fuit ulla videndi,
   Vixq; vel alloquii spes fuit ulla tui.
O quoties dixi: quæ te, mea vita, latebræ,
   Quæ cava, quæ terræ, quæ nigra lustra tegunt?
Sed neq; lustra meum, neq; rus tolata dolorem
   Respondit lacrymis sylva nec ulla meis.

Fors

BERNHARDUS.

Mein Hertze wirdt durch viel Dinge zustreuet/ und suchet hin und her wo es ruhen könne/ und findet nichts/ das Ihme genung wäre/ biß es zu ihm wieder kommet.

V.

Meine Seele ist zerschmoltzen/ nach dem der Geliebte geredt hat. Hohe Lied Salom. V.

Was hab' ich Plätze nicht durchsucht/ und Berg und
 Wald/
umb dich nur einst zusehn/ ô Lebens-auffenthalt?
Daß ich ô Schatz nur einst/ möcht' hören deine Spraache
ach was durchstriech' ich nicht für Feld/ Unweeg'/ und
 Braache
Gebirge/Felsen/Stein'/ ob die man gratten trug/
dahin die Gemse kaum zu klettern sich erwug.
Und ich erlange doch kein' Hoffnung Dich zuschauen/
noch dich zureden an/worauf ich konnte bauen.
O wie offt/ saget' Ich: welch winckel/ liebste Seel'
hat in den Wäldern dich verborgen/ welche Höl'?
ach aber Höl' und Feld benahmen nicht das sehnen/
noch meine Pein der Wald/ auf die vergossne Thränen/

Eins

Fors semel ignotos me duxerat error in agros,
    Solus ubi ante oculos campus, & error erant.
Metior hîc oculis cœlos, clamoribus agros,
    Sed neq; vox cœlis, nec data vox ab agris.
Inde deerranti vallis se monstrat opaca;
    Vociferor, nullus fit mihi valle sonus.
Ecce cavâ densum, procul haud à valle viretum
    Adjacet; æstivo textilis umbra gregi.
Hîc erit, hîc forsan, dixi, mea vita, latebit;
    Heu dolor! ut vidi, nulla latebra fuit.
Ergò amens tandem lacrymansq; ad littora
    curro,
    Littora, quæ refluis Neree tundis aquis.
Hîc Pharos ingenti se tollit in ardua clivo.
    Unde suum ratibus navita captat iter.
Scando Pharon, totoq; oculos circumfero ponto,
    Et quantâ possum littora voce voco.
Littora, littora, vos cautes, vosq; æquoris undæ,
    An latet æquoreis lux mea mersa vadis?
Vix prior attigerat resonantia littora clamor,
    Cum citò littoribus vox geminata redit.
Ambigo, num scopulis fallax responderit Echo,
    Et nimium pronâ luserit aure fidem.
Tristibus ergò iterum cava littora pulso querelis;
    Littoribusq; iterum vox repetita redit.
Vox redit, & vox nota redit, tua vox, mea vita,
    Et mihi voce tuâ, reddita vita fuit.
Ibam semanimis, subitò ad tua verba revixi,
    Ne penitus morerer, vox satis una fuit.

Scili-

Seufzen. Das Dritte Buch. 221

Eins hatt' in frembdes Feld das irren mich verführt/
da nichts vor Augen Ich/ als Sand und irren spürt'.
Ich blicket' Himmel auf/ das Feld füllt' ich mit schreyen/
und Himmel/ weder Feld wollt' hülfe mir verleyhen.
Hier auf im irren mir ein finster Thal fürkam/
ich schry/ und dennoch Ich kein' antwort drauf vernahm/
unfern ein dicker Busch mit seinen Zweigen spielte/
wo Sommers sich das Vieh in greller Hitz' abkühlte.
Hier etwan/ sprach Ich/ wirdt verborgen seyn mein Licht.
O weh! ich satz' und sah'/ Er war allhier auch nicht;
drumb Ich zum Ufer lieff/ als thum/ mit Weinen/
     Klagen/
zum Ufer/ wo den Sand die Meeres Wellen schlagen;
da stand ein hoher Turn auf einen Berg erbaut/
nach dem das Schiffersvolck im segeln fleissig schaut/
Ich stieg' hinauf/ ich ließ die Augen umbher schiessen/
den Ufern zu zuschreyn war ich mit macht geflissen:
Ihr Wässer in der See/ ihr Felsen/ und du Strand
sagt/ ob mein Schatz nicht liegt bey Euch versteckt in
     Sand?
mein' erste Stimme kaum die Ufer hatt' erklungen/
bald kam ein Doppelhall zu rück' auf mich gedrungen;
Ich zweifelt'/ ob mich nicht der Widerschall bethör/
und mein begierig Ohr nur leere Stimmen hör';
hierumb denn wieder drauf mein Klagewort erschällte
die Ufer/ daß der Schall mit macht zu rücke prellte;
da ward von mir die Stimm'/ und deine zwar gehört
ô Schatz/ und mir zugleich das Leben mit verehrt.
Ich gieng halb todt/ dein Wort das Leben mir erwarb/
das einzige/ das machts/ daß ich nicht vollends starbe/

          Je

Scilicet ora loquens, quoties cœlestia solvis,
  Magnum aliquid verbis fulminis instar inest.
Ignivomæ non quale nucis, testudine clausum
  Efflabat Syriæ fraudibus, Eune, Deæ.
Quale sed in comites Emmautia rura petentes
  Sparsisti Stygiis Dux redivive plagis.
Frigida cùm subitis arserunt pectora flammis
  Pectora colloquio, lux mea, tacta tuo.
Hinc mihi succensis caluit quoq; flamma medullis
  Ictaq; cœlesti vocis ab igne fui.
Et licet Oceano gelidis licet undiq; saxis,
  Undiq; cæruleis obsita cingar aquis:
Intus agunt flammæ, sic loquor ab ignibus intus,
  Liquitur ut lento pinea teda foco.
O utinam, mea vita, animam liquamur in unam
  Unaq; vita duos jungat Amorq; duos!

AUGUSTINUS.

Soliloq. cap. 34.

Quid est hoc quod sentio? quis est ignis qui calefacit cor meum? quæ est lux quæ irradiat cor meum? ô ignis qui semper ardes, & numquam extingveris, accende me.

6.

Quid enim mihi est in cœlo, & à te quid
volui super terram? Psal. 71.

Ja wohl/ so ofte nur dein Gottes-Mund erklingt/
ists einem Donner gleich/ der Flammen mit sich bringt;
nicht wie auf Juno schlag und listiges bemühen
der Eunus durch die Nuß könt aus dem Munde sprühen;
nein: sondern solche Glut/ wie auf dein Auferstehn
entbrannt' in denen die nach Emaus wolten gehn;
da bald ein Feuer ward ins kalte Hertz geröhret/
so bald Sie deine Spraach/ ô liebstes Lieb/ erhöret.
Davon hat auch die Glut mir marck und bein entbrannt/
der Himmelsstimme flamm' hat auch mein Hertz durch-
und ob ich überal umbgeben von dem Meere   (rannt;
der liechteblauen Flut/ und kalten Felsen wäre/
so brenn' ich doch in mir und schmeltze von der Glut/
wie einer Fackel hartz bey lindem Feuer thu.
ô schmeltzten unsre Seeln/ in eine Seel'/ ô Leben
und Lieb und Leben uns zusamen möchten geben!

AUGUSTINUS.

Was ist das/ so ich fühle? was ist das für Feuer
so mein Hertze erhitzet? was ist das für ein
Licht so mich erleuchtet? ô Feuer/ der du
allezeit brennest/ und keinmal erlischst/
entzünde Mich.

VI.

Dann was hab Ich im Himmel/ und auf
Erden was hab Ich ohn Dich be-
gehrt? Ps. LXXI.

Was

Quid cœlo, mea lux, terrâve marive requiram?
  Nec cœlum sine te, terra nec unda placet.
Nec equidem ignoro, quæ, quantaq; gaudia cœ-
      lum,
  Terraq; quas fundat, undaq; condat opes.
Sed sine te, mea lux, mala sunt, quæcunq; vel æther
  Vel tellus gremio, vel tegit unda salo.
O cœlum! ô tellus! ô cærula marmora ponti!
  O tria deliciis regna superba suis!
Delicias cumulus vestras licet aggerat unus,
  Non sint delitiæ, si meus absit amor.
Sæpè tulit fateor, vaga per divortia mentem,
  Hinc Thetis, hinc tellus, arduus inde polus.
Sed totum injectis, mundum si metiar ulnis,
  Non tamen hæc ulnis par erit ulna meis.
Mens aliquando fuit gravidam recludere terram,
  Æraq; divitibus vellere fulva cavis;
Aurumq; argentumq;, nitentis germina venæ,
  Quæq; metallifero nutrit arena sinu.
Ferro igitur magnæ Matris suffodimus alvum
  Totaq; telluris gaza coacta fuit:
Quid juvat? aggestas licet aurum fregerit arcas
  Non tamen est animo nausea pulsa meo.
Ergò sub æquoreas rapuit me cura penates,
  Quâ subit Eoas Indus adustus aquas.
Quidquid & aurifluis gemmarum nascitur undis
  Carpere sub liquido gurgite fervor erat.
Et pressum roseis conchylibus edere rorem,
  Rideret patulis purpura si qua labris.

Et

WAs sol im Himmel/ Meer' und Erden ich begehren?
Sie können/ Schatz/ ohn dich mir keine Lust ge-
          wahren.
Zwar weiß Ich/ was für Freud' im Himel wirde gehägt/
welch Gutt die See verbirgt/ und was die Erde trägt.
Ohn dich muß alles doch/ Schatz/ Ich für böse mutten
was Lufft und Erd' umbschost/und auch die Meeresflutte.
O Himmel/Erde/Meer/ ihr mächtige Drey Reich'/
als die ihr Herrligkeit zur gnüge führt in Euch;
wenn eure Schätze gleich all' überm Hauffen lägen/
so schätzt' ich sie doch nichts/wenn nicht mein Lieb zugegen.
Oft hat/ ich steh' es zu/ mich zweifelhaft gemacht/
itzt hier das Meer/die Erd'/ itzt dort des Himmels pracht.
Wenn ich die Erde gleich zu messen wollt' erwehlen/
an meinen armen hett' ich doch zu wenig Elen.
Eins dacht' ich aufzuthun der fruchtbarn Erden schacht/
wo aus der reichen Grufft das Ertz wird ausgebracht;
wo Gold= und Silberzweig' in blancken Adern stecken/
und was die Erde mehr mag reichlich in ihr hecken.
Hierumb ließ ich den Bauch der Erden wohl durchfahrn/
biß Ich all ihre Schätz' erlangte zuverwahren.
Was hilfts? ob mir das Gold eindrucket' alle Kasten/
so konnt' es doch das Hertz des Eckels nicht entlasten;
drumb mein Gemütt' und Sin mir nach dem Meere stand
in Indien zuziehn das Sonnen-heisse Land/
was da die güldne Flüß' an edlen Steinen zeugen/
und unterm Wasser wächst/das wünsch' ich mir zu eigen.
Den roten Muscheln wollt' ich nehmen ihren Safft/
ich lachte/wenn ihr Mund mit Purpur wär' umbhafft;

P   Ich

Et sparsas rutilis baccas conquirere ripis
    Dives Hydaspei quâ nitet unda vadi.
Hei mihi! tam vero lectis ex æquore gemmis,
    Littoribus totidem fluminis atq; maris.
Tot cyanos tot chrysolitos tot Jaspidas inter,
    Nulla meæ potuit gemma sat esse siti.
Quid facerem votis, terrâq; mariq; negatis?
    Sidereos, dixi, vota subire lares.
Visa igitur Superi circumvaga machina mundi,
    Templaq; luciferis fulgida lampadibus.
Obstupui stabili currentes ordine flammas,
    Astraq; perpetuos ducere nexa choros:
Inter at indigenas tot Olympi pensilis ignes,
    Flamma capax animæ non fuit ulla meæ.
Nempe ita cùm totum requievit in Hercule cœlum,
    Non illi requies sidera, pondus erant.
Ah! piget è terris cœli convexa tueri!
    Jam super alta feror nubila, terra vale.
Jam cunctæ ex oculis, turresq; urbesq; recedunt,
    Jam coit in minimam pendula terra pilam.
Jam Lunæ, Solisq; Jovisq; supervehor orbes,
    Et septena premens sidera, calco pede:
Jamq; pavimentum stellarum illustre pyropis,
    Sub pede despicitur, quod modò culmen erat.
Altaq; jam cingunt flammantis mœnia mundi,
    Et propior cœli regia tota patet.
Quin properant volucres, pennata examina cives,
    Et sociant variis verba fidesq; modis,

Jch dachte Scharlachsbeern an Ufern zuerschnauffen/
so weit Hydaspes Fluß in Indostán mag lauffen.
O weh! in dem mir sind viel Steine zugesandt/
gelesen in dem Meer'/ in Flüssen/ und am Strand'/
und so viel Türkos doch/ und Jaspis/ Chrysolithen
im minsten meinem Geitz' und den Begierden riethen.
Was sollt' ich thun/ da mich nicht Erd und Meer be-
gnügt/
Jch sprach/ in Himmel nun euch/ ihr Verlangen/fügt;
und als ich überal mich umbsah' in den Höhen
der Himmelsfest'/ allwo die lichten Lampen stehen/
da ward ich gantz entzückt ob ihrem schönen lauff'
und Ordnung/ umb daß sie keinmal nicht höret auff:
Von so viel Lichtern doch/ die an dem Himmel hangen/
vermochte keines nicht zustillen mein Verlangen.
So gieng es Herculi, wenn er den Himmel trug/
Er hatte Last daran/ zur Ruhe keinen fug.
Ach von der Erd' ist's schwer in Himmel einzuschauen:
itzt tret' ich Wolcken Erd'ich will dich GOtt vertrauen.
Jtzt alles aussehn mir der Städt' und Türn' entweiche/
dem kleinsten Ball' itzt sich die hangend' Erde gleicht.
Des Jovis, Sonn und Mond gezirck ist überstiegen/
die Siebensterne sich zu meinen Füssen schmiegen/
des Sterngewölbes Bau/ in edler Steine Zier
itzt unter mir sich zeige/ der vor hieng' über mir.
Jtzt mich die Mauren schon des Himmels rings umbgebe/
die Himmelsburg seh' Jch frey offen vor Mir schweben.
Die Engel eilen schon hin auf ihr Seitenspiel/
sie singen lieblich drein/ sie schlagen mit dem Kiel;

P ij   im

Saltantesq́; obeunt pedibus plaudentibus orbem
    Lætaq́; ceu festo personat Aula die.
O cœlum! ô cœlum! ô fulgentia lumina
    stellæ!
    O nisi sidereis, atria digna choris!
O volucres animæ, rutili Respublica Regni
    O chelys Angelicis associanda modis!
O ubi sum? propè facta sui immemor, exciderat
    mens
    Sed redit ut sponsum sensit abeſſę suum.
Astra valete, valete poli, volucresq́; valete;
    Nil mihi vobiscum est, si meus absit amor.
Jam video, mihi quid terrâq; poloq́; petendum,
    Si meus absit amor, Terra Polusq́; vale.
Magnanimas juvenis lacrymas Pellææ dedisti,
    Nulla tibi domito terra quod orbe foret?
Quid mihi, millenos si fregero viribus orbes?
    Nec satis est votis gloria tanta meis.
Ah minus est animo, quidquid sola dissita terrarum
    Astriferæq́; obeunt mœnia vasta plagæ!
Quod neq; terra capit, neq; regna liquentia ponti,
    Non hominumq́; lares, non aviumq́; domus.
Quod neq; siderei claudunt amplexibus orbes,
    Id voto spes est, resq́; petita meo.
Hactenus, heu fateòr, vacuas dum prendimus auras,
    Semper ab amplexu mens malè lusa suo est!
Tu mîhi Terra, Deus; mihi tu Mare, tu mihi Cœ-
    lum
    Deniq́; cuncta mihi es: Te sine, cuncta nihil.

AUGU-

im Reyhbeschliessen sich das HimmelsChor schon regt/
es klingt/ wie sonst es hier an hohen Festen pflegt.
O Himmel! Himmel! Stern'! ihr Lichter voller schein!
O Hauß! da nicht gehört/ als Englisch Volck/ hinein.
O ihr geschwinten Seeln/ des güldnen Reiches Leuthe!
O Harffe/ die wohl klingt! ö Engelische Seidte!
Wo bin ich? mein Gemüt' in mir war gantz entzückt
doch fahrt es umb/ als es den Bräutigam nicht erblickt'.
Ihr Himmel/ Engel/ Stern' adé, verbleibt im Seegen/
Euch wil ich nicht/ dafern mein Lieb nicht ist zugegen.
Ist seh' ich/ was mir Erd' und Himmel geben sol/
ist denn mein Schatz nicht da/ so habt euch beyde wohl.
Du Grieche liessest drumb heroische Zähren rinnen/
samb würde keine Welt dir bleiben zugewinnen.
Was hülf' es/ wann Ich schon eintausend Welten
kriegt'/
an Wünschen dennoch mich nicht solcher Ruhm ver-
gnügt';
ach meinem Hertzen ist nur alles zu geringe/
was Lufft und Erd' umbfasset/ in ihrem weiten Ringe;
was dieser Erdenkreiß/ des grossen Meeres Teich/
der Menschen wohnungen/ der Lüfftekinder Reich/
die Himmelszirckel auch nicht mögen in sich schliessen/
darauf ist mein Begier und Hoffnung nur geflossen.
Bisher ach! ich gestehs/ hab' ich die Lufft umbhertzt/
und sie hat übel mich und meinen Kuß gescherzt.
Gott/ du bist Erde/ Meer/ du bist auch Him-
mel mir/   (hier!
und alles gar/ ohn Dich begehr' ich nichts nicht

P iij   AUGU-

AUGUSTINUS.

Soliloq. cap. 20.

Quidquid cœli ambitu continetur inferius ab anima humana est, quæ facta est ut summum bonum superius possideret, cujus possessione beata fieret.

7.

Heu mihi quia incolatus meus prolongatus est! habitavi cum habitantibus Cedar, multùm incola fuit anima mea.   Psal. 119.

AN peragit solitis Phœbi rota cursibus annum,
   Sydereumq́; suo tempore finit iter?
Credideram fractis currum consistere loris,
   Tempora tam lentis ire videntur equis.
Heu mihi, decretos jam dudum explevimus annos,
   Nec tamen è vitâ cedere, Parca jubet.
Cur mea tam longo ducuntur stamina filo?
   Debueras Lachesis deproperasse colum.
Ecquid in his adeò delectet vivere terris?
   Quidve quod invitet, tristis hic orbis habet?

AUGUSTINUS.

Was in des Himmels Umkreiß begriffen ist niedriger/ als die Menschliche Seele ist/ welche geschaffen daß Sie das höchste Gute droben besitze/ und durch dessen Besitzung seelig werde.

VII.

Wehe Mir/daß sich mein Hiebleiben und Wallfahrt verlängert hat! Ich muß wohnen unter den Bürgern Cedar/ meine Seele hat lange müssen da wohnen. Psal. CXIX.

Helt denn die Sonne noch den altgewohnten Lauff
und hört zu rechter Zeit das Jahr im Thierkreiß auf?
Mich dunckte/ samb in zwey das Zeitseil ihr gerissen/
hierumb ihr Fuhrwerck dann so langsam gehen müssen.
Die mir bestimmte Zeit/hab'ich ach! längst vollbracht/
jedennoch sich der Tod nicht an mein Leben macht;
Warumb wirdt länger mir gedrehet der Lebens-Faden?
du bettest/ Clotho, soll'n den Rocken eh entladen;
was sollte länger mir zuleben Lust gebehrn?
was kan/ daß einer blieb'/ ihm nur die Welt gewehrn?

Quælibet ah! simili mihi mors minus aspera vita est
    Si genus hoc mortis vita vocanda fuit.
Nempe gradu stabili nihil hîc immobile constat,
    Cuncta sed assiduâ mobilitate fluunt.
Manè dies oritur Phœbæo splendidus auro
    Squallidus emoritur, nocte premente, dies.
Nox subit astrorum rutilis comitata choreis,
    Nox iterum cœlo, sole fugante, fugit.
Nunc Zephyro gremium tellus spirante recludit,
    Nunc claudit gelidos, flante Aquilone,
    sinus.
Nunc canet nivibus, nunc spargitur alba pruinis,
    Nunc tepidi foliis veris amicta viret.
Mollia jam liquidas pandunt freta navibus undas,
    Jam tenet inclusas unda gelata rates.
Nunc agitant tumido venti fera prælia Ponto,
    Nunc stagnat placidis cærula Thetis aquis.
Humidus effusis nunc liquitur imbribus æther,
    Nunc aqueâ nitidus stat sine nube Polus.
Nunc fragor horrisono cœlum quatit omne tumultu,
    Nunc silet & superas pax tenet alta plagas.
Deniq; (quæ reliquos superant incommoda casus.)
    Mœsta ferè in mediis vita trahenda feris.
Quæq; domos hominum, mage sunt spelæa ferarum,
    Quiq; homines, hominû nil nisi nomen habent.
Scilicet insidiæ, fraudesq; doliq; triumphant
    Nec, nisi quod rigido, jus datur ense, viget.
Exulat hinc Pietas, terrisq; Astræa recessit,
    Fasq; relegatum sub pedibusq; jacet.

                                                    Adde

ach leder tode mir gilt so viel/ als solch ein Leben/
so solchem tode man mag Lebens-namen geben.
Auf steiffem fusse nichts in dieser Welt besteht/
in steter Enderung alls auf einander geht.
Früh uns den lieben Tag die güldne Sonne bringet/
der auf den Abend stirbt/ wenn ihn die Nacht verdringet.
Den Nächten wartet auf der blancken Sterne schaar/
so bald die Sonn' aufgeht/ so muß die Nacht von dar.
Bald thut der Erden Schoß sich auf/ weñ Zephyr spielet;
bald wieder sie sich schleust/ wenns aus dem Norden kühlet.
Bald ist sie weiß von Schnee/ bald sie der Reiff bestreut/
bald grünt sie/ wenn sie nihmt zur Hand ihr Frühlings-
kleid ;
bald lässt die welche See sich Schiff und Böthe schneiden/
bald wil sie sich in Frost und bittres Eyß einkleiden ;
bald in den streit auf ihr die Wind' und Wellen gehn/
bald bleibt Sie wieder still/ als faule Pfützen/ stehn ;
bald aus dem Wolcken-leib' ein Regen abwerts zeiget/
bald ist es wieder klar/ kein Wölcklein mehr sich zeiget ;
bald donnerts in der Lufft/ daß alles kracht und bebt/
bald wirdt es wieder still/ kein Lüfftlein sich erhebt.
Und dann (das aller Noth den nachdruck erst kan geben/)
so muß man kummerhafft als bey Unthieren leben.
Was Menschenhäuser seyn/ man rechter Hölen heist
des Wildes/ Menschen nur annoch der Name preist.
Denn da führt Trug und List den Vorzug allerwegen/
es gilt kein Recht nicht mehr/ das nicht erwirbt der Degen.
Die Gottesforcht ist weg/ Gerechtigkeit entzückt/
die Billigkeit verjagt und gäntzlich unterdrückt.

P v   Du

Adde loci faciem; locūs est inamabilis, & quo
  Libera vix risu solvere corda queas.
Martius, heu! sævis ardet furor undiq; bellis!
  Nec numerat plures altera terra neces.
Hostibus in mediis, inter gladiosq; facesq;,
  Hâc geris arma manu, quâ seris arva manu.
Quis velit in tantis tolerare laboribus annos,
  Sortis & assiduis ictibus esse scopus?
Hei mihi, decretos, jam dudum explevimus annos!
  Tempora cur fati sunt ita lenta mei?
Tempora cum numero (numero quæ sæpiùs exul,)
  Jure graves damnat, nostra querela moras.
Nec scio quæ cœcas hebetent oblivia mentes,
  Omnia queîs longi sunt sua vota dies:
Crediderim miseræ nescire pericula vitæ,
  Nec quàm sit gravis hic conditione locus.
Nam bona siderei si nossent maxima mundi,
  Arceri patriâ se quererentur humo.
Sed procul absentes cœlestia gaudia fallunt,
  Raraq; de cœlo nuncia rumor habet.
Hei mihi, quàm procul his distas, mea patria,
    terris?
  Quàm procul à cœli finibus exul agor!
Exulibus quondam tellus fuit ultima Tybur;
  Me profugam fatis ultimus orbis habet.
Et nondum infaustas colui satis incola sedes,
  Squallentes tenebris, tristitiâq; domos?
Sexta Ceres cæsis quoties procumbit aristis,
  Servus ab Hebræo pilea sumit hero.

                                              Cur

Du findest ja den ort voll unliebhafter Raue/
daß ich zulachen da kaum sicher mir getraue.
In allen Winckeln sieht man nichts als Kriegesnoth/
und nirgends schlägt man mehr/ als hier/ die Leuthe todt.
Recht mitten unterm Feind' und unter Büchs und Degé/
muß man die Hand an Pflug/und auch ans Schlacht-
schwert legen.
Wer wollt' in solcher Noth das Leben nur begehrn/
und sich den Unglückspfeiln zum ziel' also gewährn?
Ich habe längst gelebt die Zeit die mir bestimmet!
Was säumt sich ach! der Tod/ daß er nicht nach mir
kömmet?
Zehl' ich die Zeit (wie denn als einer der verjagt/)
so wirdt ja der Verzug von mir gar recht beklagt.
Nicht weiß ich wie das Hertz Vergessenheit besessen/
daß alle Wünsch' ihm wil auf lange Tage messen.
Ich gläub', es wisse nicht des Lebens Angst und Müh'/
und was auch für Beschwer der Ort selbst nach sich zieh';
O wenn es jene Schätz' und Himmelsgütter wiste/
so klagt' es/ daß es fern von solchen hausen müste.
Das treugt/ daß jener lust/ die ferren zweifeln macht/
daß ihnen selten auch von dar wirdt Post gebracht.
O weh! mein' Heimath ist mir weit von hier verschrieben/
wie leb' ich doch so weit vom Himmel/ als vertrieben.
Die Römer weiland man verwies' auf Tybur hin/
zum Unglück' ich verjagt bis gar an Weltort bin;
hab ich den Unglücksplatz noch nicht bewohnt zum gnügen
in Hütten/ wo Verdrieß und Finsternis inliegen?
Nach dem sechs mal das Feld von Früchten wurde bloß/
gab den leibeignen Knecht der Jacobite loß.

Wie

Cur ego non etiam servili emancipor agro?
    Et rudis immunem verbere virga facit?
Cur patriæ fines, portusq; relinquere cogor
    Nec sinar ætherios exul adire lares?
Deserit externas peregrina ciconia sedes,
    Inq; suas revolat, per mare vecta, domos.
Nuncia veris avis, nidos quoq; mutat hirundo,
    Cum redit ad notos Bistonis ales agros.
Urbe relegatus patriis Antistius oris,
    Redditus exilii fine favente fuit.
Hei mihi, cognatis cur exul abarceor astris?
    Nec sinor illa meo tangere regna pede.
Lux mea, rumpe moras, satis his habitavimus oris,
    Aut quo non potui corpore, mente ferar!

AUGUSTINUS.

Serm. 43. De verbis Domini.

Sunt duo tortores animæ non simul torquentes, sed cruciatu alternantes. Horum duorum tortorum nomina sunt timor & dolor. Quando tibi bene est, times; quando malè est, doles.

8.

Infelix ego homo! quis me liberabit
                                de

Wie daß ich auch nicht werd' aus Dienstbarkeit entkommen/
daß ich durch Ruttenschlag zur Freyheit möchte kommen?
wie daß mein' Heimat ich gezwungen lassen muß/
und darf zum Himmel nicht annahen meinen Fuß?
Der frembde Storch sein Nest läst endlich ledig liegen/
und trachtet über Meer hinwieder heim zufliegen.
Die Schwalbe/Lentzenspost/verendert auch ihr Hauß
wenn sie da langet an/wo sie zuvor zog aus.
Als aus dem Lande ward Antistius vertrieben/
man letzlich doch ihn holt'/und wolt' ihn wieder lieben.
O weh/ was scheucht man mich von dem das mir verwandt/
und lässt nicht meinen Fuß beschreiten jenes Land?
Schatz eile/ weil wir schon gnug Wohnung hier genohmmen/ (kommen!
wohin der Leib nicht kan/ da laß den Geist hin-

AUGUSTINUS.

Es seyn zwey Peiniger der Seelen/ die nicht zugleich peinigen/ sondern mit der Pein umbwechseln. Dieser zwey Peiniger Namen sind Forcht und Schmertz. Ist dir wohl/ so förchtest du; ist dir übel/ so hast du Schmertz.

VIII.

Ich unseeliger Mensch/ wer wirdt mich doch

de corpore mortis hujus? ad Rom. 7.

INfelix! ubi nunc bona tot, quæ perdita plango,
 Sed frustrà, planctu non revocanda meo?
Tot bona! quid repetis dolor? ah! meminisse no-
  cebit
 Amissæ cruciant dum memorantur opes.
Utilius veteris fortunæ nescius esses,
 Cùm mala sors fato deteriore premit.
Passim hominum satyra est, decepti noxa parentis,
 Stultitiæ solus scilicet ille reus.
Adam, Adam simplex; Adam, Adam uxorius audit
 Pluribus, aut totidem vapulat Eva probris.
Non ego sic: sed, si gemitus sinit edere vocem,
 Pars, fateor; mundi in crimine magna fui.
Te quoq; cui primos studium damnare parentes,
 Peccati memorem convenit esse tui.
Cum vitæ & mortis non felix alea jacta est,
 Collusor proavi dilapidantis eras.
Credite posteritas, Adam vos estis & Eva,
 Et vestræ pomum corripuêre manus.
Hinc nudi, gens pelliceâ dignissima Zonâ
 Et pudor, & dolor & Numinis ira sumus.
Non querar acceptæ tot publica vulnera cladis,
 Materies elegis sum satis apta meis.
Ordior à cunis; hic mecum lacryma nata est;
 Hîc docuit vitæ syllaba prima, queri.
Mensis erat Majus, mensis gratissimus orbi,
 Sed, mea si reputem fata December erat.

Septi-

doch erlösen von dem Leibe dieses To-
des. Zun Römern am VII. Capitel.

WO ist des vielen Gutts verlust ach! den ich klage/
uñ doch umbsonst/weil ihn kein Zähr' erstattē mage?
Was rügst du es/ ô Schmertz? dran dencken wehe thut/
es schmürtzt/ wenn einer denckt an sein verlohren Gutt:
baas wär' es daß du nie dein vorig Glück erkennet/
nun dich mehr Unglück als Verhängnis niederrennet.
Den ersten Menschenfall sticht alle Welt nur an/
als hette der allein gemacht der Thorheit bahn.
Da muß sich Adam wäm: und weibisch lassen nennen
und Even wil man auch viel tadels zuerkennen.
Ich nicht: ließ Seuftzen nur zu reden so viel macht/
Ich spräch' ich hätte selbst zur Weltschuld viel gebracht.
Du soltest deine Schuld dir mehr vor Augen stellen/
der über Adam du dein urtheil pflegst zufällen.
Da man umbs Leben spielt' und ach! den Tod bekam/
hat sich in Adam auch verschrieben mit dein Nam'.
Ihr seyd der erste Mensch/nur glaubt es/ihr Nachkomen/
Ihr habt mit euer Hand den Apfel abgenohmmen.
Daher kömmt unsre Blöß'/ und daß bekleid't Wir gehn/
sind Schand-flect' und die stracks in GOttes Zorne stehn.
Ich wil von Ungemach/nicht dem gemeinen sagen/
Ich find' in mir selbst Zeug und Ursach gnug zuklagen:
Von Kindheit fang'ich an/ als ich nur ward gebom/
so war zum Klagen schon mein' erste Sylb' erkorn;
es grünte gleich der May/ die liebste Zeit im Jahre/ (re.
weñ ich mein Unglück zehl'/es mehr der Wolffsmond wa-

Der

Septima lux ibat, quæ si suprema fuisset,
    In cineres isset muta querela meos.
Cum tandem post luctam uteri, horribilesq; ululatus,
    Progenies cervæ parturientis eram.
O Mater, scio, tunc Mater, nova facta Rebecca es?
    Tunc serus subiit virginitatis amor.
Diriguit nutrix, pallens pater ora retorsit,
    Et cunæ in lævum procubuêre latus.
Horror & horror erat, vox omnibus, omnibus una,
    Heu puer, heu quantis gignitur ille malis!
Atra dies Ægyptiacâ dignissima nocte,
    Quà de me licuit dicere: natus homo est.
Atra dies! neq; te Titan, neq; Cynthia nôrit,
    Nec stata qui cœli tempora, Janus agit.
Illa dies abeat grajas orsura Calendas,
    Nullus eam cupiat mensis habere suam.
Si redeat, redeat piceis frontem obsita nimbis,
    Et gelidum densâ grandine tunsa caput.
Tum tonitru & fulmen funesto adverberet igne,
    Et sibi sic hostem noverit esse Deum.
Sentio jam, quod fatidici plorastis amici:
    Mentitur vitæ clepsydra nulla meæ.
Tanti erat hæc soboles, lacrymis assuevimus inde,
    Inde oculos rarò deseruêre meos.
Nam postquam posita est prætexta, nucesq; tro-
    chusq;
    Et bulla ad patrios victima facta lares.
Tunc ego, quæ melius nescirem, discere cœpi:
    Primus erat, sortem plangere posse, dolor.

Et

Der Siebnde Tag erschien/ ô wärs der letzte Tag
gewest/ so wär' in mir erstorben alle Klag';
alß endlich ich der Welt begann' in müh' und heulen/
wie eine Mißgeburt der Hinden/ zuzueilen/
da kamst du Mutter recht uns als Rebecca für/
da liebtest du zu spat den Jungferstand in dir.
Die Amm' erstarrt'/ und bleich der Vater sich verstellte/
zur lincken man die Wieg' und mich darinn' umbfällte.
Furcht/ Schrecken sie beklomm'/ und aller Mund an-
stimmt':
ach in was grosse Noth zur Welt dieß Knäblein kömmt?
O böser Tag/ den man Egyptens Nacht recht nennet/
an dem man sagt: ein Sohn das Weltlicht hat erkennet;
ein Tag des bösen Glücks/ den Mond und Sonne scheu'/
und der dem Allmanach nicht einverleibet sey'.
Es sollte dieser Tag auf Nimmermehrstag kommen/
von keinem Monat werd' er in die Zahl genohmmen;
und wann er kommt/ so mag ein Pechkrantz ihn beschwern/
und Hagel ihm das Haar vom Haubt' herunter schern;
der Donner und der Blitz mag immer auf ihn schlagen/
damit er wiß'/ er sey in GOttes unbehagen.
Itzt wirde/ was Freundes-Zähren damals vorsagten/ klar/
mein Lebens-seiger macht mirs alle stunden wahr.
So schmertzlich kam ich an/ daher ich mich gewehnet
des weinens/ daß mein Aug' auch itzt noch immer thränet.
Denn als dem Kinderrock' und Schuhen ich entgieng/
und zum Gedächtnis sie mir in dem Hauß auffhieng/
erst lernt' ich/ was mir baaß itzt nützte/ nicht zuwissen:
der erste Schmertzen war/ mit pein mein unglück büssen;

Q   Ich

Et vix posse datum est, sæpè obluctata fuit mens,
  Naturæ impatiens sub pede colla premi.
Surgere sæpe adnixa ; suoq; irrumpere cœlo
  Nec poterat pigrâ tollere corpus humo.
Tum vibrans oculos, oculos tristi imbre natan-
    tes,
  Ah superi! dixit (cætera fletus erant.)
Et rursum ah! ah! (sed per luctisonos singul-
    tus
  Ipse sibi obsistens non sinit ire dolor.)
Sic puto Rex fremuit, dum crescere cornua sensit,
  Qui bos ex homine est, de bove factus homo.
ô *DEUS*, ô *superi*, *patientia vincitur*! ô
    quis
  Qui me mortali corpore solvat, erit?
O quis erit? nostris qui cantet in auribus, i-
    stud
  Quod voveo toties, ilicet, ô quis erit?
Ille necaturum mihi mergat in ilia ferrum,
  Pocula Thessalico misceat ille favo.
Nec liquido plumbo, nec avaro terreor unco,
  Mors miseræ quavis conditione placet.
Æratos gemitu doceam mugire juvencos,
  Supposito quamvis excrucianda rogo.
Aut etiam jubear (quamquam pudor ista vovere)
  Inter Ulysseos exululare lupos.
ô *DEUS*, ô *superi*, *patientia vincitur*! ô
    quis
  Qui me mortali corpore solvat, erit?

Par-

Ich konnte dieses kaum/ so widerstand mir viel
die Seele/ die auf's Joch sich nicht verstehen wil;
versucht' oft aufzustehn in Himmel sich zuschwingen/
doch konnte Sie den Leib für Faulheit nicht aufbringen;
die Augen sie empor aufhub ersäufft in Zähren/
ach GOtt! sie sprach/ (und konnt' ein wort nicht mehr ge-
währen)
und wieder ach! (drauf sie befiel ein schweres schlucken/
Pein wilder schmertz ließ auch kein Wörtlein mehr ausdru-
cken/)
So glaub' ich/ hat sich wohl der König auch gebahre
der erst ein Mensch/ bald Ochs/ und wieder Menschlich
ward.

ô Gott/ ô Himelsvolck/ Gedult wirdt überwun-
den/ (bunden?
ô durch wen werd' ich seyn des Todes Leib' ent-
O wer wirde dieß/ was ich mir wünsch' und oft begehr'
anbringen meinen Ohrn/ wer wirdt es seyn? ô wer?
Derselbe mir das Schwert in mein Gedärme lencke/
und einen Becher voll des ärgsten Gifftes schencke:
das heisse Bley ich nicht noch scharffe Hacken scheu'/
ein ieder Todt mir liebt/ wie grausam der auch sey;
und sollt' ich/ wie Perill,im ährnen Ochsen brüllen/
der Glue mich zu verzehrn ergäb' ich mich mit willen.
Ja sollt' ich gleich (wiewohl der Wunsch mich kan schlimp-
Ulyssis schaar vermehrn/ und Wölfe-heulen führen. (firn
ô Gott/ ô Himelsvolck/ Gedult wirdt überwun-
den/ (bunden?
ô durch wen werd' ich seyn des Todes Leib' ent-

Q ij   A ch

Parce Deus, ne crudelem vox impia jactet,
  In furias quando præcipitata ruit.
Hîc propè barbaries poterit clementia dici,
  Ad pœnas veniat si stupefacta meas.
Corpora corporibus conjunxit mortua vivis
  Ille, hominem quem vix dicere fama potest.
Me vivum cruciat (magis hoc ferale) cadaver;
  Nec, quæ dissidium finiat hora, venit.

AMBROSIUS.

Serm. 22. in Psal. 118.
Quomodo vivit anima operta mortis involucro?

9.

Coarctor è duobus, desiderium habens
  dissolvi, & esse cum Christo.   Ad
  Philipp. 1.

Quid faciam gemini flammata cupidine voti?
  Anteferam terras? anteferamne Polum?
Terra tenet, cœlum revocat, lis magna moratur,
  Jamq; volentem animum pondere membra
  premunt.
Sed procul illecebræ; semel impete rumpere nodum
  Præstat & è vinclis eripuisse pedes.

Pergi-

Seufzen. Das Dritte Buch.

Ach GOtt/ verschon/ daß Ich dich nicht für grausam
 schelt/
in dem aus unbedacht sich nicht die Zung' enthelt.
Hier kan man Grausamkeit fast noch für Gütte schätzen/
so man zu meiner Straaf' im schrecken sie wil setzen.
Der * Wüttrich/ den für Mensch kaum jemand haltē kan
 * Mezentius.
band einen lebenden auf einen todten Mann;
Mich lebenden dieß Bild des Todes härter plaget/
und keiner Zeit den Zwist zuenden nicht behaget.

AMBROSIUS.

Wie lebet doch die Seele / die mit der Hülle des
 Todes bedecket ist?

IX.

Es liegt mir beydes hart an/ Ich begehre
 zu sterben und bey Christo zu seyn.
 Zun Philipp. am I. Capitel.

Was sol ich thun entzündt von doppelter Begier?
 ob ich den Himmel wohl der Erden ziehe für?
Die helt/und jener zeucht; mich säumt ein hefftigs Zancken/
der Glieder last beschwert das wollen der Gedancken.
Weg mit den Reitzungen; viel besser ists entzwey
das Band gewürckt/ und drauf den Fuß gemachet. frey.

Pergite festinæ pertexere stamina Divæ,
  Nec letho clausæ sint veniente fores.
Aspice, lux, quanto luxentur brachia nisu;
  Utq; ferè à membris distrahar ipse meis.
Distrahar ut mediam tibi me conjungere possim,
  Unaq; sit saltem pars tibi nexa mei.
Non sinis; & rides nil proficientia vota,
  Quodq; negas toties, vis tamen usq; peti.
Et peto quod renuis, geminasq; exporrigo palmas,
  Et tibi quas nequeo nectere, tendo manus?
Sæpè mihi de Te, mendacia dulcia fingo,
  Vincula ceu positâ compede fracta forent.
Et dico; meus hic, prendiq; & prendere certat,
  Meq; sed ut video, dissimulanter amat.
Tam bona credulitas erat haud indigna favore,
  Debueratq; meos expediisse pedes.
Si tamen implicitam pedicis, cupis usq; teneri,
  Hîc ego conatu deficiente cadam.
Ast redit, & velut allabens sese ingerit ultrò
  Spemq; iterum nutu sollicitante facit.
Surgam supremumq; amplexibus obvia curram,
  Collaq; furtivâ fraude negata petam.
Quàm propè, quàm propè sum! vestis pars ultima tacta est
  Jam puto vicinâ prendere posse manu.
O amor! ô dolor! affectum deludis hiantem,
  Decipit amplexus mobilis aura meos!
Et licet aut digitis tribus aut vix quattuor absis,
  Semotus medio crederis orbe mihi;

                                                Nempe

Ihr Parcen/ eilt mein Garn des Lebens abzuwinden/
der Tod mag schon das Thor/ wenn Er kömt/ offen finden.
Schatz sieh? wie haben sich mein' Armen abgemüht/
daß man vom Leibe sie fast ausgerencket sieht;
damit ich nur mit dir vereinigt möchte leben/
und daß ein theil von mir Dir feste möcht' ankleben.
Du lässts nicht zu/ verlachst vergebnes unterstehn/
umb oft versagtes sol ich bittlich dich angehn.
Ich wil/ was Du nicht wilst/ nach dir die Händ' ich recke/
und sie/ weil ich dich nicht erreichen kan/ ausstrecke;
oft süsse Lügen-träum' erdicht' ich mir von Dir
samb wären alle Band' entzwey und weg von Mir.
Mein Schatz/ sag' ich/ mich hasche/ und sich zu haschen
giebet/
Ich sehe/ daß Er mich/ doch als verborgen/ liebet;
solch löbliches vertraun der Gunst ja würdig wär'/
umb daß du meine Füß' erkenntest fessel-leer;
sol ich in diesen denn fortan gehalten werden/
so reisst verlohrne Müh' ouch endlich mich zur Erden.
Er aber kommt selbselbst/ und wil sich mir gewähren/
neu' Hoffnung wieder mir sein wincken wil gebähren.
Ich wil auffstehn/ ihm mich zum Kuß' entgegen nahen/
ich wil/ versagt Er den/ verstohlen ihn umbfahen.
Wie nahe bin Ich Ihm! sein Kleid ich schon berühr'/
es dünckt mich/ daß Er schon ergrieffen wirdt von Mir.
O Lieb'! ô schmertz! ô daß du so mein sehnen treugest/
und mir an deiner stat die Lufft zu küssen zeigest!
ob du von mir gleich bist nur dreyer Finger breit/
doch/ als die halbe Welt ist / schätz' ich dich so weit.

Q iv   So

Nempe pater Pelopis sic poma fugacia captat,
  Poma datam toties fallere docta fidem.
Dum modò prona arbos patulo super incubat ori
  Osq; iterum, fructu decipiente, fugit.
Ludicra res amor est, falliq; & fallere gaudet,
  sed fraus supplicio non caret illa suo.
Decepti, quo tormento crucientur amantes
  Exemplo poterit discere quisq; meo.
Quiq; alium ludit (sed rarum est ista fateri)
  Ipse suo patitur vulnera facta dolo.
Nescieram, mea lux; istis te fraudibus, uti
  Sed nimis expertam jam sua pœna docet.
Ut canis indomitâ jactans cervice catenas,
  A populo solvi prætereunte rogat;
(Ni faciat, querulis ululans latratibus auras,
  In sua converso vincula dente furit.)
Sic queror & supplex toties ad vota recurro
  Ut præstes, quam me poscere cernis, opem.
At postquam implacido vertisti lumina vultu,
  Nec placuit pedibus demere vincla meis.
Clamavi; ô truculentum & inexorabile pondus!
  Quin etiam dicta est sæpè catena pondus!
Hanc trahat Autolycus, trahat hanc furiatus O-
  restes
  Aut qui tardipedes vertit in antra boves.
Sentiat hanc Scythicâ damnatus rupe Prometheus,
  Aut Scinis, aut scelerum quis feritate prior.
Scilicet à nimio venit hæc dementia luctu
  Error & hic, sese quo tueatur, habet.

Com-

Seufzen. Das Dritte Buch.

So konnte Tantalus der äpfel nie geniessen;
die abgerichtet/ oft ihn zubetriegen wissen/
in dem ein Baumes-Ast gleich über ihm abhieng/
und doch desselben Frucht dem Munde stets entgieng.
Es ist die Lieb' ein scherz/ sie treugt und wirdt betrogen/
doch wirdt zur straaf' auch denn ein solcher trug gezogen.
Was Liebenden die Lieb' anthut für Schmerz und Pein/
kan Ich iedwedem schon ein klares Beyspiel seyn.
Wer denn den andern treugt / (doch selten mans be-
         kennet/)
deß Herze wirdt selbst wund durch eignen trug gerennet.
Ich wust es nicht mein Schatz/ daß du brauchst Trügerey/
die Straaf' es schon bezeuget/ daß diesem also sey.
Und wie ein Kettenhund unbändig thut und wüttet/
die fürbeygehenden umb lösung gleichsam bittet;
thuts aber niemand nicht/ alsdann er heult und reisset/
lauft hin und her im grimm'/ und in die Ketten beisst;
so klag' und bitt' ich dich zum öftern umb gewähre
der hülfe/ die du siehst/ daß ich sie starck begehre;
nach dem du aber dich ungnädig abgewandt/
noch mir nicht abgelöst des Fusses Fesselband;
O schry Ich/ Centnerlast! die keine bitt' entladet/
ja vielmals klag' ich auch/ daß mir die Kette schadet;
es mag Autolycus, Orestes solche ziehn
und der da rückligs zog das Vieh zur Hölen hin;
und der an Felsen war in Scythien gebunden/
und Scinis, oder der noch wilder wurd' erfunden.
Für grossem Leid' ich gar in Aberwitz geraht'
und dieser irrthum doch auch sein beschönen hat.

Q v   Dem

Compedibus facilè est sævoq́; ignoscere ferro,
　Durior at vinclis, qui ligat illa, suis.
O ubi littoreâ vinctam qui rupe puellam
　Bellerophon volucri rettulit ales equo?
En ego barbaricæ constringor mole catenæ,
　Servus ut à rigido transfuga vinctus hero.
Et quoties patrias assurgere nitor in auras,
　Deprimor hospitii pondere victa mei.
Nempe ita dat pueris captus ludibria passer
　Dum fugit & revocant fila reducta fugam.
Et licet è domini cænetve bibatve labellis,
　Mavelit in sylvas liber abire suas.
Sic quamvis nitidâ pastæ bene corte palumbes
　Anteferant caveæ rusq́; nemusq́; suæ.
O mea si lacrymis mollescere vincula possent!
　Dudum essent lacrymis mollia facta meis.
Lux mea, tende manus; contra tibi tendo catenas
　Has nisi qui vinxit solvere nemo potest.

CHRYSOSTOMUS.

Homil. 55. Ad Pop. Antioc.

Quousq́; hic erimus affixi? adhærescimus terræ tanquam vermes, in cœno volutamus; corpus de terra nobis Deus contulit, ut ipsum & in cœlum revehamus, non ut animam per ipsum ad terram detrahamus.

　　　　　　　　　　　　　10. Educ

Dem Band/ und Eisen kan man leichte was verzeyhen/
doch härter ist/ der sie mir anlegt/ auszuschreyen.
Wo ist Bellerophon und sein geflügelt Pferd/
der jener Jungfer dort die Freyheit hat gwährt?
mit schweren Ketten/ schau/ bin ich so fest umbwunden/
wie ein entlauffner Knecht vom Herren wird gebunden;
so oft sich das Gemüt in Himmel gleich auffschwingt/
doch seiner Herberg last es wieder abwerts dringt.
Wie Kinder sich am Band ein Zeislein lassen mühen
mit fliegen/ und doch schnell es wider an sich ziehen;
ob schon sein Herr es selbst zu speisen sich befleisst/
dennoch es lieber hin in Wald zur Freyheit reisst.
So wenn im Kesich man der Tauben schon wohl gibet/
dennoch zum Leben mehr ihr Feld und Wald beliebet.
Ach könnten meine Band erweichen von den Zähren/
ich weiß/ daß sie davon schon längst zerschmolzen wärn.
Schatz/ streck dich / meine Kett' ich lange dir ent-
gegen/
es löst sie keiner doch/ als der sie konnt' umblegē.

CHRYSOSTOMUS.

Wie lange wollen Wir allhier angenagelt seyn?
Wir hangen der Erden an wie die Wür-
me/ wir waltzen uns im Kot. Gott hat
uns den Leib von der Erden gegeben/ daß
wir ihn in den Himmel einführen sollen/
nicht daß Wir die Seele durch denselben
zur Erden ziehen.

X. Führ-

10.

Educ de custodia animam meam, ad confitendum nomini tuo. Pſal. 141.

Libera quæ potui ſpatioſo ludere cœlo,
  Cernis, ut anguſto carcere clauſa premar?
Heu dolor! ut miſeras me lux effudit in auras,
  Ipſa loco caveæ membra fuêre meæ.
Pes compes, manicæq́; manus, nerviq́; catenæ,
  Oſſaq́; cancellis nexa cataſta ſuis.
Quo mihi cognati nativa repagula clauſtri,
  Damner ut hoſpitii carcere vincta mei?
Siccine, more chelys, brevibus tegar abdita conchis,
  Regia cui cœli vix ſatis ampla domus.
O quoties quæſita fugæ fuit anſa pudendæ:
  In votis quoties reſtis & unda fuit.
Sæpè quidem rapto felix Lucretia ferro
  Fauſtaq́; combibito Portia dicta foco eſt.
Viſa nec Aſſyriæ triſtis mihi ſica puellæ,
  Heu nimis in geminas prodiga ſica neces!
Sed negat hæc animis Numen ſolatia captis,
  Nec ſinit hâc vinctos fata præire viâ.
Ergo Syracoſiis malim jacuiſſe cavernis,
  Aut Danaës rigidâ delituiſſe ſerâ.
Nec verear curvi Cretæa volumina ſepti,
  Undecitam rapuit Dædalis ala, fugam.

Immeri-

X.

Führe meine Seele aus dem Kercker daß ich lobe deinen Namen. Ps. CXLI.

Sihst du/wie Ich mich muß im engen Kercker süln/
die unterm Himmel ich in Freyheit konnte spieln?
O Schmertz! als ich nur an dieß Elend kam gefahren/
so bald an Kerckers stat auch mir die Glieder waren.
Die Adern waren Kett'/ und Händ' und Füsse/ Band/
und alles Bein geschrenckt an Stockes stat sich fand.
Ihr Fässel mir versippt/ ihr Riegel angeboren/
seyd ihr denn ewig mir zur Herberg' auserkoren?
sol ich in enge seyn versperrt/ der Schnecken gleich/
Dem kaum gnug Platz einraumt des weiten Himmels
Reich?
wie offte sucht' ich lug mit schanden zuentfliehen/
bald solte Strick/ bald Flut das Leben mir entziehen.
Lucretiam, die sich entleibt'/ ich glückhafft prieß/
auch Porciam, die Glut zufressen sich befliß. (het'/
Der Syrerin Mordschwert ich nicht für schröcklich sch-
ob allreit es ihr Zwey des Lebens hatt' entsetzet/
Uns aber solchen Trost im Kercker GOtt nicht gönnt/
noch daß man vorm termin in todt sich stürzen könn'.
Hierumb ich lieber wolt' im ärgsten Kercker büssen/
und mich wie Danaën in Turn verdammet wissen.
Ich scheut' in Creta nicht des Irregartens bahn/
drauß Dædalus die Flucht mit fliegen hat gethan.

Die

Immeriti profugus damnet pia claustra rigoris
    Quæ sibi sollicitam non renuêre fugam.
Si mihi sideriis pateat vel rimula tectis
    Non querar immites ætheris esse fores.
Donec at hæc captam retinent ergastula mentem,
    Mens nequit agnati templa subire poli.
Quin sueta imperiis jacet hìc captiva voluntas,
    Nec bona quæ vellet, vincula velle sinunt.
Euge semel nostræ, mea lux, succede catastæ,
    Quantula sit nobis, experiêre domus.
Si tamen insidiæ vel ahena repagula terrent
    Fac pateat demptâ janua laxa, serâ.
Captivum gemitu fertur revocasse Magistrum
    Oblitus caveæ psittacus ipse suæ.
Eja graves resera, nove Jane Patulcie, vectes;
    Non erit hæc dextræ gratia prima tuæ.
Angelico, memini, patefactas impete portas
    Claustraq; suffractis dissiluisse seris;
Cùm stupuit lapsas manibus pedibusq; catenas,
    Vixq; Petrus patulas credidit esse fores.
Nullus obit nostris obses vadimonia vinclis?
    Liberat Herculeâ Thesea nullus ope?
O ubi nunc Minyis fidissima turba maritis
    Vincula pro captis ausa subire viris?
Aut qui Wandalicis obses ergastula nervis,
    Ipse sui capitis jussit abire lytro?
Lux mea, pande fores, inamœnaq; claustra resolve,
    Et sine sidereas ætheris ire vias.

                                                  Aut

Die solchen Kercker mag kein flüchtiger anklagen /
die niemals ihm verwehrn sich ausser dem zuwagen.
Wenn wir ein Ritzlein nur in Himmel offen wär'/
alsdann ich ihn für hart zu schelten nicht begehr'.
Ach aber weil die Seel' im Kercker liegt gefangen/
kan Sie zum Himmel nicht/ der ihr verwandt/ gelangen;
ja weil der Wille liegt im Körper voll Unruh/
so lassen Fessel nicht das gutte wollen zu.
In mein Gefängnis / Schatz / dich eins zu gehn erwinde/
du wirst erfahrn/ wie sehr in eng' ich mich befinde;
wenn ja Nachstellung dich und etwa Band abschreckt/
so schaffe/ daß das Schloß der Thüren werd' entdeckt.
Man sagt/ des Resichs hab' ein Papagoy vergissen/
nur den gefangnen ✻ Herrn zuruffen stets gesessen.
　　　　✻ Leon. Philosoph.
Ei neuer öffner Jan, eröffne mir die Thür'/
es wirdt zum erstenmal doch nicht gethan von Dir.
Ich weiß/ was Engels macht sich etwan unterfangen
als alle Schlösser loß und Thür' und Thor' auffsprangen;
Da Petrus gantz erstaunt sich quit der Ketten fand'/
und schwerlich glaubt'/ ob schon die Thür eröffnet stand'.
In Freyheit mich zustelln kein Bürge wil einsprechen/
mich zuerretten wil kein Theseûs herfür brechen.
Sagt/ wo von Minya die treuen Weiber seyn/
die für die Männer sich in Kercker stallten ein?
Ja der den Wenden sich ergab als einen Bürgen/
umb andrer ledig-seyn sich wollte lassen würgen.
Schatz/ thu den Kercker auf/ wo Unlust umb und an
auf daß ich mein Gemütt' in Himmel schwingen kan.

Es

Aut spectanda tuo vis ducar præda triumpho,
    Ut Scythicus caveæ pompa Tyrannus erat?
En manus, en digiti rimis hiscentibus extant,
    Cur ego non digitos tota manumq́; sequor.
Qua caput, hac reliquæ subrepit cauda colu-
                brae,
    Cur mihi serpentis lubrica pellis abest?
Cortis obit toties volucris captiva fenestras,
    Et notat an tacitæ rima sit ulla fugæ.
Nexaq́; sollicitans furtivo vimina rostro,
    Nativas nemorum, tentat adire domos.
O Catharis, niveiq́; polo comes agminis Agnes
    O casta Ursulidum, Sophiadumq́; cohors.
Vos ego, dimidium vestri, modò nobile testor
    (Dimidium vester quod sibi junxit amor.)
Pandite ferratos, ergastula barbara postes,
    Inserar ut vestris dimidiata choris.
Dimidium felix, vinclis socialibus exors,
    Cui licet in plenas jam caluisse faces!
Lux mea, tam durum residet tibi pectore ferrum,
    Ut neq; captivæ commoveâre prece?
Non ego, sed nostræ tu maxima caussa quærelæ es;
    Spectat enim laudes ista querela tuas.
Non bene conveniunt rigidis tua carmina clathris,
    Quis queat in caveâ cantibus esse locus?
Libera quæ cantat vernis avis Attica sylvis,
    Capta silet, solitos nec ciet ore modos.
Eja age, pande fores inamœnaq́; claustra resolve,
    Et sine sydereas ætheris ire vias.

                                                    Aut

Es sehe denn daß du / mit mir wilst siegsprachtiren/
wie jenen Türckschen Hund/ zur schau' im Land' umbführt?
Sieh/ händ' und finger ich hinauß zun ritzen steck'/
ach daß sich doch hernach der gantze Körper streck'; (get
als wo die Schläg' ihr Haubt einschleifft/ sie schleinig zwin-
den Leib hernach; wie daß es mir nicht auch gelinget?
Ein Kefich-vogel oft der Sprößlein weite sucht
zusehn/ ob sich ein ort ihm zeige zu der-Flucht!
den schnabel er einhaut/ und an den Rüttlein wetzet/
und wollte gern' in Wald'/ sein' Heymath/ seyn versetzet.
ô Catharin, Agneth', ihr Häubter keuscher schaarn
Sophien, Ursulen, der Eilfmal tausend warn;
itzt euer edlen helft' euch hülflich wolle erzeigen
(der Helfte/ die durch Lieb' ihr Euch gemacht zu eigen/)
des schnöden Kerckers Stöck' aufthut und seine Thor'
auf daß ich halb getheilt auch komm' in euer Chor.
Halbsälig ist/ der hier den Banden ist entsellet/
dem Euch vollbrünstig ist zulieben frey gestellet.
O Schatz/ wie daß du solch ein eisern Hertze trägst/
und o dich auf meine Bitt' in Kercker nicht erwägst?
an mir nicht/ sondern dir/ die Klagensursach hanget/
denn diese Klag' allein zu deinen Ehren langet;
vergittert/ eingesperrt dein Lob sich übel übt/
im Kercker Liederspieln niemanden nicht beliebt.
Die freye Nachtigal im Lentzen lustig singet/
gefangen aber man aus ihr kein Lied erzwinget.

Es schleuß den Kercker auf/ der so viel Kum-
    mers hat/ (mels stats
daß sich mein Hertze schwing' ins hohen Him-
    R   Vere

Aut tua si cupidam præconia dicere temnis,
Invidus in laudes efficiére tuas.

GREGORIUS.

c. 17. in c. 7. Job.

Carcere homo circumdatur, quia plerumq; & virtutum profectibus ad alta exurgere nititur, & tamen carnis suæ corruptione præpeditur.

II.

Quemadmodum desiderat cervus ad fontes aquarum; ita desiderat anima mea ad te Deus.   Psal. 41.

Scire cupis, mea lux, quibus intus amoribus urar,
  Quantaq; flamma tui pectora nostra coquat?
Nec satis extulero sitientis imagine prati,
  Aut violæ, nimio quæ jacet usta die.
Nec satis æstiferæ depinxero fulmine stellæ,
  Cum canis ardenti sidere torret humum.
Ah! quàm pulvereæ Libyes patiuntur arenæ,
  Æstuat, hæc nostro siccior ote, sitis.

Siccior

Verschmähst du die/ so dir dein Lob sucht zuver-
mehren/
so bist Du selber gram dem Lobe deiner Ehren.

GREGORJUS.

Der Mensch ist mit einem Kercker umbgeben/
weil er gemeiniglich/ theils durch zuneh-
mung der Tugenden in der höhe sich auff-
zurichten bemühet/ theils aber durch die
verderbnis seines Fleisches verhindert
wirdt.

XI.

Wie der Hirsch verlanget die Wasser-
brunnen/also verlanget meine Seele/
Gott zu dir. Psal. XLI.

Schau/wilt du wissen/wie das Hertze brennt in Mir/
und welche Flamm' es hat entzündet gegen dir?
Ich kan es nicht genug den dürren Feldern gleichen/
noch Bluhmen die durch macht der Sonnenhitz' erbleichē;
es bildets nicht gnug ab des Hundesternes glut/
wenn mit ausdörren er der Erden abbruch thut.
Ach meines Mundes Durst viel trockner ist zu spüren/
als Staub und Sand der liegt in Lybiens Rivieren.

R ij Viel

Siccior Icario quàm dum canis imminet astro,
  Aut violæ tosto flos cadit ustus agro.

Vis dicam, mea lux, quàm te meus ardor anhelet?
  Cervus ut irrigui fontis anhelat aquas.

Nempe venenifero pastus serpente medullas;
  Cervus agit totis hausta venena fibris;
Aut humeros tincti trajectus arundine teli,
  Carpitur infestâ viscera tacta lue.
Ille furit, pectusq; citatus anhelitus urget,
  Cæcaq; per sylvas saucius antra petit.
Antra petit fugiens salientibus humida lymphis,
  Ut sua fontano guttura rore lavet.
Hîc rivi scatebris fumantia temperat ora
  Pellit & amne sitim, pellit & amne luem.
Haud aliter scelerum mihi mens temerata, veneno
  Tela venenatâ combibit uncta manu.
Et modò combibitum populatur pectora virus,
  Ardet & in tacito noxia flamma sinu.
Nempe graves, animi sunt toxica vindicis, iræ
  Et tua quæ jaculas tela, venena Venus.
Quæq; gravant nimio spumantia pocula Baccho,
  Pocula quæ diro gramine pota necant.
Aspicis ut tumido turgescunt pectora fastu!
  Pectoribus fastus virus inane tumet.
Quo sitiens igitur peterem de flumine lympham,
  Cùm mea tam varium viscera virus edit?
Ah! nisi te, nullo sitis hæc placatur ab haustu,
  Tu potes hanc solus, fonte domare sitim.

                                              Scû

Vielmehr und mehr als ie der helle Himmels-hund
den zarten Bluhmen schadt durch seinen Feuer-Mund.

Schatz/ wilt du wissen/ wie mein Hertze nach dir
        ächzet :   (lechzet.
so/ wie ein müder Hirsch nach Brunne-wasser
Denn wenn er eine Schlang'in sich geschlucket hat/
so findt die Gifft in ihm und allen Adern stat;
wenn ein geschossen Pfeil die Schulter hat getrennet/
daß von der Wunden ihm sein Eingeweide brennet.
Da tobt er/ und gesach voll schmertzens Athem zeucht/
durch finstre Wälderey verwundet umbher streicht;
In Hölen suchet er ein Brünnlein zuerwischen/
damit er seine Keel' im Durste mög' erfrischen/
allda sein dampfend Maul er ihm mit Wasser füllt/
und seinen grossen Durst/ und seine Seuche stillt.
Gleich also mein Gemütt' in Lastern gantz verteuffet/
die argvergifften Pfeil' in sich begierig säuffet/
daß der geschluckte Gifft das Hertze gar durchrennt/
und seine scharffe Glut verborgen nagt und brennt.
Denn Zorn und Rachgier sinds/ die mein Gemütte plagen/
und Venus deine Pfeil' in mich von dir geschlagen/
und Bacchus volle maaß/ die mich durchaus beschwern/
mit Gifftkraut untermischt in todt dahin gewehrn.
Du sihest/ wie das Hertz für lauter Hoffart presset!
und wie der Hoffartsgifft so nichtig es aufschwellet.
Welch Wasser sollt' ich wohl zu trincken haben Lust
Ich/ die mich innen nagt so manches Giffthes wust?
ach diesen Durst kan wohl kein trincken nicht bekämpfen/
du du alleine kanst mir dieses dürsten dämpfen.

Rtij   Du

Scis etenim, mea lux, quàm te meus ardor an-
  helet;
 Cervus ut irrigui fontis anhelat aquas.
Cervus odorisequi fugitivus ab ore Molossi,
  In laqueos nullo sæpè sequente ruit:
Tum densam aspiciens venantum, hinc inde coronam
  Tela super, saltu corpora fertur agens,
Exoritur clamorq; canum, strepitusq; sequentum
  Ille fugit, tergo cornua celsa locans.
Ambiguusq; pavet ne sit comprensus, & ipsa
  Quæ jam præteriit tela, canesq; timet:
Respectansq; metu, per saxa, per avia currit,
  Igneus atq; illi spiritus ore micat.
Gutturaq; ardenti flagrant ardentia lingvâ
  Quaq; sitim relevat, quærit anhelus aquam.
Tum fontis mediis venas rimatus arenis,
  Fontano rabidam mergit in amne sitim.
Et bibit & potis largè se proluit undis;
  Haurit & exhausto robur opemq; lacu.
Sic ego tartareis cingor, mea vita, sagittis
  Ægraq; flammatâ terreor ora siti.
Hinc puer Idalius, premit hinc ad retia Bacchus,
  Et multâ ancipitem trudit uterq; cane.
Sublimes levis hinc suspendit Gloria casses,
  Hinc tumidus pedicis fallere tentat Honor.
Inde cohors magnis sociorum hortatibus instat,
  Et docet exemplo crimina quisq; suo.
Hei mihi quot circum venabula stricta minantur!
  Ceu fera, cùm cincto clausa tenetur agro,
                                           Mille

Du weist ja Schatz/ wie sehr mein Hertze nach
     dir ächzt/   (lechzt.
so/ wie ein müder **Hirsch** nach **Brunnewasser**
Ein Hirsch/ der flüchtig fort fürn Jägerhunden setzet/
sich offt/ ob keiner schon ihn jaget/ selbst umbnetzet;
und wenn er sieht/ daß nun die Jäger ihn umbringt/
alsdann durch alle Pfeil' er ohne scheuen springt.
Da rufft das Jägervolck/ der Hund macht viel Geschreye/
er aber fleucht/ und legt zu rücke sein Geweihe;
befahrt sich/ daß man ihn nichts in der Flucht erell'/
und ist doch reits fürbey gegangen Hund' und Pfeil';
eilt über Stock und Stein/ aus forcht er sich umbsiehet/
und aus dem Rachen ihm ein heisser Brodem ziehet;
der Zungen brennen ihm den Halß voll Durstes füllt/
er aber Quälle sucht/ damit den Durst er stillt;
und wenn er eine Quäll' im Sande letzlich findet/
alsdann er seinen Durst zu leschen sich erwindet/
er trinckt/ und sich wohl gar in solchem Bronnen netzt/
daß seine stärck' und krafft ihm wieder werd' ersetzt.
So haben mich/ ô Schatz/ auch Hellenpfeil' umbgeben/
der Durst der dörrt mich aus bis auf das letzte Leben.
Cupido hier an mich/ und dort Iacchus setzt/
iedweder seine Hund' an mich mit hauffen hetzt/
Ruhm/ Herrligkeit mir da/ der Ehrgeiz dort auffstellet/
zu werden in ihr Netz' und Eisen eingefället/
daher mit Reitzungen viel Parten an mich gehn
mit ihrem böse-thun wir zur nachfolge stehn. (det/
Ach weh! wie wirde ans Herz mir mancher Spieß gedrü-
dem Wilde gleich/ das nun ist in der Jagt verstricket.

     R iv   Viel

Mille vias repetens, infraq́; supraq́; pererro,
    Si qua meæ pateant hospita lustra fugæ.
Tum mihi per siccas sitis æstuat ignea venas,
    Et sensim vapidas decoquit igne fibras.
Fontis inops igitur ad flumina quæq́; recurro,
    Flamma sed hæc nullo flumine victa fugit.
Sic cadit obscœnos miles defessus in haustus,
    Sit licet infami turbida lympha luto.
Sperabam effossis æstum compescere rivis,
    Æstus at infusæ gurgite crevit aquæ.
Qualis in amne levem sectatur faucibus undam,
    Tantalus, & fallit, quam dedit unda fidem.
Mobilibusq́; inhiat, deluso gutture, lymphis,
    Semper aquæ locuples semper egenus aquæ.
Scilicet haud simili calor hic extingvitur haustu,
    Nec domat hanc cœni turbida lympha sitim.
Cœlestes animus sitit insatiabilis undas,
    Cervus ut irrigui fontis anhelat aquas.
Ite igitur nigro torpentia flumina stagno,
    Non bibit è vili gurgite nostra sitis.
Ite graves Stygio serpentibus, ite lacunæ,
    Noxia Tartareis flumina pasta vadis.
Ite, sitit superi dias mens fluminis undas,
    Cervus ut irrigui fontis anhelat aquas.

CYRILLUS.

Lib. 5. in Johan. cap. 10.

Salutoris nimium aqua, quæ noxiam hujus mundi
    sitim

Viel tausend Weeg' hab' ich auf ab bißher gesucht/
zufinden Sicherheit in Hölen durch die Flucht.
In allen Adern mich der Feuerdurst so brennet/
daß keine Feuchtigkeit mehr wirdt in mir erkennet;
in mangel Brunnens ich zu allen Wässern lauff'
und hört doch meine Brunst/durch deren trunck nicht auf.
So fällt auch ein Soldat gantz müd' auf trübe Pfützen/
ob er schon Kot darinn' und unflat siehet sitzen.
Aus Gruben wollt' ich auch dem Durste schaffen ruh/
von solchem Wasser nahm er aber viel mehr zu.
Wie Tantalus nach Flut mit se'nem Maule schnappet/
und solch' ihn stets betreugt/ daß er sie nicht ertappet/
vergeblich trachtet er nach Wasser immerdar/
ins Wassers mitten er im Wasser-mangel war'; (sieget
und so wirdt auch mein Durst nicht durch den Trunck be-
das schlammig Wasser ihn im minsten nicht vergnüget.

Mein unersättlich Hertz nach Himmelswasser
    ächzt/   (ser lechzt.
gleich wie ein müder Hirsch nach Brunnewass
So mögt ihr immer hin/ ihr trüben Pfützen/fahren/
aus euren Lachen kan sich nicht mein Durst verwahren.
Ihr Pfudeln/ fahret hin/ die Feuerschlangen führn/
in deren Wässern nichts/ als Hellenangst zuspürn.
Fahrt hin/ mein Hertze nur nach Himmelsflüs-
    sen ächzet/   (ser lechzet.
gleich wie ein müder Hirsch nach Brunnewass

CYRILLUS.

Nehmlich/ das ist ein heilsames Wasser/ wel-
       ches

sitim & vitiorum ardorem prorsus ex-
tingvit, sordes omnes peccatorum eluit, ani-
mæ nostræ terram cœlesti imbre irrorat atq;
fœcundat; & ad solum Deum anhelo spiri-
tu mentem humanam sitientem reddit.

I 2.

Quando veniam & apparebo ante faciem DEI? Psal. 41.

Ah quoties, mea lux, mihi seria verba dedisti,
 Nulla secuta tamen, seria verba fides!
Euge brevi venies, toties dixisse recordor;
 Adde brevi venies, dic semel, euge veni.
Heu mihi, quàm longæ sunt expectantibus
   horæ!
 Plus ævi spatio creditur una dies.
Jam, mea lux, lapsi menses, tot aguntur & anni,
 Spemq; facis toties, spem tamen usq; ne-
   gas.
Quid miseram spatiis tam lentis ferreus uris?
 Et toties, parvo hîc tempore dicis, eris.
Jam lacerant salsis me publica compita sannis,
 Et tuus ille DEUS, dic, ubi? quisq; rogat.

        Quan-

ches den Durst dieser Welt / und die Brunst der Laster gar ausleschet / alle Unreinigkeit der Sünden auswäscht / die Erde unsrer Seelen mit dem Himmlischen Regen befeuchtet und befruchtbaret/ und unser Gemütte nach dem einsigen Gotte / mit lechzendem Geiste dürstend macht.

XII.

Wenn werd Ich hinein komen und erschenen vor Gottes Angesicht. Ps. XLI.

Wie oft ach! hast du mich mit Tröstungen gestillt/
doch dein versprechen / Schatz / keinmal im Werck erfüllt!
Ich weiß, wie vielmal du gesagt: itzt wirst du kommen/
halt wort / und sprich: nu komm; dieß werd einmal vernohmmen.
Ach / ach! wie lange wird dem / der da wartet hier
ein Tag / ein Stündlein kommt / wie hundert Jahre für.
Es sind nun / Schatz: viel Jahr' und Monat hin verschossen/
daß du mir Hoffnung machst / der ich noch nie genossen.
Was machst du ärmsten mir mit aufstehn solche pein?
und sprichst so oft / du wirst hier balde balde seyn.
Auf allen Gassen man Spottworte zu mir saget/
wo ist Er nu dein GOtt? so mancher hönisch fraget.

Wenn

Quando igitur veniam ? quando tibi libera sistar ?
    Quando adstabo, oculis obvia facta tuis ?
Aspicis ut misero consumar squallida luctu ?
    Quâ careo facies, hæc mihi damna facit.
O facies animi crudele mei, tormentum!
    Unica quæ præsens esse medela potes.
O quando facies toto spectabilis orbe,
    Quando tuo dabitur lumine posse frui ?
Scilicet ut gravis est terris absentia Phœbi,
    Squallet & obscurus, sole latente, dies:
Nec color est hortis, nec amœnis gratia sylvis,
    Jamq; silent homines, jámq; siletis aves:
Mox ubi purpureo roseum caput extulit ore,
    Læta micat radiis, luce nitente, dies;
Et suus est hortis color, sua gratia sylvis,
    Jamq; strepunt homines, jamq; loquuntur aves:
Sic ego, Te viso, moriens, mea vita, resurgo;
    Vivaq; non viso protinus, emorior.
Sæpè jubes, alio me pascere lumina vultu,
    Multaq; conspectu corpora pulcra refers.
Aspice prata, inquis, formosos aspice flores;
    Picta mei multùm prata coloris habent.
Aspice cœruleo palantes æthere stellas;
    Hæ quoq; de nostro lumine, lumen habent.
Aspice & humanis præstantia corpora formis;
    Est meus humano multus in ore decor.
Siccine, Lux, nostris sperasti illudere votis ?
    Falsaq; supposito vendere frusta vitro ?
Non ego pellicior mortalis imagine formæ,
    Ah; mea fax facies est, mea vita, tua!

                        Illa,

Seufftzen. Das Dritte Buch.

Wenn kom' ich denn dahin? wenn werd' ich vor dir stehn?
wenn werd' ich dir getrost und froh entgegen gehn?
Siehst du/welch ungestalt mir dieses Leid ursachet?
der Mangel dich zusehn allein solch übel machet.
O liebstes Angesicht/ ô gröste Hertzens-plag/
allein dein beyseyn nur Mir trost ertheilen mag.
O Angesichte/ an dem Wir eintzig Freud' erblicken
wenn werd' ich völlig mich an deinem Glantz erquicken?
Wie/ wenn die Sonn' ab ist/ die Erd' es sehr beschwert/
und ein gewülckter Tag mit trauren wirdt verzehrt.
Die Wälder sonder Lust/ die Gärt' ohn Zier sich zeigen/
und aller Menschen Mund zusambt der Vögel schweigen.
So bald man aber wirde des Purpurlichts gewahr/
so macht sein heller Strahl es alles schön und klar.
Die Gärte färben sich/ Lust/ Büsch' und Wälder ehret/
der Menschen stimmen man und auch der Vögel höret:
So werd' ich durch dein Sehn dem Tode gleich entzückt/
und lebendig in todt ohn selbes hingerückt.
Du heissest offt mit sehn an andern mich ergetzen/
wilst schöner Sachen viel mir vors Gesichte setzen!
und sprichst: die Wiesen schau/ und ihrer Bluhmen Zier/
nicht wenig führen die des Farbenschmucks von Mir.
Die Sterne/ die den Kreiß des Himmels umbspatziren/
schau/wie viel Lichtes sie von meinem Lichte führen.
Auf die fürtrefflgkeit des Menschen auch gieb acht/
viel Göttlichs hab' ich selbst in sein Gesichte bracht.
So wilst du/ Schatz/ an mir nur dein verspotten üben?
für edle Steine/ Glaas mir also beyzuschieben?
Ich werde nicht gelockt durch sterbliche Gestalt/
och deine mich belebt/ mein' ich für Feuer hallt/

O Ant-

Illa, ô digna Deo facies! gravis ille suavi
    Mixtus in ore timor, parq; timoris, amor.
Illa supercilii majestas dia, cadentum
    Coelituum prono quam colit ore tremor.
Nam quota pars tanti sedet ulla in fronte decoris,
    Lux mea, quanta tuâ fronte genisq; sedet;
Ah, neq; si faciem coëat decor omnis in unam,
    Tanta sit ullius gratia, quanta tua?
Lux mea, splendidior quanto supereminet astris
    Lucifer, & quanto Cynthia Lucifero;
Ipsaq; quando iterum superatur Cynthia Phoebo
    Tanto formosis omnibus ore præis.
De tribus id melius narrabit testibus unus,
    Qui tibi tum comites vertice Thabor erant.
Cùm testata DEUM facies tibi flammea luxit,
    Cinxit & auratas fax radiata comas:
Nempe aliquis tantæ captus dulcedine lucis,
    Et nimio formæ saucius igne tuæ;
Immemor & patriæ, oblitusq; suiq; suorumq;
    Optabat stabiles figere monte lares.
Nec tamen augustum, qualis, quantusq; videri
    Coelitibus solitus, viderat ille DEUM.
Videret aërios absistere vultibus ignes,
    Ut solet accenso candida mica foco.
Viderat ardenti rutilantem vertice flammam,
    Quale lacessitum Sole refulget ebur.
Viderat, ut placidis Lucina viders in undis,
    Cùm tuus in nitidis fluctuat ardor aquis.
Aut qualis pelago coelo vibratur imago
    Unda repercussi cùm tremit igne poli.

Quid

O Antlitz/ GOttes wehrt/ mit Lieblichkeit versellet/
drauß ernste Forcht zugleich/ auch Liebe sich darstellet.
Solch' eine Majestät/ die kayend allemal
mit Lob' in Zittern ehrt der Himmelsbürger Zahl.
Denn wo iß solche Zier an einem nur zuspüren/
als wie dein Antlitz kan/ô Schatz/alleine führen?
würd' alle Schönheit gleich in ein Gesichte bracht/
so würd' ein solches doch/ wie deines/ nicht gemacht.
So weit iedweder Stern dem Morgensterne weichet/
und diesen Cynthia mit Klarheit überreichet;
die Sonne Cynthiam an Helle weit wegflicht/
so übertrifft/ ô Schatz/ nur alles dein Gesicht.
Ich kan von einem baaß der dreyen dieß erfahren/
die jenes mal bey dir auf Thabor mitte waren.
Da deines Antlitz Glantz dich wahren GOtt erwieß/
und deines Haubtes Haar wie Gold sich sehen ließ.
Da war durch süssen Strahl des Liechtes eingenohmmen
der Eine/ ja so weit zu dir aus Liebe kommen;
daß er der Seinen schon/ auch seiner selbst darzu
vergaß/ und wünschte nur allda zuseyn in Ruh.
Er hatte doch nicht GOtt gesehen/ wie Der eigen
den Himmelsheiligen sich droben pfleget zu zeigen.
Er sahe/ daß der Glantz vom Antlitz brach hervor/
als wie der Funcken Glut vom Herde fähret empor.
Er sahe/ wie das Haubt in Flamm und Glantz vereinet
so schimmert' als die Sonn' ein Elphenbein anscheinet.
Wie/wenn in stiller Flut den Monden-Leib man sieht/
der mit des Wassers Glantz sich hin und her bemüht;
ja wie des Himmels Bild ins Meer sich abcopiret
und durch den Widerschein die Zitterfluten zieret;

Ach

Quid dicturus erat, totâ si luce coruscas
    Vidisset? circum tempora bina faces?
Quid si oculos? quid si faciem sine nube micantem
    Quodq; polo facies lumen utroq; iacit?
Quando erit ille dies, mea lux, rex ille dierum
    Numinis ambrosio cum sinar ore, frui?
Sæpe quidem vestros specto sub imagine vultus,
    Cum vultus obeunt, spica merumq; tuos.
Magna, equidem fateor, tamen imperfecta voluptas,
    Pro facie, faciem nube tegente frui:
At mihi mens alio stipulata cupidine flagrat,
    Ardet & innubes læta videre genas.
Quando erit ergò dies, cum Te sine nube videbo?
    Impedient faciem vela nec ulla tuam?
Solaq;, quæ fueras animo libata voluptas
    Tandem oculis etiam percipiêre meis?
Illa dies, fausto si quando affulserit astro,
    Juro, erit his oculis carior illa dies.

AUGUSTINUS.

in Psalm 43.

Si invenis melius, quàm videre faciem DEI, illuc te præpara. Væ tali amori tuo, si vel suspicaris aliquid pulcrius, quàm est ille, à quo est omne pulcrum, quod te teneat, ne illum cogitare mercaris.

13. Quis

Seuftzen. Das Dritte Buch.

Ach was hett' er alsdann nur immer sagen wolln/
wenn sein selbst-Angesicht Er hette sehen solln?
wie wann der Augen Licht? das Antlitz unbedecket?
das übern Himmel sich und beyde Wirbel strecket?
Wenn kömmt derselbe Tag/ allandrer Tage Fürst
an dem du Schatz mir frey/ dein Antlitz zeigen wirst/
zwar unter Bildern dich zusehn Mir oft gelinget/
wenn man mit Andacht dir Speis: und Tranckopffer
                            bringet;
sehr grosse Lust es wohl/ doch unvollkommen/ wecke/
an Antlitz stat die Wolck' anschauen die es decke.
Gar andre Flammen sinds die mein Gemüte brennen/
dein Antlitz wollt' ich gern uneingewolckt erkennen.
Wenn wirdt dich ohne Wolck' anschaun/der Tag angehn?
ach wenn wirde keine Deck' auf deinem Antlitz stehn?
Wenn werden/ was das Hertz itzt kan alleine wissen/
wenn/werden/ sag' ich/ dieß mein' Augen auch geniessen?
Der Tag/ wenn er wirdt einst aufführen seinen
            Schein   (gen seyn?
sol lieber Mir/ich schwär'/ als selbst mein' Au=

AUGUSTINUS.

So du was bessers findest/ als zusehen das An=
geschte Gottes/ so bereite Dich darzu.
Wehe solcher deiner Liebe/ so du mutt=
maassest/daß etwas schöners sey als Er/
von dem alles schöne ist/ daß dich hielte/
daß du an den zudencken nicht acht hettest.

S   XIII.

13.

**Quis mihi dabit pennas sicut columbæ,
& volabo & requiescam? Psal. 54.**

Magne opifex rerum, generis mortalis origo,
  Corpora nostra tuâ sunt fabricata manu.
Si tamen adversis liceat contendere verbis
  Quos habeant nævos corpora nostra querar:
In tria jus homini vastissima regna dedisti;
  In maria, in terras, ætheriasq; domos.
Tanta sed ut justis tria regna gubernet habenis,
  Non quantum hæc possit machina, robur habet.
Parce, parum timido temeraria verba loquenti,
  Plus operi vitii, quàm reputetur, inest.
Momus abesse homini fertur, doluisse fenestram,
  Cætera tam nitidæ membra probasse domus;
Sed fuerit ne foris, fuerit ne foraminis usus,
  Lis erit arbitrio, Mome, secanda tuo.
Officit humanæ, me judice, turpius ædi,
  Nulla quod obsequium squamma vel ala ferat.
Nulla quod opus squammis, ut terra regatur & alis:
  Imperium terræ, squamma nec ala juvat.
Sed simul ætherias homo cum moderetur habenas
  Et simul æquoreæ cærula sceptra plagæ;
Quâ nisi sint pinnæ, tumidas reget arte procellas?
  Quâ nisi sint pennæ, nubila lege premet?

             Ut

XIII.

O hett' Ich Flügel wie Tauben/ daß Ich
flöge und etwan ruhete! Psal. LIV.

DU Menschen Künstler/ du Schöpfer aller Sachen/
der Du so weißlich uns den Leib hast können machen.
Wenn ich Dir widerpart nur etwas halten sollt'/
am Leib' ich dir alsbald die Mängel klagen wollt'.
Es sind drey grosse Reich' ihm zwar wohl übergeben/
die Lufft/ das Meer/ die Erd' in der Wir seyn und weben;
doch die drey Reiche recht und löblich zu regirn/
sind nicht der Kräfte gnug im Menschen zu verspürn.
Verzeyh mir/ so zu kühn ich etwa dieses spreche/
es dünckt mich/ daß ihm mehr/ als iemand meint/ ge-
breche.
Das Hertz hat Momus nur am Menschen angeklagt/
weils ohne Fenster wär'/ er hat ihm sonst behagt;
obs aber eine Thür' und nicht ein Loch seyn solle/
hierüber Momus sich annoch erklären wolle.
Dem Menschen schadet mehr nach meines Urteils raht/
in dem er Flügel nicht noch Flossen an sich hat;
nicht daß er solcher dörff' ins Regiment der Erden/
O nein/ mit beyden Sie nicht wil beherscher werden;
weil aber doch der Mensch die Lüffte sol regirn/
und übers blaue Meer zugleich den Zepter führn;
wie kan ohn Flossen er durchfahrn des Meeres Höhen?
wie kan ohn Federn er bis in die Wolcken gehen?

Ut volet, aëria volucris petit ardua, pennâ;
  Piscis ut æquor aret, squammea pinna facit.
Sed neq; pinna vices homini, neq; penna ministrat,
  Et simul hic fluctus, & simul astra reget?
Nec pelago piscis, neq; nubibus imperat ales,
  Cur opus his, pennâ remigioq; fuit?
Scilicet, ingenii minus, orbis & artis haberet
  Ni streperet pennis stridula musca suis,
Nec stabili geminus penderet cardine mundus,
  Bina nisi querulas ala moveret apes.
Quid, quod & in triplici volucrum vilissime, regno
  Principis instar iter Merge natator, agas.
Et modò gramineâ pedes expatièris in herba;
  Mox avis, alta petas; mox freta nauta, seces.
Quin potius triplicis cessit tibi regia mundi,
  Per tria qui pennis hospita regna volas?
Aut tria si fuerint hominis loca credita curæ;
  Cur homini triplici non licet ire via?
Cærulus æquorei Nereus pater ipse profundi
  Non nisi squammigeris, currere fertur equis,
Juppiter aërium qui flectere fingitur orbem,
  Ætheris, ipse vehens, alite; carpit iter.
Nec levitas hominem celeri fert plumea pennâ,
  Nec liquidas pinnâ remige findit aquas.
Et flectit geminum justis sine viribus, orbem,
  Æthere factus avis, factus in amne ratis?
Ut tamen undifragæ careat moderamine pinnæ,
  (Plurima cùm pinnis corpora cassa na-
    tent.)

At

Den Vogel in die Lufft die leichte Feder hebt/
der Fisch durch Flossen hülf' im Meer herumher schwebt;
im Menschen aber ist/ noch dieß noch das zuschauen/
wie sol er Lüffte und Meer ihm zu regirn getrauen?
das Meer kein Fisch/ die Lufft kein Vogel nicht regirt/
was sind mit Flossen denn und Federn sie staffirt?
So könnt' uns minder witz und kunst die Welt verführen/
wenn nicht solt' unser Ohr der Fliegen rauschen spüren.
In beyden Angeln hieng' auch nicht so stieff die Welt/
wenn nicht die Bien' es vor mit ihren Flügeln stellt.
Und wie/ daß die drey Reich' ein Vogel mehr regieret
der Taucher/ der den Stand als wie ein Fürste führet;
bald sieht man ihn spatzirn des grünen Graases Bahn/
bald steigt er in der Lufft/ bald schwimmt er wie ein Kahn;
daß die drey Reich' ihm gleich vielmehr sind untergeben/
der durch die Federn kan in allen dreyen schweben.
Wenn aber ja die drey/ der Mensch regieren sol/
wie gehet einem Er/ in andern nicht so wohl?
Der Seebeherscher selbst/ Neptunus wie man saget/
ohn Pferde/ die halb Fisch ins Meer sich keinmal
  waget.
Er Jupiter/ der sonst den Himmel sol regirn/
lässt durch die Lüffte sich den edlen Adler führn;
und nur der Mensch sol nicht mit Flügeln in die Höhen/
mit Flossen in die Tieff' und weiche Fluten gehen;
ja sol nicht/ wie es not/ regirn das dopple Reich'/
ein Vogel in der Lufft/ ein Schiff sey in dem Teich'?
und ob er Flossen schon nicht hett' im Flut durchschweiffen/
(weil ohne die man sie viel Körper sieht durchstreiffen/)

At sine præpetibus nulli patet ardua pennis,
  Quæ patet aligero Regia sola gregi:
O liceat vacuas mihi tollere corpus in auras,
  Altaq; sidereæ visere regna plagæ!
Aspice, quos inter jaceat mea patria mores,
  Indignus patriæ nomen habere locus.
Aspice, nec quod amem Volucres, mirabere pen-
    nas
  Me gravior, quàm quæ Persea caussa movet.
Pegaseis utinam rapiar super æthera plantis,
  Aut moveat volucres Perseos ala pedes!
Aut agiles humeris aptes mihi, Dædale, ceras,
  Icariis quamvis fabula labar aquis!
Aut lapsas agitem pennato pectore plumas,
  Quas vulsit vario picta columba sinu!
Astra columbinis meditabor protinus alis,
  Et ferar ante tuam, Juppiter ales avem.
O stultæ volucres, gens nata palustribus ulnis,
  Sueta cavernosos turba natare lacus!
Non ego, si vestras mihi Dædalis applicet alas,
  Littora vel scopulos imaq; saxa legam.
Non ego fluminæ volitem levis accola ripæ,
  Aut mea percussas penna flagellet aquas.
Non mea torpentes circumvolet ala paludes;
  Ut propior segnes radit hirundo lacus.
Non mea, ceu mœstis Ceyx dum plangitur undis,
  Humida vicino se lavet ala freto.
Persequar ætherium sublimior ales Olympum,
  Altaq; mox solitis nisibus astra petam!

                                      O quon-

Seufzen. Das Dritte Buch.

so kan ohn Flügel doch kein Thier zun Lüfften gehn/
weil sie dem Federvolck' als eigen nur zustehn.
O daß ich meinen Leib könnt' in die Höhe schwingen/
und bis zun Gegenden des Sterne-reiches bringen!
Sih/ welchen Zustand führt an jetzt mein Vaterland/
unwürdig/daß es so mit Namen wirdt genannt.
Nicht wunder dich/daß Lust mein Hertz zu Flügeln träget/
viel grösser Ursach mich als Perseum beweget.
O daß mich Pegasus in Himmel tragen wollt'/
und ich gleich Perseo Fuß-Flügel haben sollt';
ie oder Dædalus Wachs-Flügel mir anhienge/
ob ich/ gleich Icaro, mit Schmach zu Grunde gienge;
daß oder ich durchaus mit Federn wär' umbrenhe/
die manche bunte Taub' itzt da/ itzt dort verstreut;
So wollt' ich mich alsbald hinauf zun Sternen schwin-
gen/
und höher meinen Flug/ als Jovis Vogel bringen.
Ihr thummen Vögel ihr! ihr Volck aus Flut gemacht/
die ihr umb Pfützen nur zu wohnen seyd bedacht;
könnt' eure Flügel nur ein Künstler mir anfügen/
ich wollt' umb Wässer/ Stein' und Ufer nicht viel fliegen/
noch umb die trübe Bach/ als mancher Vogel thut/
die Flügel netzt' Ich nicht in weicher Wassersflut.
Die faulen Pfützen wollt' ich nimmer nicht umbfliegen/
noch/wie die Schwalben thun/ an stillen Seen liegen;
es sollte niemand mich beym Meer' im Bade spürn/
wie Vögel/ die noch itzt um Ceyx Klage führn;
dem Himmel wollt' ich zu wie grosse Vögel/ ziehen/
und bey die Sterne mich zuschwingen hoch bemühen.

O quondam felix hominum modo turba volucrum,
    Quos amor, in celeres iraq́; vertit aves.
Cur mea non capiunt agiles quoq́; brachia plumas,
    Induit aut motas hispida penna manus?
Quot ludunt liquidis examina plumea campis,
    Aligeroq́; secant nubila celsa pede;
Si mihi, Nise, tuo plumescant brachia fato,
    Crurave Scyllæis vestiar hirta comis;
Si levis Aonio fierem certamine pica,
    Aut Cytheræa, tuâ, verterer ales ave;
O mea si tangant aliquod suspiria Numen
    Muter ut in pennas, casta columba, tuas?
Scilicet advectâ, ceu Chaonis ales, olivâ
    Reppetiit notæ tecta Noëa ratis;
Protinus aligeri raperer super æthera velis,
    Nostra nec has iterum viseret ala plagas;

AMBROSIUS.

Serm. 70.

Volare non potest nisi quod purum, leve atq́; subtile est, cujus nec sinceritas intemperantiâ retardatur, nec alacritas, nec velocitas mole gravatur.

14. Quàm

O Vögel voller Glücks die ihr erst Menschen wart/
und etwan Lieb' und Zorn in Vögel hat verkehret!
Ach daß zu Flügeln doch nicht würde mein Ellbogen!
och daß mit Federn nicht auch ein Arm würde überzogen!
wie manches Vogelheer das blancke Feld durchstreichet/
und mit den Fittichen die weite Lufft durchzuchtet.
Möcht' ich/ dem Nisus gleich/ befidert' Armen kriegen/
und Scyllæ Federn mir an beyde Füße fügen?
O würd' ein' Axtl doch durch Musenkreist aus mir!
O zög' ich/ Venus, auf in deiner Täublein Zier!
ô wollt' erleuchtern Gott/ mir meiner Seufftzen
        Bürde/   (würde!
daß ich verwandelt gantz zur keuschen Tauben
zur Tauben/ die den Zweig vom Oelbaum' ein-
        gebracht/
und in die Arche sich zu Noah wieder macht:
alsdann wollt' ich mich gar biß an den Himmel
        schwingen   (gen!
und keinmal wiederumb herab zur Erden drin-

AMBROSIUS.

Es kan nicht fliegen als nur das jenige/ welches
rein/ leicht und subtil ist: dessen Lauter-
keit von der Unmässigkeit nicht auffgehal-
ten/ noch die Hurtigkeit und geschwindig-
keit von der Last beschweret wirde.

14.

Quàm dilecta tabernacula tua Domine virtutum! concupiscit & deficit anima mea in atria Domini. Psal. 83.

O qui sidereas ducis fortissime turmas,
    Cui cingunt decies millia mille latus!
Quàm tua regifico radiant Prætoria luxu!
    Mens stupet & tantæ langvet amore domus.
Mœnia Tenario defendunt marmore muros,
    Limina sunt Parius portaq́; celsa lapis.
Vestibulo rutilant adamantum lumine valvæ
    Amplaq́; magnificus culmina splendor habet.
Fulgurat excelsis fulvum laquearibus aurum,
    Et eamera auratâ cedrina fulta trabe.
Tectum augustum ingens, gemmisq́; auroq́; superbú,
    Quale putes ipsum posse decere DEUM.
Stratus humi calcatur Onyx, vitreiq́; plateas
    Stellarum fundant, marmora fulva, globi.
Jam sua temperies placido mitissima cœlo est;
    Qualis uti vernis aura tepet Zephyris.
Nec glacialis hyems tremulo pede pulsat Olympum
    Icta nec hibernâ grandine tecta sonant.
Nec pallent viso moriturę sole pruinæ,
    Nec stant marmoreo flumina vincta gelu;

XIV.

Wie lieblich sind deine Wohnungen Herr Zebaoth! meine Seele verlanget und begehrt/ und wirdt krafftloß nach den Vorhöfen des Herrn. Pf. LXXXIII.

HErr GOtt Zebaoth / umb den zu allen Zeiten
zehn tausend tausend stehn / und ihn mit Dienst begleiten!
ach mit was Herrligkeit/ dein' Himels Wohnung prangt/
drob mein Gemütt' erstaunt/ und sehr dahin verlangt.
Von buntem Marmel sind die Mauren aufgeführet/
von blanckem Alabast die Türne schön gezieret.
Der Porten Eingang ist von Adamanten Stein/
voll Glanzes voller Pracht sein' hohe Spitzen seyn.
Der Balcken Bindewerck gediegen Gold anträget/
die Kammern sind alda mit Cedern überleget;
das prächtig-hohe Dach von Gold' und Steinen glänzt/
mit Herrligkeit es ist/ als GOtt ansteht/ ergänzt;
mit Onichsteinen ist der Boden eingelassen/ (sen;
von Sternen/ als wie Glaaß/ gelbmarmlicht sind die Gassen
hier allersänffte Lufft und gütig Wetter haust/
wie/ wenn im Frühling' uns der Westenwind ansaust.
Da lässt kein Winter sich noch kaltes Eyß erblicken/
der Hagel nicht erschällt der Wohngebäuder rücken.
Kein Reiff vom Sonnen Licht' alda keinmal verbleicht/
kein Fluß ins Marmor-eyß sich nimmer nicht verkreucht;

im

Nec coquit æstivi Cererem juba sæva Leonis,
  Solstitii medius nec furit igne dies.
Nec viridis foliis sangvis fervore recedit,
  Nec tostus nimio sole fatiscit ager.
Perpetuum ver astra colunt, frigusq́; caloremq́;
  Inter Cœlicolæ tempora veris agunt.
O qui sidereas habitas, Rex maxime, sedes
  Quàm tua præ terris invidiosa domus!
Quin absunt gelidi brumæ intractabiles imbres,
  Quiq; rigat madidos imbrifer hœdus agros;
Æoliæq́; silent animæ tranquilla per alta,
  Quassaq́; nec venti murmure spica tremit.
Stat placidus positis Aquilonum flatibus æther,
  Servat & æternus longa serena tenor.
Sed neq; flammantes liquido lavat æquore currus,
  Nec subit occiduas sol fugitivus aquas.
Nec premit astra dies, neq; Sol fugat æthere stellas,
  Nec premitur lassus nocte fugante dies.
Nulla polos tacitis nox obruit atra tenebris
  Nigraq́; subducto somnia sole vocat.
• Exulat æthereis longè nox horrida terris
  Et nitet æterno lumine clara dies:
Clara dies, jucunda dies, septemplice Phœbi
  Fulmineam nostri lampada, luce premens.
O qui sidereas habitas Rex maxime
  sedes;
  Quàm tua præ terris invidiosa domus!

Solli-

Seufzen. Das Dritte Buch.

im Lenen dörret nicht die Sonn' allda die Früchte/
am längsten Tage brennt niemanden ihr Gesichte;
den Blättern raubet nicht den Safft ihr überlauff/
von ihrer Hitze reisst die Erde nimmer auf;
alldar ist ewig Lentz/ und die GOtt hingestellet
die Heilgen/ gar kein Frost noch Hitze nicht befället.
ô Gott/ der du dich hast gesetzt zun Sternen hin/
wie weit ist doch dein Hauß der Erden vorzu-
ziehn!
Da setzt es nimmer nicht der kalten Winter-regen/
des Steinbocks Stern' auch nicht das Feld zu netzen pflegt;
da lässet Æolus sein Hauchen gar nicht spüren/
man sieht kein' ähre sich im allergringsten rühren;
die Lufft ist gäntzlich frey von kalten Nordenwinden/
der Himmel ewig hell' und heiter klar zu finden;
da macht den Flammekarn im Meere nimmer feuchte
die Sonne/ weil sie nicht hinab nach Westen fleucht;
noch Tag/noch Sonne/nicht Gestirn' und Licht verjagen/
nach eingetretner Nacht endt sich kein Tag mit Plagen.
Bey Nacht' am Himmel da kein trübe Wolck' aufzeucht/
und der sonst müde Schlaaf die Leuthe nicht erschleichet;
der Nächte grauen weit von dar entfernet gehet/
ein heiterheller Tag/ der ewig währt/ da stehet;
ein lieblich schöner Tag/ wo Phœbus goldnes Blat
des Glantzes siebenmal noch mehr/ als bey uns hat.
ô grosser GOTT/ der du zun Sternen dich ge-
setzet/
wie weit wirdt doch dein Hauß der Erden vor-
geschätzet!

Die

Sollicitæ procul hinc, posuêre cubilia curæ,
　　Et metus & tristi luridus ore dolor ;
Et caput atrato luctus velatus amictu,
　　Lessus & impexis nænia mœsta comis.
Et labor & toto gemitus proscriptus Olympo
　　Et lis & rabidi jurgia rauca fori.
Rixæq; invidiæq;, cruentaq; sangvine bella,
　　Monstraq;, quæ secum plurima bella trahunt.
Pauperies, febrisq;, famesq;, sitisq;, luesq;
　　Quæq; sequi solitæ, Martia castra, neces.
Hîc clausæ bello portæ, & sine militis armis
　　Ocia cœlicolæ mollia pacis agunt.
Non galeæ, non scuta micant, non classica clangunt,
　　Mitescunt positis aurea sæcla tubis.
Tabificiq; absunt, examina pallida, morbi,
　　Quæq; cohors Letho prævia sternit iter.
Quin etiam Letho interdictum mœnibus urbis
　　Nec quidquam in superûm corpora juris
　　　　habet.
Lætitiæ data cura domus, quæ sedula fletum
　　Elysii longè finibus arcet agri.
Instruit auratis convivia Regia mensis,
　　Quas recreant festis gaudia sancta jocis.
Non quia Cœlicolæ dapibus jejunia solvant,
　　Aut ullus Superûm proluat ora liquor.
Absq; epulis, hîc omnis amor compressus edendi,
　　Omnis & absq; meri munere pulsa sitis.
Non istis temerant Superi convivia mensis,
　　Aut Regio similes suggerit illa dapes.

　　　　　　　　　　　　　　　Ely-

Seufzen. Das Dritte Buch.

Die kummerhaffte Sorg' ihr Lager hier nicht helt/
kein Forcht kein Schmertzen auch niemanten überfällt;
kein schwartzer Trauer-flor wirdt da nicht umbgeleget/
kein Trauerliedlein man auch anzustimmen pfleget;
Müh'/ Arbeit/ Seuffzer/ sind allhier gethan in Bann/
von Rechtsgezäncke weiß auch da kein Himmelsmann;
noch Hader/ Zwist/ noch Neid/ noch Krieg/ noch Blut-
   vergiessen/
und ander Unheil mehr/ das draus pflegt zuentspriessen;
Durst/ Hunger/ Armut/ Seuch'/ und Febers Ungemach/
noch Morden/ daß dem Krieg' unfehlbar folget nach.
Dem Krieg' und Waafen sind die Thor' allhier verschlossē/
den Frieden lieben nur des Himmels Reichsgenossen.
Hier blincket kein Helm/ kein Schild/ kein Lermen wirdt ge-
   hört/
stat Kriegsgetümmels man den güldnen Frieden ehrt.
Kein kranckseyn/ keine Seuch'/ allhier nicht darf einschleich
und was des Todes mehr Vorboten sind un̄ Zeichen; (chē;
ja ihm dem Tod' ist hier verboten gantz die Stadt/
daß übers Himmelsvolck er keine Macht nicht hat;
in diesem Haus nur der Lust zu seyn behaget/
auf deß Elysier Feld kein weinen sich nicht waget;
auf gülne Tafeln man stellt Königliche Tracht/
in heilger Frewe' und Lust wirdt da die Zeit zubracht/
nicht daß das Himmelsvolck mit Kost sich dörfte füllen/
noch Wein's hette noth den Durst damit zu stillen;
nein/ ohne Speisen wirdt der Hunger hier verdruckt/
der Durst g'büsst/ und doch kein Trank nicht eingeschluckt.
Der Oc— in Ist-Lick weiß nichtes vō solcher Köstung weite/
so tragt auch jenes Land nicht solchen Tranck und Speise;

dieß

Elysium sine carne epulas Bacchoq; ministrant,
    Cœlicolumq; venit nullus in ora cibus.
Cœlestes onerant, incognita fercula lances,
    Quales nemo hominum, contigit ore cibos.
Ambrosiæ, Superos hilarat, quis nescio, succus
    Dius & ætherio nectare potus alit;
Sicq; super strato æternum discumbitur ostro,
    Gaudet & auratis gens epulata toris.
Gaudet & Angelicos placidis bibit auribus hymnos,
    Et salit, & rutilam sub pede plaudit humum.
O qui sidereas habitas, Rex maxime, sedes,
    Quot tua deliciis affluit illa domus.
Jam flagrat & studio nimis inflammata videndi
    Mens desiderio deficit ægra suo.

BONAVENTURA.

Soliloq. cap. 4.

O anima quid dicere valeo, cum futurum gaudium aspicio? jam pœnè præ admiratione deficio, quia gaudium erit intus & extra, subtus & supra, circum & circa.

15.

Fuge dilecte mi, & assimilare capreæ hinnuloq; cervorum super montes aromatum. Cant. 8.

Ocyus

Seufzen. Das Dritte Buch.

dieß Land ohn Fleisch und Wein den seinen Nahrung giebt/
den Himmels Bürgern auch solch Essen nicht beliebt;
die Himmelsschüsseln nur mit solchen Speisen prangen
die nie kein Sterblicher zuschmecken konnt' erlangen;
ich weiß nicht/ was für Kost den Heilgen wirdt gewähret/
noch was für Himelstranck ihr Hertz erquickt und nähret;
daß gleichsam ewig man auf Purpurpolstern lieget/
und in vergoldte Bett' aufs essen sich verfüget/
hört unaussprechlich schön die Engel musicirn/
und voller Freudigkeit den Himmels-Reyhen führn.

Gott/ der du dir den Sitz beyn Sternen auf-
gethronet/ (bewohnet!
ach was für Freud' und Lust dein Himels hauß
Dieselbe nun zuschaun ist gantz mein Hertz' ent-
zündet/ (schwinde.
daß von Verlangen fast ihm alle Krafft ver-

BONAVENTURA.

O Seele/ was sol Ich sagen/ wenn ich die zu-
künftige Freude ansehe? Itzt vergehe ich
fast für verwunderung/ denn es wirde
Freude seyn/ von innen und von aussen/
drunter und drüber/ umb und umb.

XV.

Fleuch mein Geliebter/ und sey gleich ei-
nem Rehe und jungen Hirschen auf
den Würtzbergen. Hohe L. S. VIII.

Ocyus aspectu, mea Lux, te proripe nostro;
  Ardeo, nec tantas mens capit ista faces.
O mala, quæ dudum timui tibi dicere verba!
  Quàm mea Lux, mallem dicere posse, mane.
Non etenim tua me præsentia tempore lassat,
  Ah sine te gravis est quælibet hora mihi.
Sed prohibet nimiis incendia dulcia flammis,
  Vel fuge, vel nocuam, Lux mea, conde facem.
Hæc mihi Tu, fateor, si jussa aliquando dedisses,
  Exanimis misero lapsa dolore forem.
Parce jubet sævis Amor ignibus, haud ego mando,
  Stare velim totus in mea vota dies.
Si possem, cuperem non persuadere quod hortor,
  Si potes, invitas aure repelle preces.
Ergò mane, mea Lux, monitis neq; flectere nostris:
  Nec, precor, audieris quæ modò jussa dedi.
Trans mare præcipites rapiant verba irrita Cauri,
  Non mea, sed stolidi verba fuêre metus.
At prohibet rapidus fibras qui pascitur ardor
  Æstuo nec tantas mens capit ista faces.
Ergò fuge & celeres pedibus præverte capellas,
  Antevola cervos, antevola hinnuleos.
Sed fuge respiciens, tanquam discedere nolles,
  Ut qui spectari, dum fugit, ante cupit.
Dius in Ephremi cum pectore ferveret ignis:
  Non ego par flammæ, quin fugis, inquit, A-
    mor?
Ille triumphato clarus Xaverius Indo,
  Saucius ætheriâ pectora sæpè face;

Cœle-

Aus meinen Augen dich/ ô Schatz/ geschwind entreiß/
denn solche Glut mein Hertz nicht zuertragen weiß.
O böse Wort'/euch' forcht' ich längst ihm anzusagen/
viel lieber solte bleib/ zusprechen mir behagen!
denn mir dein Beyseyn nicht die Zeit verdrießlich macht/
ach iedes Stündlein ich/ ohn dich/ sehr bangsam acht';
es wehren aber mir dein' allzugrosse Flammen/
fleuch/ oder birgs in dir/ weil sie versehrn/ beysammen.
Ja/ hettest du zu mir gesprochen solche Wort'/
ich wär' in Ohnmacht stracks gesuncken an dem Ort'.
Ach schon/ die Flam' es heischt/ zwar ich es nicht befinde/
ich wollt' iedwede Zeit zu meinen Wünschen stünde.
Könnt' ich/ so hielsch' ich nicht/ wozu Jch dich vermahn'/
und wenn du kanst/ so setz mein Bitten gantz hindan.
So bleib ô Schatz/ und Dich nicht auf ermahnen rege/
hör den Befehl nicht an/ damit ich Dich belege.
Der Wind mag meine Wort' hinsühren über Meer/
sie rühren auß eiler Forche/nicht von mir selber her.
Die Flammen aber wehen/ die mich in Adern nagen/
ich bren'/ un kan nicht mehr mein Hertz die Brunst erttragt.
Ach fleuch/ und wie die Gems' heb schnelle Dich
empor/   (vor!
dem Hirschen und dem Reh' im lauffen kom zu-
Doch fleuch und sieh Dich umb/ samb ungern es geschehe/
wie einer der da fleucht/und wil daß man ihn sehe.
Als Himmelsglut das Hertz S. Ephrems hatt' entbrandt/
da sprach er: fleuch mein Lieb/die Glut kriegt Oberhandt.
Xavierus, der viel Japaner hat bekehret/
als von der Himmelsbrunst sein Hertze ward gesehret/

Cœlestis quoties ardebat arundinis ictu,
    Ah satis est satis est! dicere suetus erat.
Cum flagrat juvenis sceptri laus magna Poloni
    Corde rigat gelidis Stanesilaus aquis.
Quid mea pectoribus compono pectora tantis?
    Non ego sum toti, Lux mea, par pharetræ.

Carpe fugam, pedibusq́; leves præverte ca-
    pellas,
        Antevola cervos, antevola hinnuleos.

En juga vicino cœlos tangentia clivo,
    Thuris ubi madido cortice gutta tumet;
Cedrus ubi Laurusq́; & copia plurima Myrrhæ
    Mixtaq́; puniceis Cynnama læta crocis.
Huc fuge pennigeris super alta cacumina plantis,
    Seu tua mons Amana, Libane sive tua?
Alta super juvenum fastigia Seraphicorum,
    Cherubicosq́; apices, Astraq́; summa super.
Scilicet insoliti non sunt his montibus ignes
    Pectora quos imis vallibus ista timent.
Una potes flammare meas scintilla medullas,
    Non ego par totas, lux mea, ferre faces.

Carpe fugam, pedibusq́; leves præverte ca-
    pellas,
        Antevola cervos, antevola hinnuleos.

Sic tamen, ut fugiens oculis huc sæpè recurras
    Longiùs aspectu neve vagêre meo.
Qualis ad oppositum spectat soror aurea Phœ-
        bum,
    Cùm plus de radiis, quo mage distat, habet.

Par-

Seufzen. Das Dritte Buch. 293

so offt der Liebespfeil in ihm erregte Glut/
da rieff er/ach genug/ genug/ es sey nu gut.
Als Stanislaw der Ruhm Sarmatiens, gefühlet
des Hertzens Glut/ hat er mit Wasser es gekühlet.
Ach daß mein Hertze sich so hohen Hertzen gleicht?
Schatz/ deiner Pfeilen meng' ob meine Kräffte reicht:
Fleuch und der Gemse dich starck vorzulauffen
    mühe/   (vorziehe!
in Schnelligkeit dem Reh' und Hirschen Dich
Hier sind die Berge/schau/die bis an Himmel gehn/
wo Beyrach trepffenweis' an Rinden pflegt zustehn;
wo Lorbern/Cedern blühn/wo Myrrhen wächst die menge/
wo Saffran und Kaneel/ sind eine Zier der Gänge;
zu deren Höhen du mit flügelsüssen fleuch/
hoch über den Amán, hoch übern Liban streich.
Das Chor der Seraphin laß unter dir gar ferne/
so wohl die Cherubin und allerhöchsten Sterne.
Auf diesen Bergen nie die Flammen seltzam seyn/
dafür in Thälern sich die Hertzen etwa scheun.
Ein einig Fünklein kan mein gantzes Marck entzünden/
zu dulden diese Glut/ kan ich nicht kräffte finden.
Ach fleuch/ und wie die Gems' heb schnelle Dich
    empor/
dem Hirschen und dem Reh' im lauffen komm
    zuvor.
Doch so/ daß du vielmal anvor zu rücke blickest/
und meinen Augen dich nicht allzuweit entzückest.
Gleich wie die Sonne sich dem Mond entgegen stellt/
je weiter sie von ihm/ je mehr er Lichts erhelt.

Parce, suas vires, mea Lux, vitiumq́; fatenti,
   Nec tecum possum vivere, nec sine te.
Ardeo, si properas; rigeo, si fugeris; hei mi,
   Et procul & præsens, igne geluq́; noces!
Quid facies, mea Lux, sine te non esse valenti?
   Fac caleam, toto non tamen igne cremer.
Ergò fuge, alipedesq́; celer præverte capellas,
   Antevola cervos, antevola hinnuleos.
Interea viridem fabricabor arundine cannam,
   Et referet laudes fistula facta tuas.
Post, ubi vox longo modulamine fessa silebit,
   Ore silente novum dextra capesset opus.
Arboribusq́; meos foliisq́; insculpet amores,
   Amborumq́; uno cortice nomen erit.
Scriptaq́; præteriens ne noscat signa Viator,
   Littera confusum nomen utrumq́; teget.
Post opus hoc; reliquæ si quæ super hora diei
   Illa mihi in somnos hora quietis erit;
Sic tamen ut vestri sit mixtus imagine somnus,
   Et mihi stes clausos pervigil ante oculos.
Dum loquor, en tacitis gliscunt incendia flammis,
   Ocyus ingratam, Lux mea, carpe fugam.
Carpe fugam, veluti cuperes tamen ante videri,
   Utq́; brevi redeas, non Tibi dico Vale.

AMBROSIUS.
de bono mortis cap. 5.

Hortatur (anima) ut fugiat Sponsus, quia jam sequi potest etiam ipsa terrena fugientem.

Scu

Seufzen. Das Dritte Buch.

Schon deß/ der seine Kräfft' und Fehler muß angeben/
weil weder Ich mit Dir/ noch ohne Dich kan leben.
Ich brenne/ wenn du kommst/ich friere wenn Du weichst/
in Hitz und Frost du mich/ mit bey- und abseyn zeuchst.
Was wirst du dem/ das nicht ohn Dich seyn kan/erneüen?
erwärm mich/laß mich doch nicht ganz und gar verbrennen.
So fleuch / und wie die Gems' heb schnelle Dich
    empor/   (zuvor.
dem Hirschen und dem Reh' im Lauffen komm
Inzwischen wil ich mir ein grünes Rohr formiren/
und durch der Pfeiffen Ton dein Ehrenlob psalliren.
Drauf wen von solchem wirde mein Mund ermüdet stehn/
so sol die rechte Hand ein neues Werck angehn.
Da wil ich meine Lieb' in Bäum' und Blätter schneiden/
die Rinde zeigen sol die Namen unsrer Beyden:
und daß der Frembde sich nicht möge finden drein/
so sol sehr wunderlich die Schrifft verzogen seyn.
Hierauf/ wirde mir ja Zeit vom Tag' im Reste bleiben/
so sol mit Schlaafes-ruh' ich selbte dann vertreiben;
Doch daß dein Ebenbild im Traume mir erschein'
als ob mein' Augen sehn dein selbleibhafftes Seyn.
Sieh/ weil ich red'/erhebt sich eine Glut im Herzen/ (tzē-
drum/ Schatz ergreiff die Flucht/die mir gebieret Schmer-
Fleuch doch/ weil du zuvor gleich zeigest deine Zier
und kürtzlich wiederkehrst/sag' Ich kein áde Dir!

AMBROSIUS.

Sie vermahnet (die Seele) daß der Bräutigam
fliehe/ weil Sie auch nun selbst Ihme/in dem
Er das irdische fleuche/ folgen kan.

Register
Der fürnehmsten Wörter und Sachen.

A.

Abel. 71.
Ablavius. 179.
Acis. 47.
Acheloë. 47.
Ackerröstein. 205.
Actæon. 49.
Achs in Mitternacht. 9.
Achzen. 89. 261.
Adam. 69. 239. Adamantenstein. 283.
Adé. 229. 295. Adern. 291.
Aderuhre. 19. Adler. 107.
Æacus. 57.
Æolus. 63. 285.
Aerzten fehlt die Kunst. 19.
Æthna. 197.
Agatha. 157. Agathon. 59.
Agnes. 217. 257. ähre. 285.
Alcides. 47.
Alcinous. 203.
Alcyone. 91.
Alexis. 155. Allmanach. 241.
Almos. 25.
Aloë. 205.

Alte lachen der Kinder. 15.
Alter. 79.
Aman. 293.
Ameis. 79.
Amomum. 205.
Amor. 145. 209.
Amphion. 191.
Anckerloß. 79. Andragesina. 127. Androgeos. 21.
Andromache. 45. Angel. 277.
Angesicht. 69. 273.
Anelitz. 41. 125. 273.
Antistius. 237.
Antonius. 51.
Apfelbaum. 183.
Apfel. 203. 239. 249.
Apollo. 23.
Apollonia. 157. Arbeit. 287.
Arche. 281.
Argus. 161.
Ariadne. 103. Arm. 281. Armut. 287.
Argney unersprüßlich. 23.
Asch. 81.
Assyrien. 125. 197.

Acheme-

Athemsneige. 21.
Athos 209. Atzel. 281.
Augen des Leibes. 9. 41.
 119. 273. 291. 295.
Autolycus. 249.

B.

Babel. 141.
Bacchus. 49. 51. 261. kleine;
 grosse Bähr. 217.
Bäume. 71. 295.
Bagadét. 141.
Ball. 171. 227.
Bande. 251. 257.
Bann. 287.
Basiliskengifft. 41.
Basilissa. 141. hole Baum. 61.
Begler. 245.
Begierden. 109. 227.
Bellerophon. 251.
Beredsamkeit. 75.
Berg. 69. 293. Bethlehem.
 103. Biblis. 47.
Biene. 277. Bilder. 223.
Billigkeit. 233.
Blandina. 157.
Blindheit. 77.
Blitz. 69. Bluhm. 73. 199.
Blutvergiessen. 287.
Bogen. 105.

Bräutigam. 125. 153. 155.
 157. 159. 165. 169.
Braut GOttes. 215. 183.
 217. 229. Brünnlein.
 261. Brunst. 95. 291.
Brust. 75. Buchstaben.
 113.
Büchs. 235.
Bürge. 255.
Bürgern behagt das Dorff.
 133.
Bule. 199.
Buler was sie förchten. 209.
Buler fragen gern. 197.
Bulschofft der Seelen. 151.
Bund. 79.
Busen. 61.
Busch. 63. 71. 221.

C.

Cæcilis 141.
Cæsar. 81. 117. Camilla. 107.
Casán 33.
Casia 205.
Caßius. 57.
Catharina 157. 257. Cedern.
 283. 293.
Ceres. 161. Ceyx. 279.
Chaldæer. 69. Cherubin. 293.
Chiron. 19. 23.

T 5   Chryso-

Register.

Chrysolithen. 227.
Cilicia. 205.
Circe. 41.
Clavicymbel. 189.
Cleander. 179.
Clitie. 217.
Clitus. 177.
Clotho. 231.
Colossus. 111.
Commodus. 179.
Constantinus. 179.
Creta. 253.
Creter Garten. 101.
Crœsus. 81.
Cupido. 49. 211. 263.
Cydippe. 203.
Cynthia. 41. 217. 271. bringt Ebb und Flut. 87.

D.

Dædalus. 253. 279.
Dalila. 51.
Danaë. 253.
Daniel. 69.
Davids Spruch. 13. Thränen. 45. Forcht. 59. böse Lust. 121.
Degen. 175. 233. 235.
Demant. 79.
Democritus. 121.

Diana. 49.
Dina. 121.
Dionysius. 25. 207.
Ditis Schloß. 7. Flüsse. 161.
Donner. 69. 71. 115.
Doppelhall. 221.
Dorffbegnämigkeit. 131.
Dorothea. 141. 203.
Drache. 161.
Durst. 261. 287.

E.

Edelstein / was er sey. 15.
Egyptens Fluß. 45. Nacht. 7. 241.
Himmels-Ehe. 217.
Ehebette der Seelen. 151. 153. Ehrenlob. 295.
Ehrgeitz. 9. 263.
Ehrsucht. 143.
Einfalt. 167. Elebogen. 281. Elend. 75.
Elphenbein. 271.
Elysische Felder. 31. 203. 287.
Emaus. 223.
Ende. 81. Engaddi. 141.
Engel. 227. 289.
Ephemia. 127. Epheu. 169.
S. Ephrem. 291.

Epidau-

Register.

Epidaurus. 23.
Epirus. 125.
Erde. 81. 281. 285.
Erdenkloß. 51.
Ergetzung. 135.
Ertz. 225.
Esau. 15. *Eunus.* 223. *Eurydice.* 193.
Eutropius. 179.
Eva. 230.
Eyß. 233. 283.
Eysesbruch. 85.
Exempel zuweilnen nicht zu schänden. 27.

F.

Fabel. 75. 223.
Fackel. 75. 165.
Farbe. 81.
Faustrecht. 233.
Feber. 197. 287.
Feder. 277.
Federvolck. 51. Fehler. 37. 293.
Feld / Felder. 79. 219. 221. 281.
Felsenschlund. 69.
Feuer. 69. 79. 81.
Fessel. 53. 247. Fisch. 277.
Fische führn stärckern Leib als die Menschen. 33.
Fittichen. 281.
Flammekarn. 285. Flammen. 69. 259. 273. 291.
Fliege. 51. 277.
Flora. 203. Flossen. 275.
Flucht. 69. 75. 139. 265.
Flügel. 275.
Fluß. 65. 283.
Flut. 61. 63. 71.
Fontein. 47. 181.
Forcht. 79. 113. 287. 291.
Freude. 213. 287.
Freundes art. 25. Freyheit. 237. 253.
Friede. 29. 287. Frost. 295.
Frühling. 283.
Fürste. 277.

G.

Gäule. 73.
Galathea 47.
Galgan. 205. Garn des Todes. 51. 79.
Gebein. 71.
Geburt. 73. 145.
Gefängnis. 255. Gegenliebe. 209.
Geigenwerck. 189. Geltz. 21. 227.

Gelek

Register.

Geleite. 71.
Gelübde. 37.
Gemse. 219. 291.
Gemütte. 9. 65. 151. 153. 229. 261. 273. 283.
Geruch. 81. Gerechtigkeit. 233.
Gesang ersprießlich. 189.
Geschenck. 73.
Gesicht. 125.
Gespenst. 117. 169. Gestirne. 285.
Getreid. 79.
Gewissen. 117.
Gifft. 261.
Glaas. 71. 283.
Gleichnis vom Töpffer. 31. von einer Seugemutter. 39. vom Vogelsteller. 51. vom Ochsen. 59. 95. von Versinckung ins Meer. 65. vom Pferde. 95. vom Kettenhunde. 249. vom Hirsch. 259.
Glück. 161. 209. 239. 281.
Glut. 75. 115. 151. 153. 185. 199. 215. 291. 295.
Gnade. 57.
Gold. 81. 225. 283. ist gelber Sand. 15.

GOtt 11. 13. 17. 19. 21. 23. 59. 65. 95. 97. 111. 117. 123. 171. 179. 183. 193. 215. 227. 229. 243. 245. 271. 281. 283. 285. 289.
GOtt der Krancken Heil. 19. Gottesfurcht. 233. Gottesliebe. 211.
GOtt übersieht uns viel Thorheit. 17.
Graas. 75. 205. 277.
Grab. 69. 79. *Gradivus* 57.
Greiß. 15. 73. 79.
Griechen. 217.
Grosser Herren Stieffglück. 25.
Grotten. 181.
Grufften. 71.

H

Hader. 287.
Hagel. 283.
Hände. 75.
Hals. 79.
Hand. 79.
Haubt. 67. 69.
Helicon. 159.
Helle. 115.
Hellenfluß. 53. 65.

Heme-

Register.

Hemerobias. 73.
Hemerocallis. 73. Henckerwerckſtat. 157.
Heraclitus. 43.
Hercules. 237. ſeine Straaſſen. 99.
Herren. 81. Hertz. 127. 129. 161. 249. 259. 261. 263. 279. 289. 291.
Herus. 103.
Heyde. 69.
Heyraht. 151.
Himmel. 67. 123. 221. 225. 229. 245. 253. 255. 273. 279. 281. 285.
Himmelbrunſt. 291.
Himmelsburg. 227.
Himmelsreyhen. 289.
Himmelsſchlüſſel. 205.
Himmelstranck. 289.
Himmel wirdt der Erden nachgeſetzt. 15. 123.
Himmelswohnung. 283.
Hindin. 139. 241.
Hirſch. 115. 261. 263. 291. Hitze. 285.
Höle. 71. 219. 233. 261.
Hofeſtand. 177.

Hoffarth. 7. 21. 261.
Hoffnung. 127. 219. 247. 267.
Holofernes. 121.
Hundsſtern. 199. 259.
Hunger. 287.
Hyacinth. 205.
Hybla. 209.
Hydaſpes. 227.
Hydra. 87.
Hymettus. 213.
Hypſiphile. 211.

I. J.

Iacchus. 163.
Icarus. 97. 279.
Ilmenſtab. 169.
Indien. 225.
Indoſtán. 227.
Irregatten. 101.
Irus. 81.
Iſraël. 103.
Ixions Rad. 29.
Jacobite. 235.
Jäger. 51. 263.
Jahre. 73. 75.
Janus. 255.
Jaſon. 211.
Jaſpis. 227.
Jebus Land. 161.

Job.

Register.

Job. 59. 121.
Jonas. 71.
Jovis Gezirck. 227.
Judith. 121.
Jüngling. 79. 143.
Jungfrauenübung. 151.
Juno. 223.
Jupiter. 277.
Jurist. 55.

K.

Kahn. 277. Käck. 97. Kaneel. 293.
Kauffhandelsstand. 175.
Kercker. 253. 255.
Kind. 73. 79. Kinderarbeit. 13. 15. Kinderrock. 241.
Kindheit. 239. Klagen. 75. 77. 239. Klüfft. 71.
Klugheit. 77.
Knabe. 107. 123.
Knaben straaffällig. 15.
Knäblein 79. 145. 241.
Knecht. 63. 81.
Knechtes Klag. 55.
König. 243.
Korngeblühm. 205. Kost. 287. 289.
Kost in Brüsten. 145.
Krafft. 289.

Krancken fehlt stärcke. 19.
Krancker aussehen. 21. Zustand. 137.
Kranckheit. 197. 199. ist unerforschlich. 21.
Krebes. 111.
Kreutz. 157. Kreyde. 97. 125.
Krieg. 171. 173. 287.
Krieger/ Kriegsmann. 77. 137. 155.
Kriegsnoth. 235.
Küßchen. 149.
Küssen. 142. 169.
Kuß. 229. 247.

L.

Lamm. 79.
Lampe. 157.
Landmann. 79. 101. 131.
Last. 65.
Laster. 65. 83. 113.
Lasterdrehe. 67.
Lastersumpf. 65.
Laute. 187. 191. 215. Leander. 103.
Leben. 69. 73. 79. 81. 83. 183. 235. ellet. 31.
Leben gleiche dem Meere. 65. Leib. 81.

Leib-

Register.

Leibeigener. 235. Leichr. 81.
Leimrutt. 113.
Leitegarn. 103.
Lentz. 87.
Lermen. 287.
Lernen. 77.
Leuen. 63. 115. 285.
Lethe. 29.
Levite. 23. Liban. 293. Lybia. 115. 259.
Licht. 285.
Lieb. 167. 169. 225. 229.
Liebe. 65. 123. 125. 197. 203. 213. 249. 281.
geiler Liebe ergeben. 37.
Liebes Art. 25.
Liebe hat viel Schmertzen. 209.
Lieben die wahre Lebensfrucht. 235.
Liebsbegier. 151.
Liebe Zweyerley. 95.
Lilie. 201. 205. 213.
Lippen. 127.
Lorber. 205.
Lorberkräntzlein. 69.
Loth. 71. Lucia. 125. 127. Lucretia. 253.
Ludvina. 203.
Lüfftlein. 61.

Lüste. 37.
Lufft. 81. 233. 247. 275. 281. 283. 285.
Lust. 51. 65. 81. 287.
Lyæus safft. 21.

M.

Machaon. 19.
Mæander. 99. Mägdlein. 79.
Mährlein. 131.
Mænalus. 49.
Magdalena. 161. ihre Thränen. 45.
Magnet. 217.
Malæa. 121.
Mann. 15. 73. 153. Marck. 293. Marmel. 283.
Mars. 277.
Marsyas. 191.
May. 239.
Meer. 71. 107. 223. 271. 275. 285. 291. sein Unbestand. 61.
Melampus. 19.
Memphis 103.
Mensch. 77. 79. 275. 277.
Menschenfall. 239.
Menschenfresser. 175.
Menschen nur mit dem Namen. 233.

Mensch-

Register.

Menschliche Thorheit. 11.
Mercurius. 175. 177.
Mezentius. 245.
Minois. 57.
Minya. 255. Momus. 275.
Mörder. 113.
Monat. 75.
Mond. 153. 221. 293. 295.
Mondenschein. 69.
Morpheus. 161.
Moses Klage. 14.
Mühle. 27. 109.
Mund. 75.
Musæ. 191. Musenstreit. 281.
Muscheln. 225.
Musica. 189.
Musquetirer. 81.
Mutter. 39. 79.
Myrrhenhartz. 205. 293.
Myrrhensafft. 141.
Myrrhen. 205.

N.

Nacht. 69. 79. 113. 153. 157. 233. 285. der Nacht Herberg. 7.
Nachtigal. 163. 257. Nachtzeit. 79.
Nadelstift. 217.
Nahrung. 75. Namen. 279.

Narcissen. 235.
Narden. 205. Naso. 209.
Nazareth. 141.
Nebel. 81. Neid. 287.
Neptunus. 63. 277.
Netze. 5.
Nilus. 25. 45. Nisus. 281.
Noah. 51. 281.
Norden. 63. 217. 233.
Nordenwinde. 285.
Noth. 69. 77. 81.

O.

Obrister. 81. 175. Ochs. 47. 59. 95. 283.
Oedipus. 119. Oelbaum. 281.
Oenone. 211. Ohnmacht. 291. Ohr. 277.
Onichsteine. 283.
Opfer. 35.
Orestes. 117. 167. 249.
Orontes. 141.
Orpheus. 139. 191. 193.
Ost. 63.
Ost Indien. 177.

P.

Pæon. 19.
Pæonien. 205.
Pæstum. 205.

Pallas.

Register.

Pallas. 49. ihr Baum 209.
Pan 191.
Panchæa. 141.
Pandions Volck. 91. Pantherthier. 139. Paradys. 69.
Parcen. 79. 91. 247.
Paris. 211.
Parteyligkeit. 57. Parthener Wald. 49.
Partherpfeil. 197.
Papagoy. 255. Paulus. 59.
Pegasus. 279.
Pentheus. 117.
Perillus. 243.
Perlen. 127.
Perseus. 279.
Persien. 141.
Petrus. 255. seine Thränen 45.
Pfeil. 69. 79. 105. 261.
Pferd. 111. 173. 277.
Pfützen. 61. 279. Phaëton. 97.
Pharos. 119.
Pharsalische Auen. 117.
Philister. 51. Philomela. 91. Phœbus :/: Apollo. 159.
Phœbus :/: die Sonne. 41. 285.

Pindus. 47.
Piramus. 167. Plagen. 205.
Podalyrius. 19.
Pöfel. 103.
Porcia. 253.
Progne. 91. Protheus. 4. 25.
Puls. 19.
Purpur. 225. 289.
Pylades. 167.
Pythias. 206.

Q.

Quälle. 263.
Quendel. 205.

R.

Räder. 61.
Räuber. 63.
Rahels Zähren. 3.
Rebecca. 81. 241.
genaues Recht. 57.
Rechtskampff. 55. 57.
Rechtsgezänck. 287.
Redner. 57. Reh. 293.
Reiff. 157. 233. 283.
Reinweiden. 205.
Reisemann. 63.
Rhadamantus. 57.

100. Richter. 57.
letzte Richter. 81. 83.
Richterschrancken. 57.
Richterstul GOttes. 59.
Ringelbluhmen. 205.
Rohr. 109. 295.
Rosen. 157. 203.
Ruder. 61.

S.

Saba. 103.
Sache. 37. 55. 57.
Salomons Lehr. 113.
Spruch. 59. thorheit. 13.
Saffranblütt. 205. 293.
Samarit. 23.
Samson 27. 51.
Sarmatien. 293.
Satturey. 205.
Schachten. 69.
Schall. 71.
Schatten. 69. 71. 137. 181.
Schauplatz. 63.
Scharlachsbeern. 227.
Schartenkraut. 205.
Schiff. 61. 63. 65. 95. 109. 119. 175. 233.
Schiffersvolck. 221.
Schiffmann. 67. 79.
Schlaaf. 147. 149. 159. 161. 285. 295.
Schlamm. 65.
Schlange. 257. 261.
Schmertzen. 75. 85. 185. 187. 215. 239. 287.
Schmüncke. 125.
Schmuck treibt zur Liebe. 127.
Schnee. 79. 233.
Schnecke. 111. 139. 237.
Schöpfung des Menschen. 29. wo? ib. wenn? 31.
Schöppenbanck. 57.
Scinis. 249.
Schwestern aus Casan :/: Gorgones. 33.
Schwalbe. 237. Schwert hat geschont. 35.
Scylla. 121. 281.
Scythen. 7.
Scythien. 7. 157. 249.
See. 61. 63. 67. 69. 79. 87. 225. 233.
Seeblühm. 205.
Seele. 67. 81. 113. 219. 229. 255.
Seelen Zustand im Himmel. 83.
Seelen Zustand in der Hölle. 83.

Segel.

Register.

Segel. 61. 67. Seiger. 81. Stanislavv. 293.
Sejanus. 177. Seraphin. 293. Steinbocks Sterne. 285.
Seuche. 287. Sterne. 233. 269. 275.
Seufsen. 151.239. 281. des Himmelszier. 31.
Seufzer. 89. 151. 199. 203. Sterne reich. 279.
287. Sterne scheiben. 69.
Sicherheit. 71. Sterngewölbe. 51. 227.
Sicilien. 161. Stilico. 179.
Siebensterne. 227. dem Storch. 107. 139. 237.
Soffergeben. 37. Straafe der Sünden. 55.
Sohn. 75. Strand. 63. 227.
Soldat. 265. Strengheit. 57.
Soldatenstand und Ambts- Stunde / Stündlein. 75.
bedienung. 171. 173. 291.
Solyma. 23. 197. Sturm. 63. Sud. 63.
Sommer. 79. Sünde. 35. 55. 115.
Sonne. 9. 69. 73. 75. 231. des Hertzens Henckerin.
233. 269. 283. 285. 21.
293. Sünder. 55. Sündfluth. 45.
Sonnenblat. 7. Susanna. 121.
Sophien. 257.
Sorge. 13. 79. 287. **T.**
Speise. 287. 289. Tag. 73. 79. 233. 269. 273.
Speisopffer. 273. Täucher. 277. (285.
Sperling. 113. Spicke. 139. Tantalus. 249. 265.
Spicknard. 205. Taube. 185. 251. 275. 281.
Spiegel. 51. Spille. 81. Tausendschön. 205.
Spinne. 51. Taygetus. 49. Thabor. 271.
Spraache. 217. 219. Thäler. 293.
Stadtsicherheit. 131. Thetis. 63.

D ij   Theseus.

Register.

Theseus. 103. 231. 255.
Thier. 69. 75. 279.
Thierkreiß. 233.
Thore. 287.
Thoren am meisten in der Welt. 13.
Thorheit mancherley. 13. 15.
Thimian. 205.
Thränen. 43. 153. 161. 185. 189.
Thysbe. 167.
Tiphis. 65.
Tod. 53. 60. 71. 79. 81. 231. 235. 287.
Todesursach. 201.
Töpfer. 31.
Töpfe sollen nicht dem Töpfer Hohn sprechen. 33.
Tranckopfer. 273.
Trauerflor. 287.
Trauerliedlein. 287.
Traum. 295.
Treue. 79.
Troja. 139.
Türckos. 227.
Turm. 221.
Turtultaube. 91. 133.
Tybur. 235.

U. V.

Ufer. 221.
Ulysses. 243.
Unglück. 239. 243.
Unpäßligkeit aus Liebe. 201.
Unthiere. 231.
Urias. 121.
Ursulen. 157.
Urtheil. 55. 57. 275.
Urthelbanck. 59.
Vater. 75.
Vaterland. 279.
Venus. 9. 21. 51. 203. 213. 261. 281.
Verhängnis. 239.
Verlangen. 227.
Verstellung des Gesichts. 3. 4.
Violen. 205.
Vögel. 51.
Vogel. 277. 251.
Vogelherd. 53.
Vogelleim. 51.
Vogler. 51.
Volck. 79.
Vorder Eltern. 15.

W.

Waafen. 77. 139. 287.
Wächter. 165.

Wälde.

Register.

Wälde. 69. 71. 219. 269.
Wandersmann. 9.
Warte. 101. 119.
Wasser. 67. 71.
WassermannsGestirn. 45.
Wasser-Nymphen. 45.
Wehklagen. 5.
Weiber Trauerzelt. 87.
Wein. 169. 287.
Weißheit. 113.
Welt. 73. 231. 239.
Wellen. 61. 63. 233. 253.
Wenden. 255.
West. 63.
Westenwind. 253.
Wetterhauß. 63.
Weyrach. 293.
Widerschein. 271.
Wiederschall. 89. 221.
Wieg. 79.
Wiesen. 269.
Wild. 263.
Wildnisse. 69.
VVilgefortis. 127.
Wille. 255.
Winckel. 71.
Wind. 63. 67. 79. 81. 109. 145. 233. 291.
Windenkraut. 205.
Winter. 87. 283.

Wohngebäuder. 283.
Wolff. 79.
Wolffsmond. 234.
Wünsche. 95. 97. 147. 229. 235. 291.
Wütterich. 157. 245.
Wunden des Hertzen. 21.
Wundenmal. 79.
Wurm. 75.

X.

Xaverius. 291.

Z.

Zähren. 75. 77. 229. 239. 243. 250.
Zauberey. 41.
Zebaoth. 283.
Zedern. 59. Zeit. 31. 291.
Zelten. 73. 75. 283.
Zeitstein. 251. Zembla. 7.
Zephyrus. 157. 233.
Zepter. 275.
Zirckel. 75.
Zorn. 69. 281.
Zunge. 55. 57. 59. 155. 167. 263.
Zweykampff. 37.
Zwist. 287.
Zwillingssterne. 103.

Errata typographica
sic emendanda.

Pag. 10. lin. 10. lege delicta mea à te. p. 14. l. 27. distent. p. 18. l. 17. esse. l. 21. infectas. p. 20. l. 8. ullius. l. 28. opis. p. 22. l. 15. doleat. p. 23. l. 2. Krancker. B. 2. pro. 25. pone 19. p. 26. l. 5. ab. l. 22. dolor. p. 30. l. 3. salsas. p. 32. l. 11. talo. p. 34. l. 5. scelus. 39. l. 13. mir für nur. p. 46. l. 15. deducent. p. 52. l. 7. scelerum. p. 54. l. 3. jure. p. 56. l. 25. ferat. p. 58. l. 21. Non. p. 60. l. 12. placidus. p. 62. l. pen. æquora pro æthera. p. 64. l. 3. littora. l. 24. Oceano. p. 66. l. 3. certem. l. 10. relinque. p. 68. l. 11. Phœbæq;. p. 72. l. 20. noctem. 74. l. 5. menstruus. p. 75. l. 6. den pro der. 78. l. 22. omnia. 80. l. 18. quos. 84. l. 5. alea. 86. l. 23. gemituq;. 90. l. 1. alternis. l. 15. adimant. l. ult. positam. 91. l. 6. Philomela. p. 100. l. 3. meos. l. 19. orbita. 102. l. 8. Sestaq;. l. 27. at pro ab. 107. l. 2. Pantoffelholz. 110. l. 10. referor. 114. l. 19. exiluisse. 119. l. 16. Pharos pro Pharons. 121. l. 25. vertrauet. 124. l. 7. Multaq;. p. 128. l. 15. offendere. 132. l. 10. commendet. 133. l. 25. zugebracht. 134. l. 3. audiet. l. 9. tunc. 140. l. pen. glomerat. 141. l. 10. dele (') post Eleb. 142. l. 5. nihil. 144. l. 12. vendicet. 145. l. antepen. nicht. 150. l. 10. Hymenæ. 156. l. 1. Apolloniæ. l. 13. decoquit. 158. l. 1. illo. l. 15. ulla. 160. l. 4. tuos. l. 27. erit. 166. l. 2. posse. 168. l. 15. es. l. 20. in amplexus. 180. l. 8. Utq; solet. l. ult. mihi pro

pro mei. 182. l. 10. fodit. 184. l. 10. umbra. 188.
l. 14. modosq;. 192. l. 1. propero. 198. l. 3. illi.
204. l. 1. hæc pro hæ. 206. l. 15. frui. l. 18. neget.
217. l. 15. in pro im. 222. l. 13. liquor. 248. lin.
22. in Pent. für pondus, nocens. 264. l. 21. Stygiis.
266. l. 12. Adde fidem verbis, in Pentam. 270. l. 23.
Viderat pro Videret. l.'29. cœli pro cœlo. 274. l.
Non quod opus. 276. l. 25. flectet. 277. l. 27. ſeyn
pro ſey. 287. l. 19. ganß.

Verſe ſo zu endern:

p. 45. l. 15. Ich wollte Nilus fluß / der ſiebenſtröhmig
fleuſt.

p. 239. l. 8. nun dich Unglück als auch Verhängnis nie
derrennet.

E N D E.

Nachwort

1. Hermann Hugo und seine *Pia Desideria*

Als der belgische Jesuitenpater Hermann Hugo im Jahr 1624 ein emblematisches Erbauungsbuch mit dem Titel *Pia Desideria* erscheinen ließ, war nicht vorauszusehen, daß dieses Buch in den folgenden 200 Jahren zum erfolgreichsten Werk der geistlichen Emblematik aller Zeiten avancieren würde.[1] Die Zahl von mindestens 55 lateinischen Ausgaben wird noch übertroffen von derjenigen der volkssprachigen Editionen, von denen bislang 73 bekannt geworden sind.[2] Die *Pia Desideria* wurden in die meisten

---

[1] Die folgenden Ausführungen zu Hugo und seinen *Pia Desideria* greifen auf meinen Aufsatz *‚Der rechte Teutsche Hugo‘. Deutschsprachige Übersetzungen und Bearbeitungen der ‚Pia Desideria‘ Hermann Hugos SJ* zurück (in: Germanisch-Romanische Monatsschrift 70, 1989, S. 283–300).

[2] Augustin de Backer/Carlos Sommervogel: Bibliothèque de la compagnie de Jésus, Brüssel/Paris 1890–1909, IV, 513–520, IX, 500f.; Adolf Spamer: Das kleine Andachtsbild vom 14. bis zum 20. Jahrhundert, München 1980 (2. Aufl.), S. 144–146; John Landwehr: Emblem Books in the Low Countries 1554–1949, Utrecht 1970; ders.: German Emblem Books 1531–1888, Utrecht 1972; ders.: French, Italian, Spanish and Portuguese Books of Devices and Emblems 1534–1827, Utrecht 1976; Paulina Buchwald-Pelcowa: Emblematy w drukach polskich i Polski dotyczacych XVI–XVIII wieku. Bibliografia, Wrocław u. a. 1981, S. 98–100; Walter Kroll: Heraldische Dichtung bei den Slaven. Mit einer Bibliographie zur Rezeption der

europäischen Sprachen übersetzt, so ins Französische, Italienische, Spanische, Portugiesische, Niederländische, Englische, Dänische, Deutsche, Polnische, Russische, Serbokroatische und Ungarische. Die Ausstrahlung des Emblembuchs reichte weit in den protestantischen Raum hinein. In der Reihe der Übersetzer und Bearbeiter finden sich neben Scherffer so bekannte Namen wie Christian Hoburg, Adam Olearius, Petrus Serrarius, Francis Quarles, Erasmus Francisci und Jeanne Marie Bouvier de la Mothe-Guyon. Zu den deutschen Barockautoren, die das Werk kannten und schätzten, zählen Jeremias Drexel, Friedrich Spee, Paul Fleming, Philipp von Zesen, Georg Philipp Harsdörffer, Andreas Gryphius, Johann Beer und Heinrich Mühlpfort.

Der Autor dieses europäischen Bucherfolgs Hermann Hugo erblickte 1588 in Brüssel das Licht der Welt. Nach einem Studium der Theologie und Philosophie an der Universität Löwen trat er 1605 in die Societas Jesu ein. In den folgenden Jahren, in denen er an mehreren Kollegien und Universitäten lateinische Sprache und Literatur unterrichtete, arbeitete er zeitweise eng mit den erfolgreichen jesuitischen Erbauungsschriftstellern Antoine Sucquet und Carolo Scribani zusammen. Seit 1623 hatte er die Stelle eines Feldpredigers der spanischen Truppen in den Niederlanden inne und diente Ambrogio Spinola als Beichtvater. In dieser bedeutsamen Position starb er 1629 im Alter von 41 Jahren, als er mit dem Heer an einem Feldzug nach Westfalen teilnahm. Sein Grab befindet sich im Augustinerkloster zu Rheinberg bei Moers.[3]

Heraldik und Emblematik bei den Slaven (16.–18. Jahrhundert), Wiesbaden 1986 (Opera Slavica N. F. 7), S. 149f., 157f.; Ernestine Gesine Everdine van der Wall: De mystieke chiliast Petrus Serrarius (1600–1669) en zijn wereld, Diss. Leiden 1987, S. 778.

[3] Die biographischen Daten sind zusammengetragen bei Marc Carter Leach: The Literary and Emblematic Activity of Her-

Sein Œuvre umfaßt neben einigen kleineren literarischen Werken, die in den Jahren seiner Lehrtätigkeit verfaßt wurden, und zwei Biographien von Ordensbrüdern auch historische und zeitgeschichtliche Bücher. So beteiligte er sich mit einer 400 Seiten starken Schrift an den Auseinandersetzungen um die Dordrechter Synode.[4] Seine Beschreibung der Belagerung und Eroberung Bredas, die er als Augenzeuge miterlebte, wurde mit Illustrationen von Peter Paul Rubens ausgestattet und ins Spanische, Französische und Englische übersetzt.[5] Seine militärgeschichtliche Abhandlung über die Kavallerie wurde noch 1733 von Johann Christoph Gottsched ins Deutsche übertragen und August dem Starken gewidmet.[6]

Die *Pia Desideria* sind in drei Bücher zu je 15 Emblemen eingeteilt. Jedes Emblem besteht aus einer szenischen Pictura, einer lateinischen Elegie und einer längeren Prosakompilation aus Bibel- und Kirchenväterzitaten. Ein Bibelvers, der meist aus dem Psalter oder dem Hohenlied genommen ist, ist jeweils den bildlichen, poetischen und prosaischen Teilen eines jeden Emblems zugeordnet und verklammert sie zu einer Einheit; er übernimmt im emblematischen Bild-Text-Verbund die Aufgabe des Mottos.

Sowohl die Einzelembleme als auch der Aufbau des gesamten Werks sind an didaktischen Verfahrensweisen der katholischen Kirche orientiert. In allen Picturae tritt die menschliche Seele in Gestalt eines Mädchens auf; sie wird meist begleitet von dem als

---

    man Hugo, S. J. (1588–1629), University of Delaware, Ph. D., 1979, S. 1–8.

[4] De Vera Fide Capessenda ad Neo-evangelicarum synodum Dordracenam Apologetici libri tres, Antwerpen 1620.

[5] Obsidio Bredana armis Philippi IIII. Avspiciis Isabellae Dvctv Ambr. Spinolae Perfecta, Antwerpen 1626.

[6] De Militia eqvestri antiqva et nova ad Regem Philippvm IV. Libri qvinqve, Antwerpen 1630. Zu Gottscheds Übersetzung vgl. De Backer/Sommervogel [wie Anm. 2], IV, 521.

Putto dargestellten Amor Divinus. Das allegorische Personal verdeutlicht bereits auf der Bildebene den meditativen Charakter der Embleme: Dinge und Geschehnisse aus Natur und menschlicher Lebenswelt werden nicht um ihrer selbst willen abgebildet und angesehen, sondern mit dem Ziel, das Verhältnis des Menschen zu Gott zu bedenken. Die elegischen Distichen, die der Anima in den Mund gelegt sind, sprechen mit ihrer gefälligen Form und dichterischen Sprache den ästhetischen Sinn des Lesers an. Zugleich aber vollziehen die Verse den Schritt von einer äußerlichen Wahrnehmung der im Bild repräsentierten Wirklichkeit durch eine emotionale Komponente hin zu einer inneren geistlichen Betrachtung und spirituellen Durchdringung des Gesehenen und Erlebten. Richten sich die emblematischen Picturae trotz der in ihnen schon enthaltenen meditativen Momente in erster Linie an die Augen des Betrachters, so zielen die Elegien auf eine zunächst emotional bewegte, dann geistlich gewendete Verarbeitung der sichtbaren Welt im Herzen des Lesers. Das emblematische Bild und die lateinischen Verse entsprechen somit den beiden ersten Schritten christlicher Meditationspraxis, nämlich der äußeren Wahrnehmung (videre) und der inneren Aneignung (meditari).[7] Die höchste Stufe der Meditation, die Erkenntnis (intelligere), wird von den Prosatexten repräsentiert: Da es sich um ausgewiesene Zitate aus Bibel und Patristik handelt, ist nach katholischer

---

[7] Zur Bildmeditation im Barock vgl. Marvin S. Schindler: The Sonnets of Andreas Gryphius. Use of the Poetic Word in the Seventeenth Century, Gainesville 1971, S. 140–167; Barbara Bauer: Das Bild als Argument. Emblematische Kulissen in den Bühnenmeditationen Franciscus Langs, in: Archiv f. Kulturgeschichte 64 (1982), S. 79–170; Günter Hess: Die Kunst der Imagination. Jacob Bidermanns Epigramme im ikonographischen System der Gegenreformation, in: Text und Bild, Bild und Text. DFG-Symposion 1988, hg. v. Wolfgang Harms, Stuttgart 1990, S. 183–196.

Überzeugung ihre Wahrheit verbürgt. Die Verwendung der Prosa erscheint nur konsequent, da auf der Stufe der Erkenntnis keine sensualistische Hilfe eines Bildes und keine affektive Stütze einer rhythmisierten poetischen Sprache benötigt wird.

Auch der Gesamtaufbau der *Pia Desideria* greift ein christliches Dreistufenmodell auf. Die drei Bücher des Werks sind betitelt mit *Gemitus Animae Poenitentis*, *Vota Animae Sanctae* und *Suspiria Animae Amantis*. Dementsprechend thematisiert das erste Buch die Bekehrung und Reue der in Welt und Sünde verstrickten Seele, das zweite Buch den Weg der Seele zu Gott und das dritte Buch die liebende Vereinigung des Menschen mit Gott. Es ist unschwer zu erkennen, daß diese Struktur auf dem dreistufigen System der Annäherung an Gott aufbaut, das aus den Phasen der Reinigung, der Erleuchtung und der Vereinigung besteht und dem Barockzeitalter über die konfessionsübergreifende Rezeption der mittelalterlichen Mystiker vermittelt worden ist. Das didaktische Konzept Hugos sah vor, dem Leser der *Pia Desideria* den Weg zur unio mit Gott zu zeigen und ihn zu einem lebendigen Nachvollzug des Gelesenen zu bewegen. Die erste Person, in der die Anima in den Elegien ihre Gefühle, Absichten und Handlungen äußert, ist somit auch als Angebot zu einer identifikatorischen Lektüre zu verstehen. Die dreistufige Entwicklung der Seele von anfänglicher Bekehrung und Reue über die fortschreitende Annäherung an Gott bis zum Vollzug der Vereinigung zeichnet dem Leser den von ihm geforderten eigenen Prozeß vor.

In den *Pia Desideria* schneiden sich verschiedene literarische und geistesgeschichtliche Traditionslinien. Jesuitische Bildmeditation, der mystische unio-Gedanke, eine Nähe zu überkommenen Hohelied-Auslegungen und die kompilatorische Verwendung kirchlicher Autoritäten stellen das Werk in die Nachfolge und Nachbarschaft des vorgängigen und zeitgenössischen Erbauungsschrifttums zumal der südlichen Niederlande. Der Stoff von Amor und Psyche, das klassische Metrum der lateinischen Distichen und zahllose Anspielungen auf die antik-pagane Literatur und Mythologie bestimmen den humanistischen Anteil in den *Pia Desideria*; er rückt das Buch in eine Sphäre spielerischer Gelehrsamkeit und literarischer Bildung, wie sie etwa in der weltlichen Amor-Emblematik vorgegeben war.[8] Mit seiner Vielfalt an Motiven, Themen und Traditionen kam Hugos Emblembuch unterschiedlichen Interessen des Publikums entgegen. Diese Offenheit für mannigfaltige und konfessionsübergreifende Rezeptionsbedürfnisse, nicht zuletzt aber auch die gefällige Anmut der Kupferstiche des Boëtius von Bolswert[9] dürften die Beliebtheit und Verbreitung des Buches wesentlich gefördert haben.

---

[8] Die Einflüsse und Traditionen zumal der christlichen Literatur in den *Pia Desideria* hat jüngst Gabriele Dorothea Rödter anhand von fünf ausgewählten Emblemen untersucht (*Via piae animae*. Grundlagenuntersuchung zur emblematischen Verknüpfung von Bild und Wort in den *Pia desideria* [1624] des Herman Hugo S. J. [1588–1629], Frankfurt/M. u. a. 1992 [= Mikrokosmos, 32]).

[9] Vgl. dazu Marie Chèvre: Pia desideria illustrés par Boëce de Bolswert, in: Gutenberg-Jahrbuch 1966, S. 291–299.

2. Die Entstehungsgeschichte von Scherffers *Gottsäligen Verlangen*

Nachdem schon drei Jahre nach der Antwerpener Erstausgabe in Augsburg eine deutsche Übersetzung der Prosatexte aus den *Pia Desideria* erschienen war, die der rührige Benediktiner Karl Stengel verfaßt hatte,[10] unternahm es Anfang der Vierziger Jahre der Brieger Prinzenerzieher und Hoforganist Wencel Scherffer von Scherffenstein,[11] die lateinischen Elegien ins Deutsche zu übertragen. Ihm lag nach eigenen Angaben die 5. Ausgabe der *Pia Desideria* vor, die 1629 in Antwerpen gedruckt worden war. Für die Übersetzung der Bibelverse und des Kirchenväterzitats am Ende jedes Emblems zog er Stengels deutsche Ausgabe zu Rate, die er in dem Kölner Druck von 1636 kannte.[12] Scherffers Übersetzung der *Pia Desideria* hat eine bemerkenswerte Entstehungsgeschichte, aus der sich das soziale und literarische Umfeld ablesen läßt, das den Autor bei der Abfassung seines Werks prägte. Über diese Entstehungsgeschichte ist Genaueres zu erfahren als bei den mei-

---

[10] Gottselige Begirde aus laütter sprüchen der Heyligen Vättern zuesamen gezogen Vnd mit schönen figuren gezieret [...], Augsburg 1627.
[11] Zu Scherffers Biographie und Œuvre vgl. Paul Drechsler: Wencel Scherffer von Scherffenstein, Diss. Breslau 1886, S. 9–14; Allgemeine Deutsche Biographie 31 (1890), S. 116–118; Karl-Jost Bomers: Rhetorik, Emblematik und baconistischer Positivismus bei Wenzel Scherffer von Scherffenstein, in: Oberschlesisches Jahrbuch 7 (1991), S. 45–67; demnächst Ewa Pietrzak: Nachwort, in: Wencel Scherffer von Scherffenstein, Geist: und Weltlicher Gedichte Erster Teil, hg. und mit einem Nachwort versehen von Ewa Pietrzak, Tübingen (in Vorbereitung).
[12] Vgl. die Vorrede *An den Leser* im vorliegenden Buch, sowie Scherffer: Gedichte [wie Anm. 11], S. 173.

sten anderen Werken barocker Literatur, da Scherffer in seiner Widmungsvorrede, aber auch in anderswo gedruckten Texten darüber Auskunft gibt; zudem hat sich ein Brief Harsdörffers erhalten, dem gleichfalls einige Informationen zu entnehmen sind.

Demnach hat ein *fürnehmer hochgelehrter / und in Fürst. Diensten verbundener Mann* Scherffer die Anregung gegeben, Hugos Buch ins Deutsche zu übertragen. Die Initialen dieses Mannes B. W. N. verweisen auf Bernhard Wilhelm Nüßler, den Schulkameraden, Kommilitonen und langjährigen Freund von Opitz.[13] Nüßler war selbst als Verfasser lateinischer Gelegenheitsdichtung und als Herausgeber der *Silvarum libri III, Epigrammatum liber unus* (Frankfurt/O. 1631) seines Freundes Opitz hervorgetreten. Die freundschaftliche Verbundenheit mit Scherffer (*mein weiland liebwerter Freund*) ergab sich aus der gemeinsamen Verehrung des Bunzlauers und besonders durch den gemeinsamen Dienst am Piastenhof, wo Nüßler die Stelle eines Sekretärs und Rats bekleidete. Trotz anfänglicher Bedenken habe Scherffer sich an die Übersetzung gemacht (auch weil andere Freunde ihn dazu angehalten hätten) und binnen eines halben Jahres in erster Fassung fertig gestellt.[14] Diese Fassung habe er einem *fürnehmen sehr gelehrten Edelmann / (dessen Latein= und Teutsche Poetische Wercke nicht unbekannt)* zur Lektüre und Beurteilung übergeben. Die Initialen J. T. a T. geben Johann Theodor von Tschesch als die betreffende Person zu erkennen. Tschesch gehörte als Anhänger Jakob Böhmes zum Freundeskreis um Abraham von Franckenberg

---

[13] Zu Nüßler vgl. Martin Opitz: Gesammelte Werke. Kritische Ausgabe, hg. v. George Schulz-Behrend, Bd. 1, Stuttgart 1968 (= Bibliothek des literarischen Vereins in Stuttgart, 295), S. 30–33.

[14] An anderer Stelle sagt Scherffer: *innerhalb 8. Monat frist* (Geist: und Weltlicher Gedichte Erster Teil [wie Anm. 11], S. 173).

und hatte bis 1642 die Stelle eines Rates bei den Piastenherzögen inne. Aus dieser Tätigkeit dürfte die Bekanntschaft mit Scherffer hervorgegangen sein. Scherffer gibt an, daß Tschesch *die gantze übersetzung embsig durchgangen* sei und ihm *manchen Vers umbzuschmieden und zuverbessern Anlaß gegeben* (*Zuschrifft*, fol. ajv^v). Das Interesse Tscheschs an den *Pia Desideria*, das aus diesen Worten abzulesen ist, dürfte sowohl durch das eigene dichterische Engagement begründet gewesen sein als auch besonders durch seine religiösen Anschauungen, deren mystische Prägung zahlreiche Berührungspunkte mit dem Emblembuch des belgischen Jesuitenpaters aufwies.[15] Die Angabe, daß Tschesch die Übersetzung korrigierend durchgesehen habe, gibt zugleich einen terminus ante quem für die Entstehung der ersten Fassung: Tschesch nahm 1642 seinen Abschied aus den Diensten der Piasten und verließ noch im gleichen Jahr Schlesien.

Mit Hilfe eines anderen Textes aus der Feder Scherffers läßt sich die Entstehungszeit der Übersetzung noch genauer eingrenzen: In einem Trauergedicht über den Tod Anna Henels, der Gattin des kaiserlichen und liegnitzischen Rats und Breslauer Syndicus Nikolaus Henel von Hennenfeld, nimmt Scherffer auf seine Übersetzung bezug: *Unlängst* habe ein *Jüngeling* […], *ob es Apollo selbst gewesen möge seyn / das kan ich nicht beschwern*, ihn beauftragt, die *Pia Desideria* ins Deutsche zu übertragen. Der Lorbeerkranz unsterblichen Ruhms liege schon für den Übersetzer bereit. Nach einer längeren Beschreibung der Mühen, die dieses Unterfangen gekostet habe, heißt es: *Gott segnete die müh' / es ist nun über-*

---

[15] Zu Tschesch vgl. Winfried Zeller: Augustin Fuhrmann und Johann Theodor von Tschesch, in: W. Z.: Theologie und Frömmigkeit, Marburg 1971, S. 137–153; Siegfried Wollgast: Philosophie in Deutschland zwischen Reformation und Aufklärung (1550–1650), Berlin 1988, S. 762–775.

setzt![16] Da Anna Henel am 8. Januar 1641 gestorben war, muß die Übersetzung bereits 1640 in erster Fassung vorgelegen haben.

---

[16] Wencel Scherffer von Scherffenstein: Leichgesänge und Grabschrifften, (Brieg) 1646, S. 78–82. Die betreffende Passage lautet im Zusammenhang:

Jn dem ich unlängst so des Himmels Dach anblikk' /
und solcher Seufftzer pfeil' hinauf zu Gott ein schikk' /
Jhm auf den Knien vor – den Schaden Josephs – trage /
darbey Jhm meine Not demüttig mit ansage/
da platzt ein Jüngeling zu Mir ins Zimmer ein /
ob es Apollo selbst gewesen möge seyn /
das kan ich nicht beschwern; einmal Er mit sich brachte
ein artlich Buch/ das Er vor augen Mir auf machte/
damit ich angesichts desselben [Anm.: *Pia desideria Herm. Hugon.*]
                                                         titel laaß
und fande gleich erfreut/ daß eben eben das
zu meinen seufftzen dient' / ietzt wirstu nicht genesen /
(gedacht' Jch) ehe du dieß Seufftzen-buch gelesen.
in dem die Bläter Jch begierig überlauff' /
erhebt der Held die Stimm' / und trägt mir freundlich auf /
Jch wolte dieses Buch zu teutschen mich erwinden/
und nach dem Römischen in gleiche Verse binden;
vor dieses hetten Mir die Musen wolbedacht
in vorraht albereit den Lorberkrantz gemacht.
Jch nahm mir wol zu Sinn des Lorberzweiges grünen /
und dacht' / o wol! das wird zu deinem ruhme dienen /
der nicht ersterben kan/ wenn alles sonst verstirbt /
das ist es/ daß dich nun der Ewigkeit einwirbt;
alß aber ich dieß Buch genauer was erwege /
und drauf das wenige/ mein wiessen/ überlege /
da merk ich/ daß ich ihm nicht wol gewachsen bin/
ich fasse drauf den Schluß/ wils wieder geben hin /
so war der Kreisel-kopf mir albereit entgangen.
oweh was hastu dich (gedenk' ich) unterfangen!
doch weil Er mirs so freund: so lieblich schlug fur /
und ich trug alsobald zu solchem selbst begier /
wiewol ich recht befand/ daß dieses übersetzen
vor ein sehr schweres werk/ als etwan eins zu schätzen /
hierum mir hertz und mutt im anfang' oft entfiel;

Im Jahr 1644, vermutlich nachdem die Besserungsvorschläge Tscheschs in das Manuskript eingearbeitet waren, schickte Scherffer seine Übersetzung nach Nürnberg an Georg Philipp Harsdörffer. Harsdörffer hatte besonders durch seine seit 1641 gedruckten *Frauenzimmer Gesprächspiele* in den literarisch interessierten Kreisen Deutschlands reüssiert, war 1642 als der *Spielende* Mitglied der Fruchtbringenden Gesellschaft geworden, trat 1644 Zesens Deutschgesinnter Genossenschaft bei und begründete im selben Jahr zusammen mit Johann Klaj den Pegnesischen Blumenorden. Er verfügte über weitreichende Beziehungen, unterhielt eine ausgedehnte Korrespondenz und war eine der einflußreichsten Persönlichkeiten des literarischen Lebens in Deutschland um die Mitte des 17. Jahrhunderts.[17] Für jemanden, der wie Scherffer poetische Ambitionen verfolgte und Anschluß an neuere literarische Entwicklungen suchte, mochte es daher naheliegen, sein Opus zur kritischen Beurteilung, aber wohl auch als Empfehlung nach Nürnberg zu schicken. Ein konkreter Anlaß, die deutsche Fassung der *Pia Desideria* Harsdörffer zuzusenden, könnte darin gelegen haben, daß der Nürnberger im 4. Teil seiner *Gesprächspiele*, der 1644 erschienen war, drei Embleme Hugos in Bild und Text anführte, um einen Unterschied zwischen *Geistlichen Gemählden* und *Sinnbildern* zu illustrieren.[18]

---

nicht desto minder schärft' ich meinen stumpen Kiel /
und an dieß Seufftzenbuch/ nicht ohne Seufftzen/ gienge /
verwünschet oft und dik: o daß es wol gelinge!
Gott segnete die müh' / es ist nun übersetzt!
Jch hab' in warheit mich in Seufftzen wol ergetzt.

[17] Zu ihm vgl. Jean-Daniel Krebs: Georg Philipp Harsdörffer. Poétique et Poésie, 2 Bde., Bern u. a. 1983; Georg Philipp Harsdörffer. Ein deutscher Dichter und europäischer Gelehrter, hg. v. Italo Michele Battafarano, Bern u. a. 1991 (= Iris, 1).

[18] Georg Philipp Harsdörffer: Frauenzimmer Gesprächspiele, hg. v. Irmgard Böttcher, 4. Teil, Tübingen 1968 (= Deutsche Neudrucke, Reihe Barock, 16), S. 246f.

Der wohlinformierte Harsdörffer hat Scherffer anscheinend auf Zesens Auszüge aus den *Pia Desideria* im *Deutschen Helicon* hingewiesen und auf eine mögliche Konkurrenz aufmerksam gemacht (vgl. *Zuschrifft*, fol. aiijr). Über die Bitte des Schlesiers, bei Zesen anzufragen, ob er eine Interessenkollision sehe und ob der Amsterdamer Verleger Elzevier gegebenenfalls an einer Verlegung der Übersetzung interessiert sei, sind wir aus einem Brief Harsdörffers informiert; in diesem erscheint als erste Empfehlung für die Aufnahme in die Deutschgesinnte Genossenschaft der Name Wencel Scherffers von Scherffenstein:

> *Ein Schlesischer von Adel, hat die Pia Desideria H. Hermanni gedeutschet, verlanget zu wissen, ob der Färtige* [d. i. Zesen] *nicht desgleichen gethan und im Falle es nicht geschehen, ob es Elzevier verlegen wollte. Er kann heißen der Verlangende: Zum Sinnbild haben einen Engel auf einem Amboß stehend, dessen Ring ein Rosenkranz ist und ihm das Haupt bekrönet.*[19]

Zwar schickte Harsdörffer am 12. Februar ein von ihm verfaßtes *Sinnbild auf H. Wencel Scherffers von Scherffenstein übersetzte Gottsälige Verlangen* [...] *seinem werthen Freunde zu schuldiger Ehrbezeigung* nach Brieg, das der Schlesier nicht ohne Stolz in den Druck von 1662 aufgenommen hat. Von Zesen aber scheint, wenn überhaupt, dann nur eine ausweichende und hinhaltende Antwort erfolgt zu sein. Jedenfalls gibt Scherffer in seiner *Zuschrifft* an, daß er die Drucklegung seiner Übersetzung zum einen hinausgeschoben habe, weil er mit dem Ergebnis seiner Bemühun-

---

[19] Brief an Zesen vom 23. Dezember 1644; zitiert nach Christoph Stoll: Sprachgesellschaften im Deutschland des 17. Jahrhunderts, München 1973, S. 49. Dem Brief Scherffers an Harsdörffer dürfte das Sonett *auf Die Hertz- und Gemüht erqwickende Gesprächspiele* beigelegen haben, das vom 19. Dezember 1644 datiert; vgl. Harsdörffer: Frauenzimmer Gesprächspiele, 1. Teil [wie Anm. 18], S. 337f.

gen noch nicht zufrieden gewesen sei, dann aber auch, weil er die Übertragung habe abwarten wollen, die *ein Gelehrter außer Landes unter handen hätte / so in Niderland gedruckt werden würde.*

Doch nicht nur im Umkreis des Brieger Hofes und bei Harsdörffer bemühte sich Scherffer um Kritik und Unterstützung für seine Übersetzung. Er wandte sich auch an den belgischen Jesuiten Julius Caesar Coturius mit der Bitte um Erläuterung einiger Stellen, die im lateinischen Text schwer verständlich sind. Das höfliche Antwortschreiben, das Coturius am 12. August 1646 aus Breslau an den Brieger Hoforganisten richtete, schien Scherffer noch 1662 geeignet, seine Bemühungen und zugleich die Anerkennung der gelehrten Welt zu illustrieren. Daher druckte er es im Anschluß an die Widmung in vollem Wortlaut ab.

Als die wesentlichen Gründe für die lange Entstehungszeit des Buches gibt der Autor in der *Zuschrifft* somit zum einen die Rücksicht auf ein konkurrierendes Vorhaben Zesens an. Zum andern nennt er die eigene Unzufriedenheit mit seinem Text, die ihn zu fortgesetzten Verbesserungen angetrieben habe, so daß er schließlich nicht nur die von Horaz geforderten neun, sondern mehr als doppelt so viel Jahre an seinem Werk gefeilt habe. Auch wenn man diese Aussage zu einem Teil den Anforderungen der Prologtopik zurechnen mag, die Bescheidenheit, Selbstkritik und Fleiß des Autors, aber auch die letztendlich erreichte Qualität des Buches herauszustellen, läßt sich doch zugleich zeigen, daß Scherffer tatsächlich bis in die Phase der Drucklegung hinein noch am Text gearbeitet hat.[20] Anläßlich eines Teilabdrucks seiner Übersetzung hatte der Schlesier im Jahr 1651 zwei weitere Gründe genannt, die ihn an der Publikation seines Textes gehindert hätten.

---

[20] Vgl. die Autorkorrekturen im abschließenden Druckfehlerverzeichnis. Zu den Abänderungen, die Scherffer zwischen 1651 und 1662 an den ersten vier Elegien vorgenommen hat, s. u.

Dieser Teilabdruck umfaßt die ersten vier Elegien Hugos und füllt das vierte Buch von Scherffers *Geist: und Weltlichen Gedichten*, die 1652 in Brieg erschienen. In der vom 8. August 1651 datierten Widmung dieses Teildrucks bekundet der Autor:

> *Und solcher meiner Arbeit hett Jch bishero gerne das Licht gegönnet / es habens* [!] *es aber teils die unfriedlichen Zeiten / teils mangel der Kupperstiche / welche notwendig darzu gehören / und gutten Verlag erfodern / nicht zugelassen.*[21]

Demnach haben auch die politische Unsicherheit und Wirren des Dreißigjährigen Krieges zur Verzögerung der Drucklegung beigetragen. Insbesondere scheint aber die Schwierigkeit, einen geeigneten Stecher für die emblematischen Kupferstiche zu finden, die schnelle Publikation der *Gottsäligen Verlangen* verhindert zu haben. Der Teilabdruck in den *Geist: und Weltlichen Gedichten* enthält mit den ersten vier Emblempicturae, einer Pictura zum Prolog und dem Titelkupfer immerhin sechs Illustrationen. Das Monogramm auf dem Titelkupfer ist nicht mit letzter Sicherheit zu entziffern, da die Initialen als Ligatur geschrieben sind; am ehesten ist es als *fecit ZP* zu lesen. Es ist in den kunsthistorischen Nachschlagewerken nicht verzeichnet, läßt sich aber mit Hilfe eines Gelegenheitsgedichts von Scherffer auflösen, das sich im zehnten Buch desselben Bandes findet.[22] Es handelt sich um den Juristen Zacharias Pöpler, der als Erzieher des Fürstensohns Sigmund tätig war, eines jüngeren Bruders der regierenden schlesischen Herzöge. Aus dem Gedicht, das Scherffer Pöpler zum Namenstag am 14. März 1647 widmete, geht hervor, daß er vielfältige kunsthandwerkliche Interessen und Fähigkeiten besaß und – zunächst unabhängig, dann in Zusammenarbeit mit Scherffer –

---

[21] Scherffer: Gedichte [wie Anm. 11], S. 174.
[22] Ebd. S. 678–684.

Kupferstiche zu den *Pia Desideria* angefertigt hat.[23] Aus welchen Gründen Pöpler nicht auch die übrigen Emblempicturae nachgestochen hat, ist nicht bekannt. Auf jeden Fall aber ist es Scherffer nicht gelungen, seine Übersetzung mit den zugehörigen emblematischen Picturae auszustatten, als sie 1662 endgültig in den Druck ging. Lediglich ein gegenüber dem Vorabdruck von 1652 neues Titelbild und die Pictura zum *Sinnbild*, das Harsdörffer beigesteuert hatte, wurden als Kupferstiche ausgeführt.[24] Noch ein weiteres Mal hat Scherffer einen Teilabdruck aus seiner im Manuskript vorliegenden Übersetzung publiziert. Gegen Ende des Jahres 1653 erschien anläßlich der Hochzeit des jüngeren Halbbruders der schlesischen Herzöge Augustus, Freiherrn zu der Liegnitz, ein Hirtengespräch, in dem das Ereignis bukolisch eingekleidet wird, zugleich aber unter dem Hirtengewand Gescheh-

---

[23] Ebd. S. 682f:
 darbey werd Jch auch Dein zu keiner zeit vergessen /
 um daß Uns einerley beginnen und vermessen
 an Herman Hugens Buch das güldene gebracht/
 damits dem Römschen nach in unser Zungen Pracht
 die Teutsche Nachwelt auch verständlich möchte lesen;
 unwissend seyn Wir denn gleichsinnig längst gewesen
 in solcher Mühe [...] es sol unser Leben
 nach unserm Sterben erst zuleben recht anheben /
 wenn die gelehrte Welt wirdt sehen für und für /
 was Du/ was Jch/ gebracht zu Kupffer/ zu Papyr /
 was Jch gesungen hab' / und was Du nach der Gaben
 damit der Himmel Dich beschenkt/ hast eingegraben.

[24] Die auffällige Flügelform des auf dem Anker sitzenden Putto geht auf die *Emblemata Sacra* des Guilhelmus Hesius (Antwerpen 1636) zurück; die Embleme des Hesius dienten Harsdörffer als Vorbild für seine *Hertzbeweglichen Sonntagsandachten* (Nürnberg 1649/52). Es ist daher wahrscheinlich, daß der Kupferstich in Scherffers Übersetzung eine Zeichnung wiedergibt, die Harsdörffer seinem Widmungsgedicht beigelegt hatte.

nisse der Gegenwart wie auch Personen und Orte des Brieger Umfelds erkennbar bleiben.[25] Als Anhang zu diesem Dialog druckt Scherffer seine Übersetzung der siebten Elegie des zweiten Teils der *Pia Desideria* ab, in der das Lob des Landlebens angestimmt wird. Nachdem Hugo Motive der weltlichen Bukolik ins Geistliche gewendet hatte, ist hier also eine erneute Rückführung in den profanen Bereich erfolgt.

3. Ziele und Leistungen der Übersetzung Scherffers

Bevor sich Wencel Scherffer von Scherffenstein im Jahr 1640 an die Übersetzung der *Pia Desideria* setzte, hatte er bereits ein anderes lateinisches Werk ins Deutsche übertragen: den *Grobianus* Friedrich Dedekinds.[26] In diesem Werk, das Anfang 1641 unter dem Titel *Der Grobianer vnd Die Grobianerin* im Druck erschien,[27]

---

[25] Wencel Scherffer von Scherffenstein: Palaemon und Daphnis. Zweyer Hirten Gespräch über der freundlichen Vermählung […], Brieg 1653 (Abdruck im Anhang). Ein Exemplar dieser höchst seltenen Schrift hat Klaus Garber in St. Petersburg (Biblioteka im. M. E. Saltykova-Sčedrina) entdeckt; ihm verdanke ich durch die freundliche Vermittlung von Ewa Pietrzak eine Kopie des Druckes.

[26] Hg. v. Alois Bömer, Berlin 1903 (= Lateinische Litteraturdenkmäler d. XV. u. XVI. Jahrhunderts, 16). Zu Dedekind und seinem *Grobianus* vgl. Barbara A. Correll: ‚Grobianus' and Civilization: Literary and Social Genesis of Ironic Modes, University of Wisconsin, Ph. D., 1982.

[27] Das Titelblatt gibt 1640 als Druckjahr an, doch ist die ge-

wird in den Widmungsgedichten und in einer Vorrede des Verlegers, der vermutlich mit Scherffer identisch ist, als besonderes Verdienst des Übersetzers hervorgehoben, daß die deutsche Version sich an ein breiteres Publikum wende als ihre lateinische Vorlage und damit der propagierten Sittenlehre eine größere Resonanz verschaffen könne:

> *Es haben vormals vns Studenten nur vernohmmen*
> *Vnd die gelehrte zunfft [...]*
> *Was in Latein von vns die Weysen konnten hören /*
> *Das wolln wir alle Leuth' in künfftig Teutsch auch lehren.*

Auch die Übersetzung der *Pia Desideria* dürfte dem lateinischen Original neue Leserschichten gewonnen haben, doch fällt auf, daß der Autor dieses Ergebnis seiner Arbeit an keiner Stelle zu seinem Ziel erklärt hat. Als seine Hauptanliegen treten vielmehr zwei andere Punkte hervor: Zum einen ist es ihm darum zu tun, die sprachliche und poetische Ebenbürtigkeit der Übersetzung mit den Elegien Hugos zu erweisen; zum andern betont er, wenn auch in weitaus geringerer Intensität, die erbaulichen Aspekte seines Buchs.

Der erste Punkt wird an mehreren Stellen vom Autor ausdrücklich angesprochen. Das Bemühen um eine angemessene dichterische Gestaltung wird in der *Zuschrifft* als wesentlicher Grund für die lange Entstehungsgeschichte des Buchs genannt. Und bei aller Bescheidenheit ist sich Scherffer doch sicher, daß seine

> *übersetzung schon in der edlen Poesi ergebener und deren vernünftiger Liebhaber hände und beurtheilung wirdt gedeyen / als die alleine verstehen / daß das übersetzen (und sonderlich Vers umb Vers / wie in diesem Wercke) keine geringe und schlechte Arbeit* (fol. av^r).

reimte Vorrede des Verlegers/Autors auf den 31. Dezember 1640 datiert.

Bei der Widmung an die drei regierenden schlesischen Herzöge betont der Autor deren Mitgliedschaft in der Fruchtbringenden Gesellschaft, deren wichtigster Zielsetzung, *unsere Majestätische Teutsche Spraache in höhere Zier und Aufnehmen befördern zuhelffen*, er auch seine Übersetzung zuordnet (fol. av^v). Der Vorrede *An den Leser* mit ihren Hinweisen auf die Beibehaltung der schlesischen Mundart, die Handhabung des Apostrophs und Fragen der Orthographie zeigt, welches Gewicht Scherffer der sprachlichen Form seiner Verse beimaß.

Den Aspekt der Erbauung betonen in erster Linie die Zuschriften, die Scherffer für sein Werk eingesammelt hat. Der belgische Jesuitenpater Coturius unterstellt in seinem von Scherffer abgedruckten Brief, daß die Übersetzung *pro publico bono & exercitio verae pietatis* angefertigt worden sei.

Harsdörffers *Sinnbild auf H. Wencel Scherffers von Scherffenstein übersetzte Gottsälige Verlangen* hebt ausschließlich die religiöse Thematik des Buchs hervor: Das Bild der Seele, die nach überstandener Fahrt über das Meer der Welt im Hafen des Jenseits gelandet ist und sich auf den Anker der Hoffnung verlassen hat, greift auf emblematische Formulierungen der *Pia Desideria* zurück.[28] Zugleich bietet Harsdörffers Widmungsemblem mit dem Weg aus der Welt hin zu Gott gewissermaßen ein Kondensat des gesamten Werks.[29] Auch in den anschließenden Widmungsgedichten steht der erbauliche Aspekt im Vordergrund. Christoph

---

[28] Vgl. Emblem I, 11; II, 2; II, 13; III, 5. Zum Meer der Welt in der Emblematik vgl. Michael Schilling: Imagines Mundi. Metaphorische Darstellungen der Welt in der Emblematik, Frankfurt/M. u. a. 1979 (= Mikrokosmos, 4), S. 154–197.

[29] Der Hoffnungsanker und der Tod als Voraussetzung für den endgültigen Zugang zu Gott scheinen freilich protestantischen Vorstellungen verpflichtet zu sein, während Hugo die Vereinigung der Seele mit Gott bereits in der Welt und noch zu Lebzeiten des Menschen möglich erscheinen läßt.

Hain von Löwenthal[30] hebt auf Weltverachtung und Himmelsverlangen ab, wobei die Allgemeinheit seiner Aussage einen Bezug auf den Autor und auf die Leser gleichermaßen erlaubt. Der Rat des Grafen von Hatzfeld und Gleichen Martin Arnold bestätigt seinem Schwager Wencel Scherffer, er habe mit seiner Dichtung zum Lobe Gottes dem Seelenheil gedient, und beschließt sein Gedicht mit einer gebetshaften Hinwendung zu Jesus, er möge den Autor Hugo, den Übersetzer Scherffer und den Verfasser der Widmungsverse Arnold zu sich in den Himmel aufnehmen. Das italienische Sonett, das mit E. P. unterzeichnet ist und vermutlich aus der Feder des Brieger Hofmalers Ezechiel Paritius stammt, sieht in der Übersetzung eine Wegweisung *alla Somma Eternitate*.[31]

Mit der *Erklärung des Kupfer-Tituls* verweist auch Scherffer selbst auf das religiöse Anliegen seines Werks. Die Vergleiche mit Muschel, Tulpe und Sonnenblume zeigen ein christlich-allegorisches Verständnis der Natur, das für die Emblematik grundlegend ist. Der erdennahe Flugversuch des menschlichen Herzen, das in Liebe entbrannt ist und dessen Rauchzeichen *Ach / Seufzen / und Verlangen* den drei Büchern der *Pia Desideria* entsprechen, kennzeichnet die Situation der frommen Seele: Sie ist zwischen ihre Bindung an die Welt und ihre Sehnsucht zum Himmel gespannt, übt sich in protestantischer Manier in Geduld und Hoffnung und

---

[30] Hain von Löwenthal zeichnet in einem Widmungsgedicht zu Scherffers *Geist: und Weltlichen Gedichten* [wie Anm. 11] als Kanzler der Standesherrschaft Trachenberg. Aus seiner Hand hatte Scherffer den Dichterlorbeer empfangen; vgl. Pietrzak: Nachwort [wie Anm. 11].

[31] Ein Gedicht *Auf die übersetzung Herman Hugens Gottseelige Verlangen/ [Pia Desideria] genannt* eines D. W. D. (d. i. vermutlich der Arzt Daniel Winkler) bezieht Scherffers Werk gleichfalls auf erbauliche Funktionen; der Text ist in Anhang 1 wiedergegeben.

bleibt auf *Göttlich Hülff* und *GOttes GnadenGlantz* angewiesen.[32]

Die Aussagen der Vorreden, des Titelblatts und der Beitexte werden teils bestätigt, teils ergänzt durch die Übersetzung selbst, deren Profil durch den Vergleich mit dem lateinischen Original, aber auch mit Scherffers Auszug von 1652 und mit der gleichfalls genutzten Übersetzung Stengels hervortritt. Hält man Hugos *Pia Desideria* neben das Werk des Schlesiers, fallen zwei Unterschiede sofort ins Auge: der Verzicht auf die emblematischen Kupferstiche und die Reduktion der Prosakompilation auf einen einzigen Kernsatz. Zum Fehlen der Illustrationen äußert sich Scherffer nicht; finanzielle Gründe mögen eine Rolle gespielt haben.[33] Unzutreffend ist die Behauptung des Übersetzers, bei Hugo habe sich zum Abschluß jeder Elegie lediglich *ein schicklicher spruch irgend aus einem Altvater* (*An den Leser*) befunden. 1652 hatte Scherffer noch auf die *beysetzung vieler aus den Patribus wol zustimmenden sprüchen* hingewiesen,[34] selbst mehrere Sprüche übernommen und zugleich vermerkt, daß Stengels Übersetzung sich auf diesen Prosateil beschränke. Dieser Zusammenhang läßt vermuten, daß Scherffer in Hinblick auf die bereits von anderer Seite vorgenommene Übersetzung der Prosa nur je ein Zitat ausgewählt hat. Der Verzicht auf die Illustrationen und die äußerste Verkürzung der prosaischen Textteile bewirken, daß die Elegien umso stärker hervortreten.[35]

---

[32] Scherffer greift dabei Motive aus den anschließenden Emblemen Hugos auf; vgl. I, 7; III, 4; III, 9; III, 14.

[33] Das Buch erschien im Selbstverlag, also auf Kosten des Autors. Zur Zusammenarbeit mit Zacharias Pöpler s. o. S. 16*f. Daß 1662 ein geeigneter Stecher zur Verfügung stand, zeigen das Titelkupfer und die Pictura zu Harsdörffers Widmungsemblem.

[34] Geist: und Weltliche Gedichte [wie Anm. 11], S. 172.

[35] Zugleich geht der meditative Dreischritt verloren, der jedes einzelne Emblem bei Hugo ausgezeichnet hatte.

Durch die synoptische Darbietung des lateinischen und deutschen Textes wird der Leser zum Vergleich der beiden Versionen geradezu aufgefordert. Anders als bei einer Arbeitsübersetzung, die auf die Lektüre des Originaltextes hinführen soll, werden hier durch die Gegenüberstellung eine Gleichstellung und Ebenbürtigkeit der Übersetzung mit der lateinischen Vorlage beansprucht.[36] Ermöglicht – und hinsichtlich mancher syntaktischer Härten muß man vielleicht sagen: erkauft – wurde die parallele Anordnung der lateinischen und deutschen Texte durch Scherffers Unterfangen, jeden Vers Hugos in nur einem deutschen Alexandriner wiederzugeben. Dabei entspricht der metrischen Bindung der lateinischen Verse zu Distichen der Reim der deutschen Verszeilen, der die Alexandriner zu Paaren zusammenfügt.

Gegenüber der lateinischen Vorlage ist Scherffers Werk zusätzlich mit einem *Register Der fürnehmsten Wörter und Sachen* versehen, welches so detailliert angelegt ist, daß es immerhin 14 Druckseiten beansprucht. Es enthält neben biblischen, antiken und mythologischen Namen in erster Linie poetische Gegenstände und Motive, theologische Begriffe dagegen nur in geringer Zahl. Der Index macht somit die *Gottsäligen Verlangen* zu einem Thesaurus für Leser, die sich mit Literatur und Dichtkunst beschäftigten. Die Auswahl der Stichwörter läßt erkennen, daß Scherffers Hauptinteresse auf den literarischen und nicht auf den erbaulichen Aspekten des Textes lag.

Der Übersetzung Stengels ist Scherffer insoweit verpflichtet, als er das biblische Motto und den jeweils abschließenden Kirchenväterspruch in der deutschen Version des Benediktiners zitiert;

---

[36] Das schließt nicht aus, daß an einigen Stellen, an denen sich der Übersetzer aufgrund der selbstgestellten Vorgaben (Versum-Vers-Übersetzung, Metrum des Alexandriners, Reim) schwer getan hat, der lateinische Text auch der Sinnsicherung dienen sollte.

zuweilen greift er allerdings korrigierend und glättend in die Übersetzung seines Vorgängers ein. Die Übernahmen aus der Übersetzung Stengels sind deswegen bemerkenswert, weil der Protestant Scherffer darauf verzichtet hat, die Bibelverse nach der Lutherbibel wiederzugeben. Seine Vorlagentreue geht sogar so weit, daß er die katholische Zählung der Psalmen beibehält.[37]

Im Vergleich zu den vier Elegien, die 1652 in den *Geist: und Weltlichen Gedichten* erschienen waren, fallen drei Veränderungen ins Auge: die Orthographie, syntaktische Korrekturen und der Verzicht auf Anmerkungen. Bei der Orthographie hat Scherffer einige systematische Neuerungen vorgenommen.[38] Während er 1652 noch eher Einflüssen Zesens folgt, hat er sich ein Jahrzehnt danach eher an der gemäßigten Orthographie eines Gueinz, Tscherning oder Schottel orientiert. Daß Fragen der Rechtschreibung am Brieger Hof interessiert verfolgt wurden, belegen nicht nur Scherffers Vorreden an den Leser in seinen *Gedichten* und den *Verlangen*, sondern auch Logaus entsprechende Äußerungen in seinen *Sinngedichten*.[39] Auch auf der morphologischen und

---

[37] Wie wenig selbstverständlich dieses Vorgehen war, zeigen die Bearbeitungen bzw. Übersetzungen von Christian Hoburg (Emblemata Sacra [...], Amsterdam/Frankfurt a. M. 1661), Johann Georg Albinus (Himmel-flammende Seelen-Lust [...], Frankfurt a. M. 1675) und Johann Gottfried Hoffmann (Gottseliges Verlangen [...], Freiberg i. S. 1675), die sämtlich die lutherische Zählung der Psalmen einführen und teilweise (Hoburg, Hoffmann) die Bibelverse in der Lutherübersetzung zitieren.

[38] Für k und kk steht 1662 ck (*Wolke – Wolcke; blikken – blicken*); qw wird durch qu ersetzt (*erqwikkt – erquickt*); die Verdoppelung des f fällt nach langem Vokal weg (*stieffglükk – stiefglück*); der Gebrauch des ä wird reguliert (*befellt – befällt*); am Silbenende wird mb eingeführt (*drum – drumb*). Die Großschreibung wird hingegen zwar häufig, aber unsystematisch verändert.

[39] Friedrich von Logau: Sämmtliche Sinngedichte, hg. v. Gustav Eitner, Tübingen 1872 (= Bibliothek des literarischen Vereins in Stuttgart, 113), S. 444f.

lexematischen Ebene erscheinen einige kleinere Korrekturen.[40] Ins Gebiet der Syntax führt die Beobachtung, daß Scherffer zweimal eine präpositionale Fügung durch ein Partizip Präsens ersetzt.[41] Weitere syntaktische Änderungen betreffen vor allem die Wortstellung: In der späteren Fassung bemüht sich der Autor darum, Sperrungen und Tmeseis zu vermeiden.[42] Im Anschluß an den Abdruck der ersten vier Elegien in den *Gedichten* hatte Scherffer *Historische und Poetische Anmerkungen* aufgeführt. In ihnen erläutert er vornehmlich antike und mythologische Namen, nennt einschlägige Literatur, zitiert entsprechende Passagen aus den klassischen Autoren und rechtfertigt zuweilen auch implizit seine Übersetzung.[43] In seiner Vorrede *An den Leser* von 1662 begründet der Schlesier den Verzicht auf diese Anmerkungen – *wiewohl sie bey mir außführlich aufgesetzt zubefinden* – damit, daß auch Hugo keine Erläuterungen gegeben habe. Ob dies der einzige Grund gewesen ist, die Anmerkungen wegzulassen und sich somit der Chance zu begeben, als poeta doctus aufzutreten, sei dahingestellt.[44]

---

[40] So wird einmal das ältere *sam* durch *als* ersetzt; statt *vor* erscheint *für*. Die dritte Person Plural Präsens Indikativ lautet 1662 *sind* (statt *seyn*).

[41] *mit Thränen – thränende; im Spiel – spielend.*

[42] Z. B. 1652: *So viel Art Protheus an – kaum als ein Gleichsner – nihmt* (S. 178) – 1662: *Ein Gleichsner kaum so viel des Protheus art annihmt* (S. 4). Auch anhand der siebten Elegie des zweiten Buchs, die Scherffer 1653 in seinen *Palaemon und Daphnis* aufgenommen hatte, lassen sich die genannten Bearbeitungstendenzen verfolgen (vgl. Anhang 2).

[43] So begründet er die Übersetzung von lateinisch *Cimmerii* mit *Zembla* folgendermaßen: *Jm Lateinischen stehet Cimmerij/ welches auch ein Name Mitternächtiger Völker/ davor alhier das Wort Zembla, des reimes wegen gesetzt. Und ist dieses auch eine Landschaft in Mitternacht/ [...] wie von selber afentheurlichen Schiffart Levin. Hulsius schreibet* (S. 208f.).

[44] Vielleicht hat auch der finanzielle Aspekt eine Rolle gespielt. Die

4. Literarhistorische Einordnung und Wirkung

Mit seinem Vorhaben, das Deutsche als dem Latein gleichwertige Literatursprache zu erweisen, schließt sich Scherffer den kulturpatriotischen Bestrebungen seines schlesischen Landsmanns Martin Opitz an. Auch wenn sein Name in den *Gottsäligen Verlangen* nicht erwähnt wird,[45] ist er als Vorbild Scherffers allenthalben im Text gegenwärtig. Das ist angesichts der weitverbreiteten Opitz-Verehrung bei den deutschen Barockpoeten auch nicht weiter auffällig; bei Scherffer kam als zusätzlicher Anstoß hinzu, daß Nüßler als persönlicher Freund des Bunzlauers die Übersetzung der *Pia Desideria* angeregt und daß Opitz über einige Zeit in enger Verbindung zum schlesischen Herrscherhaus gestanden hatte.[46] Es gibt jedoch noch eine Reihe weiterer und allgemeinerer Gründe, warum die opitzianische Literaturreform gerade auch in Schlesien auf so nachhaltige Resonanz stieß. Man hat die kulturpatriotischen Tendenzen der deutschen Barocklyrik zu Recht als Versuch der späthumanistischen Intelligenz interpretiert, eine

---

Anmerkungen zu den ersten vier Elegien füllen immerhin sieben Seiten. Rechnet man das auf das gesamte Werk hoch, wären über 70 Seiten dazugekommen, deren Druck der Autor noch hätte bezahlen müssen.

[45] In anderen Werken nennt Scherffer Opitz ausdrücklich als sein Vorbild, zu dessen Tod er ein langes Trauergedicht verfaßte und in Druck gehen ließ (Poetische Thränen über dem früzettigen und uhrplötzlichen absterben H. Martin Opitzen von Boberfeld vergossen, Brieg 1643; der Text ist auch aufgenommen in die *Leichgesänge und Grabschrifften*, Brieg 1646). Der Einzeldruck fehlt bei Gerhard Dünnhaupt: Personalbibliographien zu den Drucken des Barock, Stuttgart 1990–1993, V, S. 3594–3607.

[46] Vgl. Marian Szyrocki: Martin Opitz, München 1974 (2. Aufl.), S. 50f., 95–103.

Balance zwischen den verfassungsgeschichtlich fortschrittlichen, absolutistisch orientierten Territorien und der im Kaiser verkörperten Reichsidee zu schaffen.[47] Eben diese Balance zwischen territorialabsolutistischen Interessen und dem Reich war für die schlesischen Herzogtümer von besonderer Aktualität, da sie 1619 als Kronländer Böhmens dem Winterkönig gehuldigt hatten und nach der Schlacht am Weißen Berg nur mühsam ihre Eigenständigkeit gegenüber den Habsburgern verteidigen konnten. In einer solchen Situation mußte ein kulturpolitisches Programm erhöhte Attraktivität gewinnen, das eine gewissermaßen reichsunmittelbare Sprache und Literatur forderte, ohne den Status der einzelnen Territorien zu beeinträchtigen. Im Licht dieser geschichtlichen Zusammenhänge verdanken sich die Mitgliedschaft der Piastenherzöge in der Fruchtbringenden Gesellschaft und das ausgeübte Mäzenatentum weniger geistigen oder künstlerischen Neigungen,[48] als vielmehr konkreten politischen Interessen. Scherffers Übersetzung der *Pia Desideria* akzentuiert, wie gesehen, die sprachlichen und poetischen Aspekte des deutschen Textes und fügt sich mit ihren expliziten Bezugnahmen auf Harsdörffer, Zesen und die Fruchtbringende Gesellschaft zwang-

---

[47] Vgl. Conrad Wiedemann: Barockdichtung in Deutschland, in: Neues Handbuch der Literaturwissenschaft, hg. v. Klaus von See, Bd. 10, Wiesbaden 1972, S. 177–201; Wilhelm Kühlmann: Moscherosch und die Sprachgesellschaften des 17. Jahrhunderts. Aspekte des barocken Kulturpatriotismus, in: Bibliothek und Wissenschaft 16 (1982), S. 68–84; Rudolf Drux: Die Dichtungsreform des Martin Opitz zwischen nationalem Anspruch und territorialer Ausrichtung, in: Dichter und ihre Nation, hg. v. Helmut Scheuer, Frankfurt/M. 1993, S. 53–67.

[48] Sie waren bei den männlichen Mitgliedern des Fürstenhauses ohnehin nur schwach ausgeprägt; eher muß man für den Eintritt in die Fruchtbringende Gesellschaft die dynastischen Verbindungen zum Hause Sachsen-Anhalt in Rechnung stellen.

los in diesen Rahmen ein. Die einzige Lizenz, die Scherffer gegenüber Opitz beansprucht, betrifft die schlesische Mundart, der er in den Reimen gefolgt sei (vgl. die Vorrede *An den Leser*). In diesem Punkt hat die Zugehörigkeit zum Piastenhof offenbar die von Regionalismen purifizierte, reichsorientierte Sprachnorm dominiert.[49]

Ein nicht unwesentliches Merkmal der opitzianischen Literaturreform bestand in ihrer konfessionellen Indifferenz: In einem Programm, dem es um übergreifende nationale Gemeinsamkeiten zu tun war, mußte es darauf ankommen, die konfessionellen Gegensätze im Reich möglichst herunterzuspielen oder zu verdrängen. Auch dieser Aspekt, der für Opitz' Person mit einer späthumanistischen, von Lipsius geprägten Irenik zusammenging, hatte für die schlesischen Herzogtümer erhöhte Bedeutsamkeit. Hier mußte nämlich ein Ausgleich gefunden werden zwischen den reformierten Herzögen, der vorwiegend lutherischen Bevölkerung und dem katholischen Kaiserhaus. Dieser Ausgleich bestand in einer bemerkenswerten religiösen Toleranz, die nicht nur den drei Konfessionen Spielraum ließ, sondern auch den Böhmischen Brüdern und Vertretern eines mystischen Spiritualismus wie Daniel Czepko, Johann Theodor von Tschesch oder Abraham von Franckenberg Glaubensfreiheit einräumte. Auch die *Gottsäligen Verlangen* Scherffers bilden ein instruktives Zeugnis für den religiösen Freiraum, der in den schlesischen Territorien der Piasten vorhanden war: Das gegenreformatorische Emblembuch des Je-

---

[49] Zur Verwendung des schlesischen Dialekts bei Scherffer vgl. Paul Drechsler: Wencel Scherffer und die Sprache der Schlesier. Ein Beitrag zur Geschichte der deutschen Sprache, Breslau 1895 (= Germanistische Abhandlungen, 11); Helmut Henne: Hochsprache und Mundart im schlesischen Barock. Studien zum literarischen Wortschatz in der ersten Hälfte des 17. Jahrhunderts, Köln/Graz 1966, S. 55–64, 83–88.

suiten Hugo wird von dem Lutheraner Scherffer auf Anregung des humanistischen Irenikers Nüßler und unter tätiger Mithilfe des Böhmeanhängers Tschesch übersetzt und den reformierten Herzögen von Brieg, Liegnitz und Wohlau gewidmet.

Es bleibt zu fragen, welche Wirkung den *Gottsäligen Verlangen* beschieden war, eine Frage, die zugleich auch den Ort des Werks in der Geschichte der deutschen Hugo-Übersetzungen zu bestimmen hat. Harsdörffer hatte anscheinend ein günstiges Urteil von Scherffers Übersetzung gewonnen. Immerhin steuerte er ein Widmungsemblem zu dem Buch bei und empfahl den Schlesier aufgrund dieses Werks für die Aufnahme in die Deutschgesinnte Genossenschaft.[50] Der Gesellschaftsname *Der Verlangende*, den Scherffer von Zesen auf Vorschlag Harsdörffers erhielt, spielt auf den Titel der *Gottsäligen Verlangen* an. In dem Epicedium, das Heinrich Mühlpfort 1674 auf den Tod Scherffers verfaßte, werden die Verdienste des Hoforganisten um die deutsche Literatur und um das Piastenhaus gewürdigt; als einzig explizit genanntes Werk wird dabei die Übersetzung der *Pia Desideria* besonders hervorgehoben.[51]

---

[50] Harsdörffers Urteil mag allerdings davon beeinflußt worden sein, daß Scherffer ein dichtender Adliger war. In dem zitierten Brief an Zesen weist er ausdrücklich darauf hin, daß der Empfohlene ein *Schlesischer von Adel* sei.

[51] Heinrich Mühlpfort: Teutsche Gedichte. Poetischer Gedichte Ander Theil. Neudruck der Ausgabe Breslau und Frankfurt/M. 1686/87, hg. u. eingeleitet v. Heinz Entner, Frankfurt/M. 1991 (= Texte der Frühen Neuzeit, 8), S. 174–176. Die betreffende Passage lautet:
Dich preis' ich nur/ O Scherffenstein /
Daß du kanst in Gesellschaft seyn
Bey so viel Hoch-Erlauchten Seelen;
Wie irr' ich? Oder kommt auch mir
Der Hugo für Gesichte für
Und will nicht seine Glut verhölen?

Entgegen dieser positiven Einschätzung haben die Autoren, die sich gleichfalls die Aufgabe gestellt hatten, die Elegien der *Pia Desideria* zu verdeutschen, sich abschätzig über ihren Vorgänger geäußert; oder aber sie übergingen ihn stillschweigend, auch wenn sie sein Buch gekannt und benutzt haben. Der Bamberger Syndicus Andreas Presson gab in den Jahren 1672–1677 eine dreibändige Übersetzung der *Pia Desideria* heraus, in der er die lateinischen Distichen in Lieder unterschiedlicher Versmaße und Strophenformen umsetzte und eigene Melodien beifügte. Die Titel des zweiten und dritten Bandes spielen auf Spees *Trutznachtigall* an[52] und geben so das literarische Muster zu erkennen, an dem sich Presson mit seinen Liedern orientierte. In der Widmungsvorrede behauptet Presson, die *Pia Desideria* seien *noch niemahlen jhren eigentlichen Verstand nach / weder verteutschet / noch in einige poesin übersetzet worden.* Lediglich Karl Stengels Übersetzung der Prosapartien wird erwähnt, doch nur, um im gleichen Atemzug die Unabhängigkeit und Neuartigkeit der eigenen Übertragung zu betonen. Nun ist zwar nicht zu bestreiten, daß Pressons poetische Eindeutschung der Elegien unabhängig entstanden ist und als eigenständige literarische Leistung gelten muß; es ist aber gleichzeitig nachzuweisen, daß der Bamberger Jurist Scherffers *Gottsälige*

    Ach ja! Er fraget rund und frey.
Daß sein Verlangen himmlisch sey /
Und junget seine Liebes-Lieder;
Du hörest sie entzücket an /
Und sprichst: Wo dirs gefallen kan /
So nimm sie deutsch gedolmetscht wieder.

[52] Der weitberühmten Trutz Nachtigall Töchterlein / Oder das Verlangen der Heiligen Seel: Das ist: Zweyter Theil Pia Desideria [...], Bamberg 1676; Der lieblichen Trutz Nachtigall Enckel Oder das Seüfftzen der verliebten Seel. Das ist: Dritter und letzter Theil Pia Desideria [...], Bamberg 1677.

Verlangen sehr wohl gekannt und benutzt hat.⁵³ Wie Scherffer hat nämlich auch Presson aus den Prosastücken der lateinischen Vorlage nur je ein einziges Kirchenväterzitat herausgegriffen und ans Ende jedes Emblems gesetzt. Diese Parallele allein wäre noch kein Grund, eine Abhängigkeit anzunehmen, doch es stimmt nicht nur das Verfahren, sondern auch die Auswahl selbst mit der Scherffers überein. Über die Gründe, die Presson bewogen haben, die Kenntnis seines Vorgängers zu verschweigen, kann man nur mutmaßen. Zum einen entzog die Existenz einer dichterischen Übersetzung der *Pia Desideria* dem eigenen Unternehmen einen Teil seiner öffentlichen Berechtigung. Es mögen aber auch ein Ungenügen an der literarischen Qualität der *Gottsäligen Verlangen* und ihre protestantische Herkunft dazu beigetragen haben, den schlesischen Vorgänger zu verleugnen.

Ähnliche Gründe mögen auch den schlesischen Jesuiten Georg Franz Friebel veranlaßt haben, über das Buch seines Landsmanns mit Schweigen hinwegzugehen. Seine *Andächtigen Verlangen R. P. Hermanni Hugonis* [...]⁵⁴ nennen allerdings überhaupt keine anderen deutschen Bearbeitungen und Übersetzungen der *Pia Desideria*. Es ist jedoch unverkennbar, daß Scherffer das Maß gesetzt hat, das es für Friebel zu übertreffen galt: Wie Scherffer übersetzt auch der Jesuitenpater Vers um Vers und verwendet den Alexandriner.⁵⁵ Und er folgt den *Gottsäligen Verlangen* auch dar-

---

⁵³ In diesem Punkt ist meine Studie von 1989 [wie Anm. 1] zu ergänzen.
⁵⁴ Schweidnitz 1681.
⁵⁵ Dagegen zeigt die Übersetzung des sächsischen Pfarrers Johann Gottfried Hoffmann, der Hugos Elegien gleichfalls Vers um Vers in deutsche (allerdings kreuzgereimte) Alexandriner übertragen hat, keine Beeinflussung durch Scherffer. Die Übersetzung erschien unter dem Titel *AΩ Gottseliges Verlangen einer Bußfertigen/ Heiligen und in JEsum verliebeten Seele* [...] (Freiberg i. S. [1675]; 2. Auflage Leipzig 1692). Hoffmann

in, daß er den Prosateil Hugos auf einen einzigen Spruch reduziert, wobei die Auswahl mit der Scherffers übereinstimmt. Während Presson nicht anstand, die Sprüche, deren deutsche Formulierung ja letztlich auf Stengel zurückgeht, mit nur geringfügigen Eingriffen von Scherffer zu übernehmen, ist Friebel bemüht, sich nicht nur bei seinen Versen, sondern auch bei den Prosazitaten von seinem schlesischen Landsmann abzusetzen.[56]

Haben die beiden katholischen Autoren Presson und Friebel ihre Kenntnis und Nutzung der *Gottsäligen Verlangen* verschwiegen, so gibt Quirinus Moscherosch in seiner freien Bearbeitung der *Pia Desideria* an, ihm seien andere *Dolmetschungen* [...] *noch keine Zu gesicht gekommen, als H. wenzels Schäufern von Schäufenstein ad. 1662 in truck gegeben*.[57] Indem er Scherffers Versuch, sich möglichst eng an die lateinische Vorlage zu halten, als *gezwungen werck, u. blosse einkerkerung der wort* kritisiert, legitimiert er zugleich sein eigenes Vorgehen, das in wechselnden singbaren Liedstrophen die lateinischen Elegien paraphrasiert und variiert.[58]

In dieselbe Richtung zielt die Kritik von Johann Georg Albinus d. Ä., der als einziger in der langen Reihe der deutschen Hugo-Übersetzer die *Pia Desideria* vollständig, also Elegien und Prosa-

---

orientierte sich in einigen Details an Christian Hoburgs *Emblemata Sacra* [wie Anm. 37].

[56] Es wäre theoretisch auch denkbar, daß Friebel die Auswahl der Sprüche von Presson übernommen hat. Angesichts der sonstigen formalen Nähe zu Scherffer ist diese Möglichkeit aber eher unwahrscheinlich.

[57] Poetisches Blumen-Paradiß / aus der H. Bibel Denen I. Bußfärtigen / II. Gottgelassenen / und III. JEsum liebhabenden Seelen / zu ergetzlichem Nutzen gepflantzet [...], Nürnberg 1673.

[58] Vgl. auch Hans-Rüdiger Fluck: *Ergezligkeit in der Kunst.* Zum literarischen Werk Quirin Moscheroschs (1623–1675), in: Daphnis 4 (1975), S. 13–43, hier S. 31–40 (danach die Zitate).

kompilationen, übertragen hat.[59] In der Vorrede unterzieht er seine Vorgänger einer meist abschätzigen Kritik und fällt über Scherffers Buch das Urteil:

> *Anno 1662 hat Wentzel Scherffer aus jedem Lateinischen Disticho zween Teutsche Verse gemacht / welche an manchem Ort ohn allen Poetischen Geist sehr gezwungen / und hart lauten.*

Diese negative Einschätzung hat den Naumburger Pfarrer aber nicht daran gehindert, Scherffers Alexandriner zur Ausgangsbasis seiner eigenen amplifizierenden Verse zu nehmen.[60] Die Umformung, der Albinus den Text seines Vorgängers unterzieht, bezeugt den ästhetischen Wandel, der sich vom Klassizismus eines Opitz hin zum ausladenden, manieristischen stilus ornatus des Spätbarock vollzogen hatte. Durch den ausgiebigen Gebrauch, den Albinus von Scherffers Übertragung macht, hat sich die paradoxe Situation ergeben, daß das Werk des Brieger Organisten bei einem seiner schärfsten Kritiker die breiteste Wirkung erzielt hat.

---

[59] Himmel-flammende Seelen-Lust. Oder: Hermann Hugons PIA DESIDERIA, Das ist: Gotselige Begierden [...], Frankfurt/M. 1675.

[60] Im Anhang sind als Beispiel für die Arbeitsweise des Albinus die Verse zum 2. Emblem des 2. Buchs wiedergegeben. Dabei wurden die Zeilen und Formulierungen kursiv gesetzt, die Albinus seinem schlesischen Vorgänger verdankt.

5. Zum vorliegenden Druck

Die Biblioteka Uniwersytecka in Wrocław besitzt drei Exemplare von Scherffers *Gottsäligen Verlangen*, deren Provenienzen die konfessionelle Indifferenz des Buches nochmals bestätigen. Das Exemplar mit der Signatur 302047 kam aus dem Besitz eines Alexius Regenbauer in die Bibliothek des Breslauer Dominikanerklosters St. Adalbert. Am längsten ist die Reihe der Vorbesitzer des Exemplars, das die Signatur 319206 trägt: Ursprünglich dem Breslauer Franziskanerkloster St. Antonius gehörig, besaßen es nacheinander Hoffmann von Fallersleben, der Schriftsteller und Literaturhistoriker Karl August Kahlert sowie der Germanist und Volkskundler Karl Weinhold, bevor es dann an die Stadtbibliothek und von dort nach dem 2. Weltkrieg an die Biblioteka Uniwersytecka kam. Das dritte Exemplar (Signatur 402425), das für die vorliegende Ausgabe reproduziert wurde, stammt aus der Bibliothek des Widmungsadressaten Johann Christian von Brieg und Liegnitz und gelangte mit den Beständen der Brieger Gymnasialbibliothek an seinen heutigen Standort. Auf das Titelkupfer und ein auf dieselbe Platte graviertes Emblemkupfer folgen Titelblatt, *Zuschrifft* (10 Seiten), ein lateinischer Brief von Julius Caesar Coturius SJ (2 Seiten), die *Erklärung des Kupfer-Tituls* (1 Seite), Georg Philipp Harsdörffers Gedicht zur eingangs gedruckten Emblempictura (2 Seiten), drei Widmungsgedichte in lateinischer und italienischer Sprache (2 Seiten), eine Vorrede *An den Leser*, acht Verse *An den Tadler* und ein (nicht befolgter) Hinweis *An die Buchbinder* (2 Seiten). Der Text ist durchgängig so angeordnet, daß der lateinischen Version auf der linken Seite rechts zeilengleich die deutsche Übersetzung gegenübersteht; lediglich auf S. 1, 4, 93 und 195 begegnet eine vertikale Anordnung. Am Ende des Bandes steht das *Register Der fürnehmsten*

Wörter und Sachen (14 Seiten) sowie das Druckfehlerverzeichnis (2 Seiten).

Jede Seite ist mit Kustoden versehen. Die Lagenzählung (aij - U3) ist durchgängig, während die Paginierung (2–295) nur dem lateinisch-deutschen Haupttext beigefügt wurde; Seite 19 ist falsch paginiert. Der Satzspiegel mißt 13,4 x 8,2 cm.

Das Buch erschien ohne Angabe von Druckort und Drucker. Es dürfte aber wie die meisten anderen Werke Scherffers in Brieg bei Christoph Tschorn gedruckt worden sein. Die Qualität des Druckes und des Papiers ist allenfalls als mäßig zu bezeichnen. Die Exemplare aus Wrocław wurden mit dem der Staats- und Universitätsbibliothek Göttingen (Signatur: 8° Poet. lat. rec. II, 5548) verglichen. Ein weiteres Exemplar ist in Leipzig vorhanden.[61]

Bei der vereinzelt in der Forschung erwähnten 2. Auflage der *Gottsäligen Verlangen* (Freiburg 1675) handelt es sich um eine Verwechslung mit der in Freiberg erschienenen Hugo-Übersetzung Johann Gottfried Hoffmanns.[62]

---

[61] Ernst Kroker: Bibliotheca Societatis Teutonicae Saeculi XVI–XVIII. Katalog der Büchersammlung der Deutschen Gesellschaft in Leipzig, Leipzig 1971, S. 596; das Leipziger Exemplar ist mit einer handschriftlichen Widmung des Autors versehen: *Autor mittit pro sui reminiscentia haec sua poemata Johanni Hölcher 1663. 15. M.*

[62] Vgl. Mario Praz: Studies in Seventeenth-Century Imagery, Rom 1964 (= Sussidi Eruditi, 16), S. 377. Zu Hoffmann s. o. Anm. 55.

Anhang

1. Wencel Scherffer von Scherffenstein: Geist: und Weltlicher Gedichte Erster Teil, Brieg 1652, fol. bij^r.

Auf die übersetzung Herman Hugens Gottseelige verlangen / (Pia Desideria) genannt.

    Wahr ists und wolgesagt. Viel beten ist nicht beten /
    Man kan auch wol vor Gott mit einem seuftzer treten /
    Wie dorten Moises that. Doch stehet auch dabey
    Betet ohn unterlaß / nur daß es Hertzlich sey/
    Wie David hat gethan / in seinen schönen Liedern
    Die voller Verse sind mit eingeschrenckten gliedern.
    Dünckt Dich ein Psalm zulang / ei lies ihn mit bedacht
    Was gilts im selben wirdt Dir etwas bey gebracht
    Was kurtz ist und doch gutt / das ins gewissen schleget /
10 Das rechte reue bringt / doch reichen trost beyleget.
    Jnsonderheit gib acht / wie sich der schluß verhelt
    Gemeiniglich ist hier / was einem wol gefelt.
    Wie! hat nicht Griechenland mit Hertzen Mund und Zungen
    Das liebe Kyrie in seiner not gesungen?
    Der worte sind nicht viel / doch war es gutt gemeint
    Gott ward dadurch versöhnt / der Erd-fall abgeleint.
    Hatt Augustinus nicht / wann Er sich hatt verkrochen
    Mit seinem Gotte sich / und mit sich selbst besprochen?
    War nicht Bernhardus auch im beten wolgeübt?
20 Der nur in Jesum sich alleine gantz verliebt.
    Nun unser Deutsches Land hat beten auch studiret /
    Und manche Seele zu dem Himmel eingeführet.
    Der Bücher (es ist wahr) ist hier ein überfluß /

Und helt der betens brun doch immer seinen guß.
Der geust die freyer handt; und giebet auch noch heute
Dem dieses / diesem daß. Er machet frome Leute
Daß man sich wundern muß. Wann man es uberschlegt
Wie Gott des Menschen Hertz so kräfftiglich bewegt.
Die beste art ist doch so einer recht wil beten/
30 Wann von gedanken Er zuvor ist abgetreten
Sein Hertz recht zugeschikkt / und gehet fein gemach /
Schickt seufftzer Gott zuvor / und wenig wort' hernach
Die voller Glaubens sind. Ein solcher mehr erlanget
Als einer der vor Gott mit vielen worten pranget.
Wer ist Herr Scherffer nun / der welcher Euch verdenckt
Das ihr aus dem Latein viel Deutsche Seufftzer schenckt.

Ein Neidhart muß es seyn. Euch wirdt hier nichts benommen /
Herr Momus wirdt durch euch die Schwindesucht bekommen.
Es bleibet doch dabey: Der Neid die Tugend speist/
40 verzehret selber sich / macht einen andern feist.

Breßlau den 30.   Zu ehren seinem lieben
Christmonats   Herren Gevattern schrieb
1651   dieses
                          D. W. D.
                          [d. i. Daniel Winkler Doctor]

2. Wencel Scherffer von Scherffenstein: Palaemon und Daphnis. Zweyer Hirten Gespräch über der freundlichen Vermählung Deß verliebten Adrephons und seiner Hertzliebsten Lilibellen; Zielend auf das Freyherrliche Beylager Deß Hochwohlgebornen Herren / Herren Augustus, Freyherrens zu der Lignitz; mit Der auch Hochwohlgebornen Frauen / Frauen Elisabeth, geborner Freyin von Ruppa Wittiben; angestellet und vollnzogen in Brieg den 8ten tag Weinmonats / des abstreichenden 1653gsten Jahres / JJhren GGnaden beyderseits Zu besondern Ehren / mit zuwünschung Göttlichen Seegens und langwührigen wohlergehens / gedichtet / und unterthänig überreichet von Wenc. Scherffern G. K. P. Ausgedrukkt zum Brieg / bey Christoff Tschorn.

Palaemon und Daphnis.

P. So muß bey Uns das Jahr durch alle seine qwarten
in tiefem leide gehn! was unfall kan nicht karten
die leidig' Atropos, durch einen eintzeln schnied?
es ist ja / (man gestehts) ein allzuwehrtes glied
und hochverwandter Hirt von Uns hinweg gerissen /
deß abseyn Berg' und Thal / und Hirt und Herden missen;
deß abseyn freud' und lust von Uns hat ausgebannt /
und das Verhengnis hat allein Uns angerannt /
deß härtigkeit wir noch nicht sehen zuentkommen.
10 Wer aber hat iemaln das / was hinweg genohmmen
Das Himmlische Geschikk' / ins wieder kehren bracht?
wer hat denn / was geschehn / ie ungeschehn gemacht?
das jen' / um das man sich vergeblich plagt und krenket /
doch wieder nicht erlangt / wird letzlich ja versenket
in Lethe trüben fluß. Jch weiß / du legst mir bey /
denn unser trauerstand in ungestörter rey'
ach! nur zu lange währt. Wir haben deß gepflogen
von zeit die kälte schon zu Felde sich gezogen /
bey deren abzug' auch kein endern war zu spürn /
20 Und als der freuden Markt / der Lentz / vor allen thürn
sich wunder-schön angab / und alles bracht' in sprünge /
da war in Uns die lust dennoch in fester zwinge /
ob wol manch-stoltze Nymph' Uns den enthalt verwieß
daß man so zärtlich thät / auch nicht ein Horn anstieß /
geschweig' in aller still' anstellte däntz' und reyhen.
D. Die löblich Hirtenschaft trägt billich einen scheuen
zu brechen dern befehl / die hoch für Uns beglükkt /
und denen an die Stirn ist Himmlisch eingedrükkt
Jhr Göttliches aussehn. P. Auf Hoffnung künftger freuden
30 wollt' Hand und Fuß und Mund gewohnte lust vermeiden!
die sonst nicht-träge faust schnied ihr kein grünes ried;
der Mund enthielte sich zu singen einig Lied;
die schenkel hatten gleich sich ihnen selbst verstrikket /
den Sinnen widrig fiel / was ehmals sie erqwikket.
So liessen Wir vorbey des Jahres Jugend ziehn /
daß auch kein Blühmlein dorft' auf unserm Haubt' ausblühn.
Frau Flor' hett' heyer nicht mit ihren Kindern stutzen
und unserthalben sie bunt-färbig dörfen putzen.

Nun kam der Sommer auch / der Sonnen schönstes Kind /
40 es haucht' uns lieblich an der West-Sud-Westen-Wind /
   die Honigmacherin den klee-saft in sich soge /
   der Federkinder Ton luft / berg und thal durchfloge /
   iedwedes sang ihm selbst / dennoch stund uns nicht frey
   die Schalamey zu rühren / noch einig lust-geschrey
   und IO anzustellen. *GlenSpihrichs gelbe flöte   *per anagr.
   so gantz erheischert war / drauf er der pfeiff-Poete
   und Meister manches Lied sehr wakker dapfer grieff /
   er haucht' / er netzt' / er blies / iedoch sie minder pfieff
   als kaum ein juch austrägt; hilff Pan, wie geht es zu /
50 bin ich (sagt' Er) verhext? sol oder noch in ruh
   weil Ceres falbt das Feld / die Music trauren liegen?
   so mag die pfeiffe sich nur wieder scheid einschmiegen.
D. Dieß und kein anders noch / Palaemon, ist bewust
   aus Uns laß niemand ihm ergödeln seine brust /
   die freude wiederum / und ohn erlaub zu finden.
P. So weiß ich was ich weiß / als bey den sände-gründen
   dort wo des *Jovis baum mit tausenden sich rekkt   *Eiche
   jenseit wo *Guttalus das niedre Land anlekkt /   *Oderflus
   zur vollen Frülings zeit ich unsre Herden triebe /
60 ersah' ich bey der Hand sich führen ein Par Liebe / ·
   die nechst am Meelbeerstrauch' erwehlten außzuruhn /
   und was kan fürwitz nicht? was hett' ich nicht zuthun?
   die Herde ließ ich gehn von   *Philax nur begleitet /   *dem
                                                               Schaf-Rüden
   ich aber durch gehekk' und stauden weit umschreitet
   kam unvermerkt so nah' an dieß verliebte Par/
   daß ihr Gespräche wurd' in meinen Ohren klar:
   da hört' Andrephon ich mit liebster Lilibellen
   raht halten / wenn Sie beyd' ihr Hochzeitfest anstellen
   und ehlich wollten seyn! ein iedes gab zeit an /
70 zu letzte war der schluß: ei wenn der Wintzermann
   die Traub: und Ulmen-Eh' anfangen wirdt zu scheiden /
   da wolln Wir ehlich drauf zusammen Uns vereiden /
   dabey es allemal verbleiben sol und muß /
   ein kuß bestegit es mit einem wiederkuß.
   Auf diese nachricht schliech' ich wiederum zun Herden
   voll lust bis oben an; nun / sprach ich / wirds gut werden /
   zur gantzen Hirten-zunft: es ist was für der Handt

　　　　Euch Mopsen unbewust / alleine Mir bekannt;
　　　　Jch denk' / es sol die Flöt' und klang der Schalameyen/
　　80 vorm grauen Winter noch uns gleiten in die reyhen.
D. An denken und an Tuch (als man zu sagen pflegt)
　　　　das harte wird gestrekkt / oft viel zu rükke schlägt
　　　　die Hoffnung könnt' auch dir / Palaemon, sich auswinden;
　　　　wieviel hat man sich nicht bisher gesehn verbinden
　　　　gantz still' in lieber Eh'? es möcht' auch hier geschehn /
　　　　daß ohne Schwegel Wir zwey Hirten ehlich sehn.
P. Das wollte Venus nicht! Der Winter gieng' im leide;
　　　　der Lentz beflorte sich; des lieben Sommers weide
　　　　um daß sie sehr gebrach / hieß uns wol selber traurn /
　　90 und sol das andre Leid denn noch in Herbest daurn
　　　　und auch den Winter durch? so werden Wir gleich müssen
　　　　den zirkel rund her zu – mit sauren trieten – schliessen.
　　　　O komm in neunzig jahrn kein solch uns schweres Jahr!
　　　　nicht wunder / daß die Herd' also vermagert war /
　　　　als die mit keiner lust die Feldkost angegrieffen /
　　　　weil ihnen man sie nicht / wie vor / hat eingepfieffen.
　　　　Das bunte wiesenvolk hierum auch sparsam gieng /
　　　　in stillheit halb verschmacht sein haubt zur brust abhieng;
　　　　und selten es geschach / daß man ein par Najaden
100 ihr weißlecht angesicht / im flusse sahe baden.
　　　　Jn summa / selbst die Lust schien alle schon verlohrn /
　　　　hett' andre flüß' und Land ihr zubeziehn erkorn;
　　　　sol auf das frühjahr nicht die Schwegel wieder schwieren
　　　　so mag ein ander aus- die Wullenträger -führen.
D. Palaemon laß dich nicht den eifer gar bethörn /
　　　　du mögst verendert heut' annoch vor abends hörn
　　　　der Ober-Hirten schluß!　　P. Es falle wie es wolle
　　　　zu Freud' und auch zu Leid' ich mich schon schikken solle:
　　　　zu jener stimm' ich mit ein Hirtenliedlein an /
110 zu dem ich meiner flöt' annoch entbehren kan.
　　　　Auf beyde fälle doch kan treuer Wünsche sprechen /
　　　　man keinen Hirten nicht verwehrn und unterbrechen /
　　　　den meinen heb' ich an: Du edles Hirten par /
　　　　das heut' ein Hertze wirdt / der höhest' Himmel spar
　　　　Euch lieblich und gewünscht das leben zuzubringen /
　　　　Euch müß' auffs allerbest' in allem thun gelingen.
　　　　Des neuen Hauses grund / den heint' Jhr löblich legt

(GOTT gebe Glükklich auch) von nun steh unbewegt /
daß bald sein Bau sich heb' / und gläntz' in seinen zinnen
120 so lang' in kalten Belt der Oderfluß wirdt rinnen /
so lange sich die Neiß' an den vermählen muß /
und beyden denn die Ohl den feuchten wilkomms kuß
an Breßlau reichen wirdt; ja so lang' Hirt: und Herden
an derer Ufern alln gesehen werden werden.
Damit beschleust mein wunsch / die rey ist itzt an dir!
D. Der liebreich' Ehestand / laß seine schönste zier
Euch / Hertzverliebte / sehn; Gustavos und Gustavas
(liebts oder unversetzt/) Augustos und Augustas
ertheil Euch treue Lieb' in freuden übers Jahr /
130 vergnügt nicht eintzle zahl / so thu es par und par!

* * *

Heimführung der Vermählten Zwey Hertzen / aus den worten des
Hohen Lieds Salomon cap. VII. v. 11. Komm mein liebstes / laß
uns aufs Feld hinaus gehen / und auf den Dörfern herbergen. Jn
welchen ein Lieb das ander zu der ergetzlichen Landeslust und
ruhe des Feldlebens gleichsam einladet. ex H. H. Pi. Desid.

Wir haben gnug / mein Schatz / verzogen in der Stadt
nun laß Uns auch aufs Dorf fortsetzen unsern Pfadt!
Jn Städten wirdt ja zwar mehr sicherheit genossen /
um / daß man ihre thor' helt ordentlich geschlossen;
nicht weiß Jch doch wie mir das offne Dorf beliebt /
weil kein geschloßne Stadt nicht hat / was jenes giebt.
Der Stadt Päläste seyn zwar kostbar ausgezieret /
mit Turn: und spitzenwerck ansehnlich aufgeführet /
nicht weiß ich doch / wie mehr des Dorfs ich werde froh /
10 da man die Hütten dekkt mit Waasen / Schilff und Stroh.
Und zweifelst Du mein Schatz? des Landmanns ruh und frieden
ist / als die Stadt so weit vom Dorffe liegt / geschieden.
Hievon der Dichter schaar ein mährlein hat erdacht /
damit oft Reise-volk den weeg ihm kürtzer macht /
das wirdt auf unsern zwekk nicht übel sich beqwämen /
so fern es / Schatz / von Mir / Dir liebet zuvernehmen:
Die Feld-maus hat einmal zu gast' aufs Dorff geführt
die Stadtmaus / und so gut als sie vermocht / tractirt /

       die aber jener kost und schlechten Tisch verschmähet /
20   dem Dorff ade gesagt / und sich zur Stadt gedrehet.
Drauf auch zur Stadtmauß gieng' als ein gebäten Gast
    die Feldmaus / um zusehn derselbten tafel-prast:
       da konnt' ein Tisch gar kaum der Speisen menge fassen /
       doch auff ein Thüre-knarrn musst' alles seyn verlassen.
Die Gästin kam in Not / darob der Gastwirt hoch
    erschrak / iedennoch fand' ein iedes sein schlipfloch.
    Als sich nun jen' erholt / und wieder zu sich kame /
       bald flüchtig ihren weeg sie aus der Stadt heim nahme /
und rükkwerts ab der höh' also dieselbt' ansprach:
30   o wie viel wöhller ist mir in dem Dorfgemach'!
    Uns hat die Stadt / mein Schatz / auch lange gnug beliebet /
    in Städten es gereusch' / im Dorf' es Ruhe giebet!
Bedenk und stell Dir nur die reichen Bürger vor /
    iedweder fast besitzt ein Forwerk aussserm thor';
       ob der und jener schon von Stadt-lust viel kan sagen /
       so wil ihm in der that doch mehr das Dorff behagen.
Ja die / so Land und Städt' hier haben zu regirn /
    ziehn selbst aufs Dorff hinaus die Sorgen zu qwitirn.
    Das Gold der freyen Luft viel reiner sich da zeiget /
40   als wo zu Schlosse man die Marmorschnekken steiget;
kein Kunst-gang ob er schon viel hundert bogen hägt /
    der unlust nicht so wohl Uns / als das Dorff / entschlägt.
    Die Stadt hat lange gnug / mein Schatz / Uns Wohnung geben /
    komm Liebstes / laß Uns auch einmal zu Dorfe leben!
Jch hab' ein Güttlein / das ein kleiner Fluß anrinnt/
    dem am genisse kaum ein grosses abgewinnt;
       es liegt ins Himmels gunst / hägt lust und frucht der Erden /
       und was beqwäm zu seyn darbey gewünscht mag werden;
wenn Du nur da mein Kind / ein stündlein solltest seyn /
50   es würd' / ich weiß / Dich mehr als alle Städt' erfreun;
       da wil Jch / wie sich übt / die Turteldaub im grünen
       mit freundlichstem Gespräch' aufs schönste Dich bedienen;
von Leuten ab und fern / vom Stadtgetümmel weit
    sol unsr' ergetzung seyn in lieber ruhezeit;
kein Ohre wirdt / was Wir vertreulich reden / hören /
    und niemand niemand wirdt in unser Lust Uns stören;
auf unser liebeln sol auch niemand geben acht /
    kein Sittenmeister kan ob Uns mehr haben macht /

         da wirdt all' Heimligkeit aus unsern Hertzen wischen /
60   und solche worte / welch' Uns werden recht erfrischen.
      Der Mund wird offenbahrn das innerste der Seeln /
      und Eins dem Andern nicht das minste mehr verhöln.
         O wenn die liebe zeit wirdt so gewünscht einbrechen /
         wie werden diese Wir für Hochglükksälig sprechen!
      Wir haben lange gnug die Stadt bewohnt / mein Schatz /
      so laß Uns dann beziehn des Dorfes lieben platz!
         ja / ja die Stadt hat lang' Uns unterschleif gegeben /
         Mein Lebens Leben komm / laß uns im Dorfe leben!

3. Johann Georg Albinus: Himmel-flammende Seelen-Lust. Oder: Hermann Hugons PIA DESIDERIA, Das ist: Gottselige Begierden [...], Frankfurt/M. 1675, S. 239–244 (Emblem II, 2). [Die von Scherffer übernommenen Formulierungen wurden kursiv gesetzt]

Psal. 119,5.
O daß mein Leben deine Rechte mit gantzem Ernst hielte!

   O Gott *wo komm ich hin* / *auff soviel Jrrewegen?*
   auff soviel Strassen ach! auff soviel *Scheide-Stegen?*
   so da unzählig sind / in dieser *Wüsteney!*
   ach Gott ich weiß es nicht / wo doch der rechte sey?
   Der geht zur Lincken her / *und jener zu der Rechten* /
   der steigt den höckrichten / ein andrer dort den schlechten /
   *der gehet Berg*warts *auff* / *der in das tieffe Thal* /
   der räumig etwas breit / und jener etwas schmal.
   Der scheinet leichte seyn / *und jener schwer zusteigen*/
10 hier trifft man Dornen an / dort etwan susse Feigen/
   *der eine der ver*birgt / *den* schädlichen Be*trug* /
   der ander deckt ihn auff / und macht die Leute klug.
   Wohin sie beyderseits die Reise-Leute führen/
   das läßt im Außgang nicht die krumme Strasse spüren /
   man weiß auff solcher nicht / ob sie uns offen steht /
   zum Leben oder Tod? indem man auff ihr geht.
   Die Strassen Herculis, *so zwiefach vor ihm lagen*
   davon viel Wunderding / auch die Gelährten sagen /
   die haben nicht soviel des Zweiffels ihn gemacht /

20 als diese vielleicht mir in meinem Sinn gebracht.
So Schlangen-weiß ersieht man nicht Maeandern fliessen /
der in viel Thäler aus sein Wasser pflegt zugiessen /
und netzt die Felder an / daß keine andre Flut/
ihm leichtlich solches nach in *krummen* Gängen thut.
Der Creter Garten führt in sich *nicht solche Gänge* /
da nichts als Krümmen sind / und keine rechte Länge /
darin gar leichtlich sich ein Mensch verwirren kan /
und wer' er auff der Welt auch gleich der klügste Mann.
Ach meine Gänge ziehn vielmehr *Gefahr* zurücke /
30 *auff beyden Seiten ich dieselben* schon *erblicke* /
ich sehe albereit den falschen Jrrgang stehn /
und weiß in Warheit nicht wie solchem zuentgehn?
Jch achte sonsten nicht auch *tausend Scheidewege* /
und tausend noch darzu / auf dem Verführungs-stege /
wie solcher weiland voll / *der Jrre-garten war/*
wo Ariadne riß den Theseus auß Gefahr.
Bey soviel Wechselung / und viel ungleichen *Bahnen* /
da einem nichts nicht kan als lauter Unglück ahnen /
bedeckt die schwartze Nacht / die falsche Reise-bahn /
40 *daß* man den Unfall *nicht* so leichtlich *mercken kan*.
Ach da ist *keine Spur im wengsten zuerlangen* /
wo kurtz zuvor ein Mensch wol *etwan sey gegangen* /
kein Merckmal findet sich / kein Pfad gibt Unterricht /
kein Fußpfad wird gespürt / auch im geringsten nicht /
Obgleich im tappen ich vorwerffe *auch die Hände* /
und wil im Finsternis nicht stossen an die Wände /
die Felsen hintergehn / daß sie nicht schaden mir /
durch ihre harte Brust / als stoltzes *Erd-geschwür*.
Jedoch darff förder ich kaum einen Schritt recht wagen /
50 *weil Nacht und Hinderlist den Schritten Forcht einjagen* /
indem ein Schrecke-bild mir wie vor Augen steht /
so der Betrachtung nach / wie Schattenwerck vorgeht.
Gleichwie ein Wanders*man* / *mit müdem Fuß verweilet* /
wan ihn die dunckle Nacht / *uhrplötzlich übereilet* /
Ruht auß / erwartet biß der junge Tag anbricht /
der ihm zur Reise dient mit seinem Sonnenlicht.
Wan itzt das Sternen-schloß im schwartzen Flor dastehet /
und sich kein göldner Stral zu unserm Licht herdrehet /
auch nicht ein Bauerhauß sich in der Nähe zeigt /

60 worauß ein wenig Rauch nach hohen Wolcken steigt.
   Wo keine Gleise nicht von *Rädern* wird gespüret /
   und keines Menschen Fuß das Erdreich angerühret /
   wo alles öde steht / und wo *kein Mensch* nicht hat
   niemals zur Bahn gemacht den *unbetretnen Pfad.*
   Da man nicht *wissen* kan / wan einer *förder* gehet /
   ob ihm ein schwartzer *Wald* / vor seinen Augen stehet /
   ob ihn ein falscher *Weg* / zum Wasser *führet* zu /
   wo er sein Leben offt beschleußt in einem Nu.
   Da schreyet er auß Macht bald *an die stummen Felder* /
70 bald an den rauhen Fels / bald an die tauben Wälder /
   ob sie vielleichte noch / durch einen *Ackersman* /
   die rechte Wander*bahn* ihm wolten zeigen an.
   Er lässet über*laut* wol drey und viermal *klingen* /
   der Stimme starcken Ruff / ob jemand sey zubringen /
   auß einem finstern Stall / auß einer Grub herfür /
   so etwan seiner sich annehme nach Gebühr.
   Ach aber Ach! es *fährt der Schal zu* stummen *Lüfften* /
   das Schreyen ist *umsonst* / man höret auß den Klüfften /
   kein einzig Gegenwort / *kein Mensch* vermeldet frey /
80 wohin / wozu / wonauß / die rechte Strasse sey.
   Ach / ach / *wer kan* und *wil* die Hände *mir zurecken?*
   wer *wil ein* helles *Licht mir auff* die Warte stecken?
   Ach *welcher Gott* reicht mir / bey solchem ängstig harrn /
   auß aller *Noht* zugehn / nun her sein *Leitegarn?*
   Da weiland Jsrael auß Memphis Landen reis'te
   wo er auch wunderlich die Reise-leute speiste /
   gieng durch den langen Tag der *Wolcken*-seule Zier
   und wan die Nacht anbrach / die feurige herfür.
   Ein grosser göldner *Stern* ging auff den weisen Leuten /
90 war ihr *Geferte* stets / und führte sie vonweiten /
   des Reiches *Saba* fort / *nach Bethels* kleiner Statt /
   da sich ihr Hertzens-trost / im Stall gefunden hat.
   Wan Castor voller Glut mit Pollux seinen schönen /
   am blauen Himmel flammt / die *Brüder* der Helenen /
   so wird das *Schiffer*-volck von aller Forcht befreyt /
   ach daß ein solches *Licht* nur auffging diese Zeit.
   Den Theseus konte dort ein zarter Faden führen /
   bey *Herus* Fackel-glut / *den Weg Leander* spüren;
   der hat den Theseus dort vom *Jrrgang* rauß *gebracht* /

100 und diese frey geführt Leandern durch die *Nacht.*
　Ach *siehe* mich auch an! *Jch Theseus* der Verirrter /
verlassner hochbetrübt / Bestürtzter und Verwirter /
ich sehe nur nach dir / *sey Ariadne du* /
und was Leander halff / die *Herus* noch dar*zu.*
　Du siehst viel irrend Volck die *Abewege* wandeln /
das pflegt ohn alle Scheu offt leider so zuhandeln /
worzu deß Fleisches-lust und sündliche Begier /
es heimlich reitzet an / das nimmt es gerne für.
　Hier stürtzet *einer* offt / *auff unbekanten Wegen* /
110 *Einandrer* der ist *blind* / verfehlet auff den Stegen /
und kömmt darüber wol in tausendfache Noht /
je eh' er es vermeynt / in unverhofften Tod.
　Hier eilet einer fort / *dort* thut der lange Schritte /
der geht was mählicher / damit er nichts verschütte /
geht vor / bald *hinter sich* / so führt den armen Man /
mit ungewissem Trit / die zweiffelhaffte Bahn.
　Der irrt *und jener sich dort zum Geferten dringet* /
den der Geferte selbst in grosses Unheil bringet /
erweget alles wol / so seltzam geht es her/
120 der laufft die Länge fort / und jener nach der *Quer.*
　Ein ander machet rund die eingeschrenckten Schritte /
thut wie er doch nicht soll / viel andre *schlimme Tritte* /
die zur Verzweifflungsgrufft verleiten seinen Fuß /
daß er in Ewigkeit die Thorheit büssen muß.
　Hier meynet der / *sein Lauff sey auff ein Ziel bestimmet* /
biß nach verfehlten Weg er wieder rückwerts kömmet /
so alber geht es zu / bey unser Wanderschafft.
wan man den Weg versieht / und auf was anders gafft.
　Das dumme *Pöbel*-volck / *schweifft* rüm *in grosser* Menge /
130 und kennt auß Jrrthum nicht / die wundersame Gänge/
kaum ist ein einziger / so da die *rechte* Bahn/
die nach dem Himmel führt / mit Nutz getreten an.
　O daß gerade zu / ich meinen *Lauff* vollende!
kein falscher Welt-*betrug* die Augen mir verblende /
die *Tritte* mir verhemmt / O daß ich itzund nicht /
die Gänge finden kan / zum frohen Himmels-Licht.
　Und eben wie ein Pfeil / *den man* läst *abhinfliegen* /
durch starcken Bogen-schuß / sein *Ziel* recht zuersiegen /
der mit der *Spitze*-stahl gleichzu auff solches geht /

140 und unverwendet sich nach seinem Mahl hin dreht.
   So wünsch *ohn Anstoß ich* mein Leben zuvollbringen /
   ich sage willig ab / den eitlen Erden Dingen /
   und nehme *dein Gebot* was besser nun *in acht* /
   biß daß *mein* Lebens-*lauff* / ist glücklichen voll*bracht*.
   Ey *sey* mein Licht / *mein Schatz* / mein Ziel und *selbst der Bogen* /
   wan du ja *schiessen wilt* / so komm anher geflogen /
   dein Pfeil auf meine Brust / laß das *Gesetze* seyn /
   den *Zweck* nach welcher er / nur zielen soll allein.
   Ja welches Ziel / *dein Pfeil zutreffen* außgesehen /
150 *derselbe Pfeil sey ich* / Gott laß es doch geschehen /
   daß er durch einen Schuß / das rechte Ziel ertrifft /
   so schadet mir kein Schuß / kein Jrrgang / Stahl noch Gifft.

Inhalt

Text V

Nachwort 1*
   1. Hermann Hugo und seine *Pia Desideria* 3*
   2. Die Entstehungsgeschichte von Scherffers
      Gottsäligen Verlangen 9*
   3. Ziele und Leistungen der Übersetzung Scherffers 18*
   4. Literarhistorische Einordnung und Wirkung 26*
   5. Zum vorliegenden Druck 34*

Anhang 37*

   1. (Daniel Winkler:) *Auf die übersetzung Herman
      Hugens Gottseelige verlangen / [Pia Desideria] genannt* 37*
   2. Wencel Scherffer von Scherffenstein: Palaemon
      und Daphnis. Zweyer Hirten Gespräch über der
      freundlichen Vermählung Deß verliebten Adrephons
      und seiner Hertzliebsten Lilibellen [...], Brieg 1653 38*
   3. aus: Johann Georg Albinus: *Himmel-flammende
      Seelen-Lust* [...], Frankfurt/M. 1675 .... 44*